開運과 成功을 위한

觀相寶鑑

佐藤六龍 著
李仁光 譯

明文堂

◆ 머리말

　인상(人相)이란 말은, 아이들이라 해도 좀 조숙하다 싶으면 누구나 입에 올릴 정도이다. 물론 어른이라면 '자네 인상은 어떻고 어떻다'는 식으로 곧잘 입에 올린다.
　그러나 그만큼 많은 사람들에게 친숙해진 이 말을 참으로 이해하고 있는 사람이 대체 얼마나 될까? 대부분의 좀 점잖은 사람이라면 '자네 얼굴은' 하기보다 상대방에게 불쾌감을 주지 않는 '자네 인상은' 하고 말하고, 이렇게 서두를 꺼내어 이러쿵저러쿵 여러 가지 비평도 한다.
　또 사람의 인상을 판단해 그것으로 생계를 이어가는 사람 가운데에도 어떤 일정한 부분밖에 모르고서, 그것에 의해서 사람을 현혹하고 부당한 소득을 얻고 있는 사람조차 있다.
　지금까지 인상에 관한 책이 많이 출판되어 왔는데도 대체 웬일일까? 그것은 지금까지의 인상에 대한 책이 너무 어려웠거나 알기 쉽게 친절히 써 있지 않았기 때문이라고 생각한다.
　그래서 이 책에서는 되도록, 오히려 지나칠 정도로 친절하게 해설해 놓았다. 이것은 필자가 이제까지 연구해 온 어려운 과정이 몸에 배어서, 이 책을 읽는 사람들을 위하여 노파심이 지나친 까닭인지도 모른다. 아무튼 '독자를 위하여'라고 생각하며 쓴 것이므로 소홀한 점이 있다면 용서를 빌고, 조금이라도 참고가 되었다면 저자로서는 분에 넘치는 즐거움이 되겠다.

　이 책은 관상의 중흥조(中興祖)라고 추상되는 미즈노 나보쿠(水野南北)옹의 《남북상법(南北相法)》을 원본으로 하여 그것을 알기 쉽게, 그러면서도 현대식 문장으로 고쳐 필자의 사견을 다소 첨가했다.

　왜 남북상법을 선택했는가 하면, 이 남북상법은 관상의 일대 성전(一大聖典)이라고까지 인정되고, 인상을 공부하는 사람이라면 언젠가 한 번은 반드시 보지 않고서는 안 되는 인상학상의 일대 보전(寶典)이기 때문이다.

　현대에서 인상이라고 말하는 것은, 이 남북상법에 서양풍의 성격 판단을 가미한 것이다. 이런 의미에서 서투른 상법을 너저분하게 늘어놓기보다 '바르고, 그러면서도 잘 맞는 동양상법'인 남북상법을 선택한 것이다. 또 하나 이 남북상법을 선택한 이유가 있다.

　그것은 '나쁜 인상이라도 반드시 개운(開運)된다.'고 써 있고, 그리고 그 방법을 풀이해 놓은 것이 이 남북상법이기 때문이다. 본문에도 서술되어 있지만, 지금까지의 상서(相書), 아니 운명학(運命學) 서적에 어떻게 하면 좋아지느냐, 하는 것을 풀이해 놓은 책은 없었다.

　그런데 이 상서에는 확실히 '이렇게 하면 아무리 흉한 인상이라도 운이 열린다.' 하고 명확하게 단언하고 있다. 그리고 그 방법은 현대인의 시각으로 보아도 실로 합리적이고 과학적인 것이다.

　이러한 의미에서 인상을 보는 법은 남북상법에 의하여, 또 개운(開運)의 방법(方法)은 《남북수신록(南北修身錄)》에서 택한 것이다.

　여기에 미즈노 나보쿠옹이란 사람을 설명하여 보겠다.

　옹은 상법(相法)을 배우기 위하여 사흘 동안 《신상전편(神相全篇 : 중국의 관상학서)》을 들었는데, 강의가 너무 평범했기 때문에 독학으로 상법 연구를 하기로 결심했다.

　그러기 위하여 3년 동안 목욕탕의 종업원으로 사람의 신체 각 부위를 외우고, 이발소의 제자를 3년 하는 동안에 사람의 얼굴 형상을 알고, 최후로 화장터의 화부로 3년간 사람의 골격을 연구하고, 그러고서 현재 내려오는 일대 상법의 성전인 《남북상법》을 저술한 사람이다.

하지만 독자나 저자나 현재로서는 선인이 연구한 사실을 수일간에 알 수가 없다. 그리고 그것을 완전히 이해하기 위하여는 역시 미즈노 나보쿠옹과 같은 끈기와 어디까지나 물고 늘어지는 왕성한 연구심이 없어서는 안 된다.

그러나 독자들은 관상가가 되려는 것이 아니므로, 잘 읽고서 자기의 개운의 자료로 삼아 주기 바란다. 그것이 미즈노 나보쿠옹의 사상이기도 하려니와 필자의 소원이기도 하다.

긴 머리말이 되었지만, 조금이라도 이 책을 이해하는 데 도움이 되었으면 한다.

저 자

■ 차 례 ■

觀相寶鑑

◇ 머리말

제1장 인상(人相)이란?
운명학(運命學)으로서의 인상 13
흉한 인상은 개운(開運)되지 못하나 14
인상의 참된 의의(意義) 16

제2장 인상(人相)의 기본
얼굴 형상에 대하여 19
머리 보는 법 19
정수리 보는 법 20
얼굴 보는 법 21
목덜미 보는 법 22
진골(鎭骨) 보는 법 24
얼굴의 세 구분 25
삼정론(三停論)에 대하여 25
　상정(上停) 보는 법 25
　중정(中停) 보는 법 26
　하정(下停) 보는 법 26
이마에 대하여 27
　이마 보는 법 27
　이마의 주름 보는 법 30
눈썹·눈·코·입·귀에 대하여 32

눈썹의 상 32
눈의 상 36
코의 상 42
입의 상 50
이(齒) 보는 법 53
인중(人中) 보는 법 55
법령(法令) 보는 법 59
귀의 상 63

제3장 얼굴 부위와 그 보는 법
십이궁(十二宮)에 대하여 67
관록궁(官祿宮) 70
명궁(命宮) 71
천이궁(遷移宮) 73
형제궁(兄弟宮) 73
복덕궁(福德宮) 75
처첩궁(妻妾宮) 76
전택궁(田宅宮) 77
남녀궁(男女宮) 79
질액궁(疾厄宮) 81
재백궁(財帛宮) 82
노복궁(奴僕宮) 82
상모(相貌) 83
상모(相貌) 보는 법과 그 응용 83
상모 보는 법(1) 83
상모 보는 법(2) 89
상모 보는 법(3) 93
상모 보는 법(4) 97

제4장 얼굴색과 길흉(吉凶)
혈색(血色)에 대하여 104
색에 대하여 105
필요한 얼굴의 부위 106
혈색과 부위 보는 법과 예 109
부위와 혈색의 의의 114
얼굴 30부위의 길흉 115
각 부위의 혈색 보는 법 121
  천중(天中)·천양(天陽)·고광(高廣) 121
  주골(主骨) 122
  일각 월각(日角月角) 123
  형제(兄弟) 123
  교우(交友) 124
  산림(山林) 124
  복당(福堂) 125
  변지(邊地) 126
  산근(山根) 126
  토성(土星) 127
  처첩(妻妾) 128
  남녀(男女) 128
  관골(顴骨) 129
  간문(奸門) 130
  식록(食祿) 130
  법령(法令) 131
  승장(承漿) 132
  지각(地閣) 133
  노복(奴僕) 133
  신광(神光) 134

관록(官祿) 134
인당(印堂) 134
역마(驛馬) 135
어미(魚尾) 135
우신 좌신(右身左身) 135

제5장 얼굴 혈색을 종합적으로 보는 법
이마의 혈색에 대하여 136
복당(福堂)의 혈색에 대하여 139
관골(觀骨)의 혈색에 대하여 139
산근(山根)의 혈색에 대하여 142
코의 혈색에 대하여 143
법령(法令)의 혈색에 대하여 146
식록(食祿)의 혈색에 대하여 149
처첩(妻妾)의 혈색에 대하여 153
명문(命門)의 혈색에 대하여 155
눈과 남녀의 혈색에 대하여 156
눈초리와 간문(奸門)의 혈색에 대하여 158
천중(天中)·관록(官祿)의 혈색에 대하여 160
일각(日角)·월각(月角)·인당(印堂)의 혈색에 대하여 162
입술과 승장(承漿)의 혈색에 대하여 164
역마(驛馬)의 혈색에 대하여 165
얼굴 전체의 혈색에 대하여 166
이현(耳弦)·지고(地庫)·턱·가슴· 우신 좌신 168
기타의 혈색에 대하여 170

제6장 얼굴 이외 부위의 길흉(吉凶)
주름과 사마귀 보는 법 185

모발(毛髮) 보는 법 *193*
머리털에 대하여 *193*
수염에 대하여 *195*
몸을 보는 법 *196*
신체의 세 구분 *196*
뼈와 살에 대하여 *198*
가죽에 대하여 *200*
어깨에 대하여 *201*
팔목과 팔에 대하여 *202*
가슴에 대하여 *204*
유방에 대하여 *205*
배에 대하여 *207*
배꼽에 대하여 *209*
허리에 대하여 *211*
생식기에 대하여 *211*
다리〔股〕에 대하여 *213*
발에 대하여 *213*
동작 보는 법 *214*
언어(말)에 대하여 *214*
숨〔呼吸〕에 대하여 *216*
걸음걸이에 대하여 *216*
앉은 자세에 대하여 *217*
잠자는 모습에 대하여 *218*
팔상(八相)에 대하여 *220*

제 7 장 인상 응용편
응용편 *222*
성격의 파악 *223*

얼굴 가운데 움직이는 부위 223
옆얼굴에 대하여 225
성공운·재운·사업운에 대하여 226
결혼운·연애운·가정운·자손운에 대하여 227
병에 대하여 229
화재에 대하여 230
도난에 대하여 231

제8장 개운(開運)의 방법
식사의 양과 흉상 232
미식(美食)과 인상 237
재운(財運)을 잡자면 241
육식과 성격 245
인상 문답록(人相問答錄) 250
인상 개운서(人相開運書) 등 264

제9장 행운(幸運)의 인생편
보다 좋은 행운의 인생을 268
연애와 인생 268
인생에 있어서의 꿈의 한 페이지 268
당신의 애인은 269
결혼과 인생 274
결혼은 인생의 무덤인가 274
결혼운을 보자면 275
남녀 궁합(宮合) 보는 법 276
삼형질(三形質)로 나누는 법 278
궁합으로서의 짝맞추기 279
직업과 인생 282

직업의 선택 282
공업 방면에 적합한 사람 283
상업 방면에 적합한 사람 284
투기사업에 적합한 사람 284
샐러리맨에 적합한 사람 284
학자와 교육자에 적합한 사람 284
정치 방면에 적합한 사람 285
농업 방면에 적합한 사람 285
예술 방면에 적합한 사람 286
자녀와 인생 286
행복한 가정은 착한 자녀로부터 286
자손운 보는 법 287
산부(産婦) 보는 법 288
결론 290

◇ 부록 — 중국 여인의 상법(相法)에서
여성 백상(百相) 291
구미 구악(九美九惡)의 여성상 291
부귀의 여성상 292
빈천(貧賤)의 여성상 293
조사(早死)의 여성상 294
음탕한 여성상 294

제1장 인상(人相)이란?

운명학(運命學)으로서의 인상학

운명학의 종류는 실로 그 보기가 많아서 어느 것을 보더라도 재미가 있지만, 그 가운데에서도 인상학(人相學)만큼 손쉽고 심오(深奧)한 방술(方術)도 없다.

생물이라면 어느 것에나 얼굴은 있다. 인간이나 개, 고양이와 같은 동물은 물론 물 속에 사는 어류에도, 길가 모퉁이에 핀 잡초에도, 또 사람에게는 귀찮은 존재인 파리나 모기 종류에도 얼굴은 있는 것이다.

그러나 그 어느 생물에나 있는 얼굴이면서도 비슷한 얼굴은 있지만 동일한 얼굴은 없다. 이것은 누구 하나 다른 사람과 똑같은 운명을 걷는 일이 없다는 증거라고도 할 수 있다.

그러므로 얼굴이 다르면 운명도 다른 것이고, 운명이 다르므로 얼굴도 다르다고 말할 수 있다.

얼굴로 운명을 판단하는 방술(方術)은, 옛날 중국에서 의학의 일부로서 발달하였다. 그렇게 발전하여 온 이 인상술이 마의(麻衣)와 유장(柳莊) 등에 의해서 상당히 정비된 것이다.

그러므로 현재에도 중국에서는 인상이라고도 하고 마류(麻柳)의 법이라고 불리는데, 이것은 역사적으로 유명한 달마대사(達磨大師)의 달마상법과 더불어 널리 사용되고 있는 것이다.

이 방술이 우리에게 전해 오기는 불교의 전래와 시기를 같이한 것으로 짐작되며, 거기서 점차 발달하여 미즈노 나보쿠(水野南北)옹에 의하여 새로운 경지가 개척되었다.

그리고 현대 인상학은 동양상법을 근본으로 하여 서양상법이 첨가된 것이고, 그 위에 역(易)의 이론을 받아들여서 대단히 복잡한 판단을 하고 있으며, 관상가는 비전(祕傳)이라고 해서 문외불출(門外不出)이라 하고 있다.

그러나 본서의 독자는 이 책 한 권으로 관상의 비전을 알 수 있음과 동시에 개운의 법까지도 터득할 수가 있다. 그러므로 정독하기를 간절히 권하는 바이다.

흉한 인상은 개운(開運)되지 못하나

인상이라는 방술이 절대적이라고 한다면 독자는 무조건 좋은 인상으로 낳아 준 어버이에게 감사하고, 나쁜 인상으로 낳아 준 어버이는 원망하지 않으면 안 될 것이다.

그러나 지금까지 이런 말이 없었던 만큼 흉한 상이라도 개운하는 것이 사실이다. 다만 인간으로 태어난 이상에는 노력하지 않으면 안 되고, 어떠한 상이라도 노력 여하에 따라 훌륭하게 성공할 수 있다.

인간이 성공하는 것은 노력 여하에 달려 있다고 했지만, 곧은 길을 못 찾고 돌아가는 식의 노력은 힘만 많이 들고 성과는 적은 것이어서, 어떻게 하면 곧은 길을 걸어서 한 걸음이라도 빨리 골인할 수 있느냐가 중요하다고 생각된다.

'인상학'을 알고 있으면 삶을 살아갈 때 좋은 지광이 역할을 해줄 것이므로, 위험한 길은 피하고 안전한 길을 택할 수 있게 될 것이다.

또 빈궁 단명(貧窮短命)의 나쁜 상이라도 인상에 의하여 자기의 단점을 알고 그것을 교정하려고 힘쓰면, 유복 장명(有福長命)의 상으로 태어났으면서도 조금도 자기를 알려고 하지 않는 사람보다 훨씬 훌륭하게 성공할 수 있다.

필자가 본 사람 중에 약국을 경영하는 여인이 있다. 그 여성은 인상에 대단한 흥미를 가지고 있어서, 필자가 약국 앞을 지나가기라도 하면 선 채로 많은 대화를 나누곤 하였다.

어느 날 오후 필자가 그 약국에 들렀는데, 그녀의 이마 중앙에 광채가 없는 보기 흉한 빨간빛이 배어 나오고 있었다.

나는 그녀를 보고,

"손윗사람과의 관계에서 큰 산재(散財)수가 일 것 같으니 주의하십시오. 혹시 근심되는 일이라도 있습니까?"

하고 물었다.

그녀에게는 물론 남편이 있었고, 부부 금슬이 좋기로도 유명하며, 영업도 순조로워 조금도 근심거리가 될 것이 없다는 것이다. 그런데 이야기를 계속하던 중에,

"선생님, 금년 세금은 어떨까요? 작년 정도로 낙착되었으면 좋으련만……."

하고 그녀가 말했다.

나는 그때 직감했다. 이 세금 문제가 이마의 빨간빛이라고 느꼈던 것이다.

"세금에 대한 걱정이 이마에 나타난 거로군요. 설마 댁에서 탈세를 하실 리는 없을 테니, 장부나 확실히 해놓으시는 것이 좋을 겁니다."

그 후 일 주일 뒤의 오후였다. 그녀의 가게 앞을 지날 즈음, 하마터면 쓰러질 뻔하도록 그녀는 내 옷소매를 잡아 끌었다.
"선생님, 지난번에는 정말 감사했어요. 주의를 주셔서 큰 도움이 되었어요. 뭐라고 답례해야 좋을지 모르겠군요. 잠깐 들어가셔서……."
나와 이야기를 하고 이틀 뒤에 세무서에서 사람이 나왔는데, 평상시에는 가게가 바빠서 장부를 좀 소홀히 했다가 내 말을 듣고 준비를 해두었기 때문에 난을 면했다고 했다. 그녀는 참으로 기쁜 듯이 말해 주었다.
이 혈색이라는 것은 방술편(方術篇)에 자세히 나와 있다. 그리고 누구도 알 수 있는 것이다. 그러므로 나쁜 상의 사람은 자기의 마음가짐 여하로 곧 개운(開運)할 것이고, 무슨 문제가 일어날 듯한 사람은 자기 얼굴을 주의깊게 봄으로써, 나쁜 일이면 그 대비책을 취할 수도 있고 좋은 일이면 더 한층 격려가 될 것이다.
'흉상이다.' '아무래도 운이 좋지 않다.'고 여겨지는 사람들은 제8장의 '개운의 방법'을 충분히 읽고 속히 개운되도록 노력하기 바란다.

인상의 참된 의의(意義)

많은 사람들이 논하는 인상이란 말에는, 그 사람의 용모와 동시에 성격이나 운세(運勢)까지도 포함되어 있다.
"그 사람 형편이 아주 좋은 모양인데, 그러고 보니까 인상(人相)도 달라졌어."
"그는 언제나 찡그린 얼굴인데, 그래도 즐거우면 웃거든. 웃는 얼굴이 의외로 귀엽단 말야."
이런 말은 얼굴의 겉모양만 보고서 하는 말이 아닌, 그 사람의 얼굴에서 느낀 감정을 그대로 나타낸 말로서, 이것이 진짜 인상(人相)인 것이다.

물건을 사는데, 가령 생선 한 마리를 사는 경우에도 생선의 형상만을 보고 사는 사람은 없다. 즉 눈이나 생선의 빛을 보고서 물이 좋은지를 확인하고 사는 것이다.

그러므로 인상이란 것은 상대에게서 받은 처음의 느낌이 중요한 것이지, 얼굴의 생김새나 입고 있는 옷이 중요한 것은 아니다. 그런 것에 좌우되면 확실한 것을 파악하지 못한다.

또 인상은 기분 여하에 따라 상당히 달라진다. 그러므로 항상 나쁜 일만 생각하고 있으면 악인의 상이 되고, 좋은 일만 생각하고 있으면 원만한 상이 되는 법이다.

가령 어떤 여성이 사고로, 여성에게 가장 중요한 얼굴에 상처를 입었다고 하자. 그러면 아주 명랑했던 사람이라 할지라도 성격이 상당히 변할 것이다.

그것도 상처를 입은 직후와 5년, 10년 뒤의 인상이 달라질 것은 당연한 일이다. 처음에는 슬퍼하고 한탄하였을 것이고, 그 다음에는 초조와 분노가, 그리고 먼 훗날에는 일종의 체념과 침착한 상이 나타나리라고 짐작되어진다.

그러므로 상이 성격이나 운명을 지배하는 것이 아니라 기분이 상을 지배하는 것이므로, 이 사실을 잘 생각할 필요가 있다. 이런 점에 대해서는 필자가 새삼스레 말할 필요가 없어진다.

그러나 개중에는 여자의 얼굴이 그 꼴이라면 평생 시집도 못 가고, 암담한 생활을 보낼 것으로 생각하는 사람도 있을 것이다. 그것은 옳은 말이다. 그렇지만 그것은 외견상의 일이고, 그 사람 자신은 의외로 마음이 안정되고, 그리고 자기의 원하는 길을 걸어가는 경우가 많으며, 또 그처럼 빨리 안정을 얻은 사람이 진실한 행복을 누리는 법이다.

 인상(人相), 이 인상이란 말만큼 함축성을 가진 말도 드물 것으로 생각된다. 어떻든지 이 책을 잘 읽고 다소나마 터득하는 바가 있다면 반드시 밝은 생활을 보낼 수 있을 것으로 확신하고 다음 장으로 넘어가겠다.

◇ 개명한 나폴레옹

 '나의 사전엔 불가능이란 없다.'고 호언장담한 일세의 영웅 나폴레옹은 대단한 운명학 신봉자였다. 나폴레옹은 젊었을 때(당시 육군 상사), 점성술(占星術)의 대가인 한 노인을 찾아가 자기의 금후의 예언을 구했다. 노인은 나폴레옹의 이름과 생년 월일을 듣고 무엇인가 자잘한 숫자를 쓴 다음 말했다.

 "나는 당신에게 개명을 권합니다. 이탈리아 스펠링의 나폴레오네 보나파르테를 프랑스 스펠링의 나폴레옹 보나파르트로 고치라는 말이오. 그러면 그대의 미래는 휘황하게 빛날 것이오."

 물론 그는 개명하였고, 그 결과는 역사상의 일대 영웅으로서 지금도 우리에게 기억되고 있다.

제 2 장 인상(人相)의 기본

인상을 볼 때는 다만 얼굴뿐 아니라 몸 전체 혹은 그 사람의 일상 생활 태도까지 필요하게 된다. 그러므로 머리·이마·얼굴·목·진골 (鎭骨) 등을 보는 법은 실로 수박 겉핥기이고, 이것만으로 성격이나 운세를 판단할 수는 없다. 이 기본이란 것은 어디까지나 토대라는 것을 잊지 말아야 한다. 중요한 것이므로 반드시 기억할 필요가 있다.

얼굴 형상에 대하여

머리 보는 법

인간에게 있어서도 혹은 동물에 있어서 머리가 중요한 부분이란 것은 새삼 설명할 필요가 없다.

머리는 판단의 토대로서 그 사람의 마음가짐을 알려 준다. 그러므로 몸에 비해 머리만 큰 사람은 자기가 생각하고 있는 일이나 희망하는 일에 성공하는 일이 늦되는 안시(案示)를 가지고 있다. 즉 사물의 80, 90%까지는 이루지

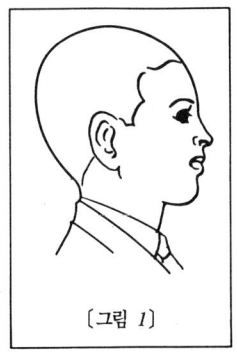

〔그림 1〕

만, 앞으로 조금만 더하면 성공할 수 있는 데서 그만 허사가 되어 버리는 일이 많은 것이다.

그렇다면 머리가 작은 사람은 어떤가? 그 사람들도 큰 머리를 가진 사람과 별로 다를 것이 없다. 그보다 더욱 발전하는 것도 좀처럼 어려운 일이고 성공하는 경우도 적다. 인류가 발전하는 시대의 사회에서는, 오늘날 그림으로밖에 볼 수 없는 거룡(巨龍)시대라고 하여 파충류 종족이 두각(頭角)을 나타내던 시대가 있었다.

하지만 머리가 작은 동물이었기 때문에 동물계의 생존경쟁에서 패배했다.

머리가 앞뒤로 길고 깊이가 있는 사람은 사물에 대한 생각도 명석하고, 또 자신의 의지에 따라서 성공하는 안시(案示)도 강하다.

또 머리의 앞뒤 길이가 짧은 사람은 망설이는 경향이 있고, 신경질적이며, 마음이 잘 변한다는 것을 안시하고 있다.

정수리 보는 법

정수리는 머리의 제일 꼭대기를 말한다. 이것으로 무엇을 판단하는가 하면, 그 사람의 성공운과 재산운이 있는가 없는가를 본다. 그러므로 정수리가 뾰족하게 솟은 사람은 한평생 힘든 노고가 많고, 자연히 사교성이 없게 된다. 대체로 정수리는 다소 움푹 패어 있는 것인데, 거기에 살이 붙어서 높이 솟은 사람은 자신의 일은 하지만 남에게 고용되어서는 일을

[그림 2]

하지 못한다. 그는 마음도 곧고, 성공운도 강한 것이다. [그림 2]와 같이 정수리 가운데가 낮은 사람은 처자식과 인연이 두텁지 못하고 평생 고생도 많다. 그리고 일하는 비례로 보아 성공률도 낮은 암시가

있다. 그러므로 자기 살림을 차리는 것도 늦어진다. 그러나 정수리가 낮다고 하는 것도 정도 문제로서, 앞에서 말한 대로 보통은 굽어져 있는 것이므로, 조금쯤 낮은 사람의 경우는 문제삼지 않는다.

〔그림 3〕

〔그림 3〕과 같이 정수리 뒤쪽이 높이 솟은 사람은 신경이 예민하여 자연 사교성도 부족하다. 이 사람은 지나치게 일만 하는데도 오히려 재산을 잃기도 하고, 일이 잘 안 되는 암시를 가지고 있다. 또 일에만 너무 열중한 나머지 처자식을 돌보는 일이 드물고, 그 때문에 인연이 희박해지는 경우도 있다. 이마가 원만하고 정수리 뒤쪽이 높은 사람은 노력한 만큼 성공하는 상이다. 고용인이 되었을 경우에도 상당한 성공을 거둘 수가 있다.

그러나 정수리에 커다란 흠이 있거나 울퉁불퉁한 사람은 별개로 보아야 한다.

정수리가 평평한 사람은 운세가 강한데, 그 때문에 위험한 경우에 처해도 자연히 잘 헤쳐 나갈 수가 있다.

그러면 정수리에 흠이 있거나 대머리인 사람은 어떨까? 이런 사람들은 손윗사람과 맞지 않고, 재산이 있어도 그 재산을 지키지 못하며, 의지할 수 있는 사람과 교제할 경우에도 오래 사귀지 못하므로 자연히 자기의 운을 나쁘게 만든다.

이같이 정수리를 보는 것은, 정수리가 몸의 가장 위에 있고 항상 깨끗이 해두어야 할 부위이기 때문이다.

얼굴 보는 법

얼굴은 달리 표현하자면 꽃이라 할 수 있다. 그러므로 그 사람의 운세(運勢)가 길한가 흉한가를 볼 수 있는 곳이 곧 얼굴이다. 몸을 초목의 줄기로 본다면, 여러 가지 장신구를 가지고 변화를 줄 수 있는 얼굴은 분명 꽃이라고 할 수 있다.

얼굴의 정면이 넓고 옆쪽이 좁은 사람은 처자식과 인연이 희박하다. 또 재산도 좀처럼 모아지지 않고 믿을 만한 사람도 적다. 얼굴 정면보다 옆쪽이 넓은 사람은 자식과 인연이 있다. 이런 사람은 비록 친자식이 없어도 양자를 들여 노후를 편안하게 지낼 수 있다.

얼굴의 중앙이 낮게 패어 있는 사람은 생각하는 것이 저속하고 품위가 없다.

그 반면에 사교성이 몸에 배어서 상당히 성공할 수도 있다. 그리고 이런 사람이 이런 것도 알고 있나 할 정도로 세세한 것을 잘 알고 있다.

이에 반하여, 얼굴 중앙이 높은 사람은 자연 사교성은 적지만 위엄(威嚴)을 갖추고 있다. 또 생각하는 바도 깊다.

얼굴에서 받는 느낌이 안정적이지 못한 사람이 있다. 이런 사람들은 역시 기분에도 안정성이 없다.

그러면 얼굴이 침착해 보이는 사람은 어떨까? 이런 사람은 기분도 안정되어 있다. 어렸을 때는 별문제로 하고, 어른이 되어서는 그 사람의 성격을 이상하게도 첫인상으로 파악할 수가 있다. 이는 오랫동안 생각하고 있던 것이 자기의 얼굴을 개조해 가기 때문이다.

목덜미 보는 법

가장 귀중한 머리와 인간의 꽃인 얼굴을 연결하고 있는 목은 무엇을 의미할까? 목덜미로는 수명이 길고 짧은 것을 본다. 그러면 독자의 목덜미는 어떠한가? 목덜미가 굵은 사람이 명도 길고, 또 평생을 통해서 병도 적다. 그러므로 목이 가느다란 사람은 그와 반대여서, 명도 짧고 병을 앓기도 쉽다. 결국 신체가 튼튼치 못하다는 말이 된다. 그러나 목덜미가 굵어도 그 사람을 뒤에서 볼 때 연약하고 희미한 느낌을 주는 사람은 쉬 죽는 일도 있다. 비록 죽지 않는다 하더라도 대난(大難)을 겪을 것이다. 그러나 목덜미가 굵고 가는 것은 그 사람의 신체에 따라서 하는 말이고, 여윈 사람의 목이 가느다란 것은 당연한 일이다.

  목이 긴 사람도 대체로 그 사람의 노력에 상응하는 생활을 즐길 수 있다. 그러면 목이 짧고 돼지목과 같은 사람은 어떨까? 이런 사람은 신체가 건강하고 명도 길다. 군인이나 경찰이면 상당히 출세할 것이다. 노동자, 특히 육체 노동자 등의 경우에는 목이 짧고 돼지목인 사람은 건강하긴 하나, 신분이 높은 사람과의 교제나 놀고 먹을 안시(案示)는 드문 편이다.

  후골(喉骨)이 유난히 높은 사람이 있다. 이런 사람은 성격이 옹고집이고, 주위 사람들이 염증을 느낄 정도로 발전도 못할 것이므로 평온히 지낼 생각을 할 것이다.

  그러면 목이 짧은 사람이 왜 오래 사는지를 설명해 보겠다. 사람을 나무와 비교해 보면 머리는 뿌리, 목은 줄기라고 할 수 있다. 그리고 손이나 발은 가지다. 나무가 작을 때 줄기가 알차면 큰 나무가 되고, 노목이 될 수 있다. 그러나 반대인 경우에는 아무래도 큰 나무가 못 되고, 노목이 되는 것도 무리이다.

  그러므로 인간 역시 목이 튼튼치 못하면 건강을 유지할 수 없다. 뒤에서 보아 목덜미가 연약하고 희미해 보이면 재난이 있으리라는 것은, 수목도 시들 때는 양기(陽氣)를 잃는 것과 같은 이치이다. 이것은 중요한 문제이다.

  후골(喉骨)이 유난히 높은 사람에 대해서는 앞에서도 설명한 바 있거니와 이는 수목에 옹이가 있는 것과 같다. 옹이가 있는 나무는 집을 짓는 데도 잘 쓰이지 않는다. 또 쓴다고 하여도 널빤지로 만들어 사람 눈에 띄지 않는 곳에 사용한다. 여기에서, 노력이 많은 것에 비하여 발전하는 것은 적다는 것을 알 수 있는 것이다. 그러나 옹이가 있는 나무도 경우에 따라서는 집의 대들보로 쓸 수가 있다. 그러므로 자기의 갈 길을 잘 생각해서 바르게만 나아간다면 반드시 밝은 인생을 보낼 수가 있다.

단 후골이 높은 경우라도 기타 다른 부분과의 조화가 잡혀 있으면 이런 판단은 하지 않는다.

진골(鎭骨) 보는 법

책에 따라서는 침골(枕骨)이라고도 기록하고 있다. 진골은 머리 뒤에 솟아오른 부분을 가리킨다.〔그림 4〕

그리고 진골에 의해 수명의 장단을 판단하고, 또 그 사람의 운의 강약(強弱)도 판단한다.

진골이 높은 사람은 수명도 길고, 그 사람의 노력에 상응하는 복분(福分)도 얻을 수 있다.

〔그림 4〕

또 평생을 통하여 위험에서 피할 수 있는 암시도 가지고 있다. 이에 비해 진골이 없는 사람은 위험한 일도 많고, 고생도 많다.

속된말로 뒷머리가 절벽인 사람이 있다. 절벽인 사람은 초년운이 좋고, 진골이 있는 사람은 중년부터 만년에 걸쳐서 운이 트이게 된다. 진골에 큰 흠이 있는 사람은 만사를 주의깊게 대하지 않으면 실패하기 쉽고 고생도 많은 편이다.

여러분의 귀 뒷부분을 손으로 눌러 보라. 대개의 사람은 뼈가 튀어 나와 있다.

이 귀 뒤의 뼈가 많이 튀어나온 사람은 몸도 튼튼하고 운세도 강하다.

반면에 귀 뒤의 뼈가 없는 것 같은 사람은 아무래도 건강의 혜택을 못 받았기 때문에 끈기가 부족하고, 자연히 운세에도 부침(浮沈)이 심하다.

이 귀 뒤 뼈를 수골(壽骨)이라고 부른다. 수골이나 진골이 모두 높은 사람은 대단한 길상이다.

얼굴의 세 구분

삼정론(三停論)에 대하여

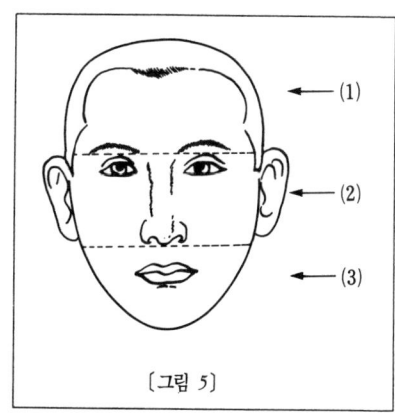

〔그림 5〕

얼굴을 〔그림 5〕와 같이 셋으로 나누어서 판단하는 것을 '삼정(三停)으로 나눈다'고 말한다.

(1)의 부분을 상정(上停), (2)의 부분을 중정(中停), (3)의 부분을 하정(下停)이라고 부른다.

상정으로는 초년운을 보고, 중정은 중년운, 하정으로는 만년운을 본다.

각각 그 운세를 보는 법은 다음과 같다.

상정(上停) 보는 법

상정은 하늘〔天〕의 일, 즉 관청 관계의 일이나 손위 관계 혹은 그 사람의 초년운(初年運)을 본다.

그러므로 상정의 살이 두툼하고 어딘지 여유 있어서 풍족해 보이는 사람은 운세도 강하고, 손윗사람들에게 사랑을 받을 수 있다. 또 초년운도 좋을 것이다.

그러면 상정의 살이 얇고 뼈가 거죽에 두드려져 보이는 사람은 어떤가?

이런 사람은 상정이 어쩐지 쓸쓸해 보이는데, 운세도 약하고, 윗사람의 도움도 없으며, 초년운도 좋다고는 말할 수 없다.

중정(中停) 보는 법

중정은 자신의 몸을 의미한다. 또 자신의 세력도 나타내며, 중년운과 재운(財運)에 대한 암시도 포함되어 있다.

중정의 살이 두텁고 풍성해 보이는 사람은 재운도 있고, 중년기에 발전하게 된다.

근로자인 경우에는 상당히 성공할 수 있다.

이에 반해 중정의 살이 얇고 상정과 하정 쪽이 앞으로 내민 것처럼 보이는 사람은 중년운이 좋지 못하다. 그러므로 중년기에 고생할 운세다. 재운도 별로 없고, 근로자인 경우에는 성공도 그다지 기대할 수 없다.

하정(下停) 보는 법

하정은 자기의 손아랫사람이나 주택, 만년운(晩年運) 등을 의미한다.

하정의 살이 팽팽하고 탐스럽게 보이는 사람은 가정운도 좋고, 만년에 행복할 상이다. 물론 인덕(人德)도 좋다.

만년에 부하운(部下運)의 혜택을 못 받는다면 일을 성공시킬 수가 없다.

그러나 하정의 살이 많다고 해도 팽팽하게 짜임새가 없으면 만년운이 좋다고 볼 수는 없다. 늙어서 고생이 많을 운세이다. 또 부하의 혜택을 못 받고 홀로 일을 하게 된다. 가정운도 좋지 않아서 쓸쓸한 일생을 마치게 될 것이다.

이마에 대하여

이마 보는 법

이마는 손윗사람과의 관계를 의미한다. 또 그 사람의 운이 좋고 나쁜 것도 판단한다.

그러면 이마에 대해 자세히 설명해 나가겠다.

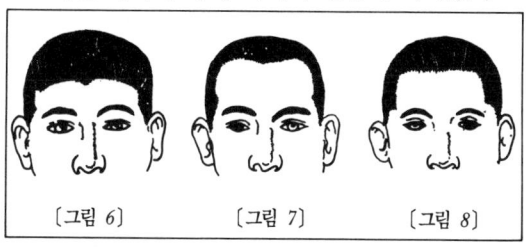

〔그림 6〕 〔그림 7〕 〔그림 8〕

이마가 좁고 살이 없는 사람은 손윗사람과 어쩐지 의견이 맞지 않아 손윗사람의 혜택을 받지 못하고 고생이 많다.

따라서 운세도 좋지 못하다.

그러나 이마가 좁아도 살이 두터운 사람은 그 사람의 노력에 알맞는 성공을 얻을 수가 있다.〔그림 6〕

이마가 넓고 안정된 사람은 손윗사람에게 인정을 받으므로 자연히 운수도 좋아진다.〔그림 7〕

그러나 이마가 넓고 살이 두터워도 요철(凹凸)이 있는 사람은 손윗사람과 의견이 맞지 않게 된다. 혹은 이마가 깎아 낸 듯 보이는 사람이나 비뚤게 보이는 사람도 손윗 사람과 툭하면 의견 충돌을 일으켜 고생이 많을 것이다.

또 이마에 흠이 있거나 울퉁불퉁한 사람도 손윗사람과 의견이 맞지 않기 때문에 직장을 자주 옮기는 경우가 생긴다.

이마가 네모진 사람은 운세가 늦게 트이는 편이고, 평생에 한 번 정도 큰 고생을 한다. 그러나 이러한 이마를 가진 사람은 학문을 좋아한다.〔그림 8〕

대체로 장남(長男)은 이마가 넓은 편이고, 차남(次男)은 이마가 장남에 비해서 좁은 편이다. 그러나 이마는 좁아도 관록 부위(官祿部位)에 볼록하게 살이 붙어 있는 사람은 비록 차남이라고 해도 장남의 위치가 되어서 어버이의 뒤를 잇게 된다. 〔그림 9〕에 지적된 표가 관록의 부위이다.

이마가 넓어도 관록 부위에 살이 적은 사람은 장남이라도 어버이의 뒤를 이을 수 없다.

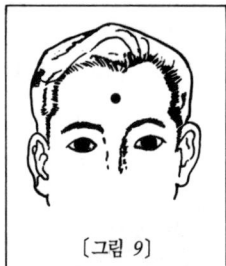
〔그림 9〕

그리고 운세도 그다지 좋은 편이 못 되고 고생도 많은 편이다.

흔히 이마가 툭 불거진 사람을 보게 된다. 이런 사람은 윗사람과 의견이 맞지 않고, 그 독특한 행동으로 재산을 잃기도 하며, 집안 식구가 뿔뿔이 흩어지는 액운을 당하기도 한다. 이와 반대로 얼른 보기엔 궁상(窮相)으로 보이는 사람도 이마의 가죽이 두꺼우면 평생을 가난하게 보내는 사람이 별로 없다. 오히려 운세가 상당히 센 편이며, 노력에 걸맞는 성공을 거둘 수 있다.

이상과 같이 이마에서 윗사람과의 관계를 판단하는 것은 이마를 의미하는 한자(漢字)에 액(額)의 음이 있기 때문이다.

액(額)은 천제(天帝)의 액이다. 그러므로 윗사람과의 관계로 판단한다. 또 장남이 이마가 넓다고 보는 것은 다음과 같은 동양식 사상에서 나온 것이다. 즉 이마를 천(天)이라고 하면, 천은 모든 것에서 풍부하다는 것을 의미해 준다.

그래서 장남은 부모에 있어서 가장 가까운 핏줄이고, 따라서 양친은 자기들의 생활이 괴롭거나 즐겁거나 하는 것을 개의치 않고 장남을 좋아하는 것이다. 이런 의미에서 장남으로 태어난 자는 낳아서부터 양친을 안심시키고 즐겁게 해주며, 자연 이마가 넓은 것이 보통이다.

천(天)은 풍부하다는 사상에서부터 온 것이다. 이마가 네모진 사람은 운세가 늦게 핀다는 것은, 이마를 하늘이라 하면 하늘은 둥글고 풍성한 것으로 생각되므로, 이마가 네모진 것은 천형(天形)이라고 할 수 없기 때문이다.

이것은, 즉 천덕(天德)이 없는 사람, 그러므로 천덕이 없는 사람은 운세도 자연 흉한 것이다. 그런데 학문을 좋아하는 사람에게 이러한 판단을 하는 것은, 모진 것은 땅[地]의 형이고 이마의 천중(天中)에 지각(地角)이 있으므로, 그 사람은 천지음양(天地陰陽)을 자기 이마에 가지고 있는 셈이다.

그러므로 이것을 학재(學才)가 있다고 보아, 거기서 학문을 좋아하는 발전이 빠르다고 하는 판단이 나오게 되는 것이다.

이마가 좁고 살이 적은 사람은 하늘의 둥글고 풍부한 것이 부족하다고 보여지는 것이다. 그러므로 윗사람과도 인연이 희박하고 운세도 약하다는 판단이 나오게 된다. 그러면 이마가 넓고 살이 많은 사람은 어떨까? 이 사람은 천(天)의 혜택을 지니고 있으므로 자연히 운세도 강하고, 윗사람의 추천도 받을 수가 있다.

이마에 흠이 있거나 비뚤어진 사람이 직장을 바꾸기 쉽다는 것은 윗사람과는 조화가 되지 않는다는 판단에서 나온 것이다. 윗사람의 추천의 기회를 얻지 못하면 고용인은 일할 흥미를 잃어버린다. 이마가 좁아도 관록 부위(그림 9)에 살이 있는 사람은 장남의 위치가 된다는 것은, 자기라는 것은 부모에게서 받은 것이고, 관록에 살이 있는 것은 부모의 관록을 이어받았다는 것을 의미하기 때문이다. 따라서 윗사람의 발탁을 받는 것도 물론이다.

그러므로 관록에 볼록하게 살이 붙은 사람은 그 자체로 복받은 상(相)이라고 할 수 있다.

이마의 주름 보는 법

여러분도 거울을 보면 알 수 있듯이, 이마에는 대개 세 줄의 주름이 있다. 이것을 삼문(三紋)이라고 하는데, 위의 주름을 천문(天紋)이라 하고, 가운데 주름을 인문(人紋), 아래 주름을 지문(地紋)이라 부른다.〔그림 10〕그리고 천문(天紋)은 그 사람의 운세를 보며 윗사람과의 관계를 본다. 인문은 건강 상태와 재운(財運)을 본다. 지문(地紋)은 가운(家運)이나 손아랫사람과의 관계를 본다.

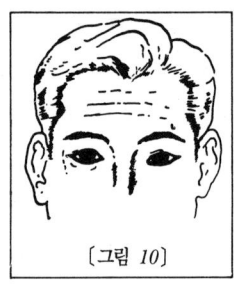

〔그림 10〕

이 삼문이 잘 갖추어진 사람은, 그 사람의 일생을 통하여 큰 발전은 못 한다. 그러나 의식주(衣食住)에 불편한 일은 없다. 의식주에 불편이 없는 사람이라도 큰 야심을 갖거나 큰 일에 손을 대는 일은 많이 있다. 그러나 삼문이 갖추어지지 못한 사람은 의식주 가운데 무엇인가에 불편을 느끼게 된다.

그러면 천문이 끊어진 사람은 어떨까? 이 사람은 윗사람과 충돌하는 일이 많고, 자연 윗사람의 눈밖에 나게 된다. 그러므로 고생운이 많이 따른다. 천문에 힘이 없는 사람은 힘이 되어 줄 윗사람이 없다고 본다. 또 천문이 깊고 힘이 있어 보이는 것은 윗사람의 발탁도 받을 수 있어서, 자연히 운세도 강함을 의미한다.

가운데 주름은 인문(人紋)이다. 인문이 끊어진 사람은 그 생애에 한 번은 큰 실패를 체험하게 된다. 또 고생도 많다. 이 사람은 몸도 그다지 튼튼치 못하다. 반대로 인문이 깊은 사람은 재운도 상당하고 발전도 한다. 인문이 천문이나 지문보다 깊고 힘차게 나타나는 사람은 크게 성공한다. 그러나 양친 슬하에서 떠나 살게 되므로, 관리를 희망하는 사람에게는 대단히 좋은 운세이다.

지문(地紋)이 끊어진 사람은 손아랫사람과의 관계가 좋지 않다. 집안과도 인연이 희박하고, 가정을 가지는 것도 늦다. 지문이 없는 사람도 있는데, 이런 사람도 가정문제로 고생이 그치지 않는다. 그러면 지문이 풍부한 사람은 어떨까? 이 사람은 주택이나 가정운이 썩 좋고, 나중에는 항상 부하라든가 손아랫사람의 뒤를 봐주는 입장에 놓이게 된다. 두말할 필요도 없겠지만, 손아랫사람의 뒤를 봐줄 정도가 못 되면 인간은 좀처럼 성공할 수 없다.

언제나 곧게 있던 천문이 끊어질 경우에는 그 무렵부터 운이 나빠진다. 또 윗사람과의 사이도 원만치 못하게 된다.

또 항상 곧던 인문이 끊어질 경우에는 일신상의 파탄이 있든지 큰 고생을 하게 된다. 건강에도 주의해야 한다. 지문이 끊어지면 어떨까? 그때쯤부터 주택에 문제가 생긴다. 또 가정에 있어서도 번거로운 문제가 발생한다. 그러면 여러분 중에는, 이와 반대의 경우는 어떠냐고 의문을 가질 분도 있으리라 생각된다.

웬일인지 원래는 천문이 얇았는데 요사이 굵어졌다고 하는 질문을 이따금 받는다. 이것은 대단히 좋은 징후로서, 천문이 얇고 힘이 없어 보이던 것이 깊고 힘이 있어 보인다면 그때쯤부터 운이 트일 것이고, 또 얇으면서도 힘이 있어 보이게 되면 신분상의 경사가 있다. 적령기의 독신일 경우에는 결혼하는 수가 많다.

천문 위에 또 천문이 생기는 경우에는 신분상의 일이나 장사하는 일에 변화가 생긴다. 지문 밑에 지문이 생길 때는 이사수가 많다. 이마에 곤두선 주름은 그리 좋게 판단하지 않는다.

이마에 주름이 많은 사람은 천인지(天人地)의 삼문(三紋)으로 나누기가 힘들다. 그런 때는, 예를 들면 열 줄이 있다고 하면, 위에서 세 줄 아래에서 네 줄을 뺀 다음 가운데의 세 줄만 가지고 판단한다. 반드시 위쪽은 홀수를 빼고 아래쪽은 짝수를 없애도록 한다.

이마에 주름이 많은 사람은 고생이 많다고 하는데, 이것은 삼문(三紋)의 천지(天地)를 부모, 인문을 나로 하고, 다시 천문을 윗사람으로 보고, 지문을 손아랫사람으로 보고, 삼문이 혼란하고 가지런하지 못하다는 것은 친척과 맞지 않다고 판단하기 때문이다.

눈썹·눈·코·입·귀에 대하여

사람의 얼굴에는 아름다운 얼굴과 그렇지 못한 얼굴 등 가지각색의 얼굴이 있다. 그리고 아름답다거나 아름답지 못하다고 말하는 것은 얼굴의 생김새, 즉 눈썹이나 눈, 코 혹은 입, 귀의 형상에 따라 결정되는 것이다.

그러나 얼굴에 있어 가장 중요한 다섯 가지 부위에 운명상 여러 가지의 안시가 있다고 하면 이것은 재미있는 문제일 것이다.

그런데 실제로 이 다섯 개의 부위는 운명상 여러 가지 의미를 내포하고 있다. 그러므로 눈썹이나 눈·코·입·귀는 단순한 부위가 아니고, 다소라도 이 방술(方術)을 이해하는 사람이 볼 때는 각각 독립된 신비스런 형상과 색채(色彩)를 가지고 있는 것이다. 인상학상에서는 이들을 총칭하여 오관(五官)이라고 한다. 그러면 그 하나하나에 대하여 설명해 가겠다.

눈썹의 상

눈썹으로는 형제나 자손의 일 혹은 친척의 일을 판단한다. 이것은

제2장 인상(人相)의 기본 33

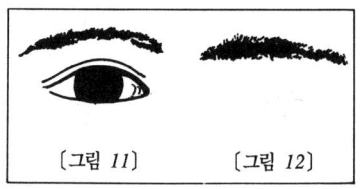

[그림 11]   [그림 12]

털이 혈액과 관계가 있다는 데서부터 유래한 것이다.
　눈썹이 성근 사람은 자식복이 희박하다고 판단한다. 눈썹이 눈보다 짧은 사람도 자식복이 없고, 또는 자식이 적다. 또 자녀가 있다손 치더라도 그다지 믿을 수 없다. [그림 11] 눈썹은 얼굴 위쪽에 있으며, 하나로 정해진 형상이 없고, 도중에 바뀌는 일도 있다. 거기에서 눈썹을 구름에 비유한다. 그러므로 눈썹이 어지럽게 나서 안정감이 없는 것은, 마치 하늘에 구름이 모여 있는 것 같다. 어느 때는 춥기도 하고 덥기도 하고, 또는 비·바람도 순조롭지 못한 것이 하늘인데, 이런 일은 자연계에 사는 자로서는 커다란 괴로움이다. 따라서 우리들 인간에게 있어서는 눈썹이 어지럽게 나고 안정을 잃은 경우에는 반드시 재난이 있을 것으로 본다. 이 때문에 생기는 마음의 고통은 대단하다. [그림 12]
　말할 때에 눈썹이 움직이는 사람은 윗사람과 의견이 맞지 않는 경우가 많고, 어버이의 뒤를 이을 수도 없다. 때로는 파산하는 경우도 있다. [그림 13]의 A처럼 눈썹의 꼬리가 축 처진 사람은 자비심이 깊고 눈물이 많아서, 조그만 일에도 만족하는 성격을 가지고 있다. 다시 말하면, 부처님 같은 원만함을 갖추고 있어서 나한미(羅漢眉)라고도 한다.
　두텁지 않고 길쭉길쭉한 눈썹은 장남상이고, 만약 장남이 아닌 사람, 즉 차남이면서 이런 눈썹을 가진 사람이면 어버이의 뒤를 잇는다. [그림 13, B]

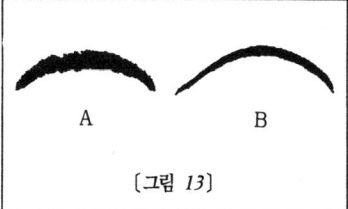

A   B
[그림 13]

　눈썹이 대단히 엷은 사람은 육친과 연이 없고, 더구나 두령운(頭領

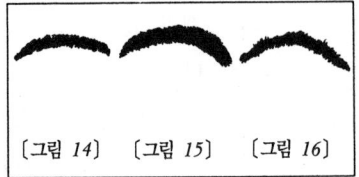

[그림 14] [그림 15] [그림 16]

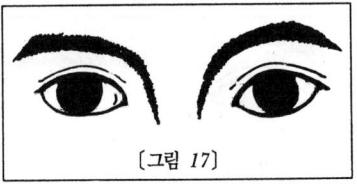

[그림 17]

運)과는 관계가 없다.

눈썹의 털이 굵고 검으며 매우 어지럽게 난 눈썹을 가진 사람은 반드시 파산한다. 비록 초년운이 좋은 사람이라도 한 번 큰 실패를 해서 고생을 한다. 육친이나 친척간의 융화도 안 되고, 자식과도 인연이 없으며, 평생을 통하여 금전운(金錢運)도 좋지 않다.

눈썹 위에 눈썹이 걸쳐서 세로줄이 있는 사람은 자식과도 인연이 희박하고, 육친이나 친척 혹은 손아랫사람의 일로 평생 고생이 많다. [그림 14]처럼 눈썹 털이 위와 아래에서 얼싸안은 것처럼 나 있는 사람은 수명이 짧다. 혹은 잘못된 생각으로 고생을 사서 하는 일이 많든가 아무튼 안정성이 없고 만족한 생활을 보낼 수 없다.

[그림 15]처럼 눈썹꼬리가 듬직하게 안정돼 있는 사람은 장수한다. 노인들의 눈썹을 보면 금방 알 수 있는데, 장수하는 사람의 상은 모두 그렇다. 젊은 사람이라도 이런 눈썹을 가진 사람은 틀림없이 장수한다. 눈썹이 가지런하지 못하고 서 있는 사람은 가정이 원만치 못한 상이고, 호주로서의 힘도 모자란다. 이런 상은 자기의 기분도 안정이 안 되고, 직업도 안정되지 않는다.[그림 16]

[그림 17]과 같이 눈썹이 눈과 눈 사이에 가까이 난 사람은 처와의 인연이 희박하고, 처를 바꿀 뜻을 가지며, 부부가 금슬이 좋다고 볼 수 없다. 성격도 급해서 그 때문에 성공이 대단히 더디다.

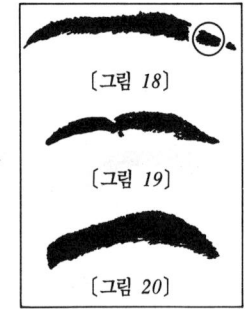

[그림 18]

[그림 19]

[그림 20]

눈썹이 가늘던 사람이 어느 시기부터 눈썹

폭이 넓어지는 일이 있다. 이것은 그때쯤부터 운세가 좋아지는 것을 나타내는 것이다.

눈썹꼬리를 인상학의 술어로 복당(福堂)이라 부르는데,〔그림 18〕의 ○표가 있는 곳이다.

여기에 솜털 같은 눈썹 털이 8, 9가닥쯤 뻗쳐 있을 때는 그 사람의 운세가 당분간은 좋고, 그 털이 오그라들 경우에는 매사가 수습할 수 없게 된다 이 때문에 기분이 위축되기 쉬우므로 충분히 주의해야 한다.

눈썹 속에 흠이 없는데도 눈썹이 가운데서부터 쪼개진 것처럼 된 형상은 육친이나 친척과 친하게 교제하지 않는 상이고, 보통 사람도 육친과의 생이별, 사별할 때는 반드시 눈썹의 가운데가 끊어지는 것 같은 상이 나타난다.〔그림 19〕 이것은 '눈썹에 대하여'의 처음 부분을 읽어 보면 자연 짐작이 되리라고 생각된다.

눈썹의 형상은 굵고 듬직하게 생긴 편이 그 사람의 운세가 강한 것을 의미하고, 눈썹의 형상이 가느다란 경우에는 운세도 약한 것이다. 그러나 눈썹이 너무 짙어 밑의 살이 보이지 않는 상은 나쁜 상으로서, 이런 사람은 파산하는 경우도 있다. 눈썹 털이 아주 굵은 사람도 이와 같은 판단을 할 수 있다.〔그림 20〕

눈썹 위로 금이 곤두서 있는 사람이 자식복이 없다는 것은, 눈썹으로 자손운을 볼 경우 세로 금이 꿰뚫을 때는 자손운을 파괴하는 결과가 되고, 그 때문에 자손운이 나쁘다고 보는 것이다. 눈썹꼬리는 천천히 내려 처진 사람의 수명은 길다고 하고, 이런 눈썹을 보수관(保壽官)이라고 한다. 이것은 눈썹의 이름이 아니라 눈썹꼬리가 듬직하게 하늘에서 내려올 때는 마치 하늘에서 수명을 받은 것 같은 것으로서, 이것을 보수(保壽)의 관(官)이라고 부르는 것이며, 그 때문에 장수의 상이라고 본다.

또 눈썹이 위와 아래에서 얼싸안은 것같이 난 것은 보수의 관을 공격하는 것 같아서 단명의 상으로 보는 것이다. 눈썹이 눈과 눈 사이에 가까운 데서 난 사람은 부부 사이가 좋지 않다. 이는 눈을 좌우의 음양(陰陽＝男女)이라 하면, 눈과 눈 가까이에서 눈썹이 난다는 것은 마치 그 음양의 가운데를 이간시키는 것 같아서, 이 때문에 부부의 음양의 교통이 나쁘고 자연 자손운도 신통치 않은 것이다. 부부 사이가 좋지 않으면 자손을 만족스럽게 기를 수 없는 것은 당연지사다.

말할 때 눈썹이 움직이는 사람이 윗사람과 의견이 맞지 않는다는 것은, 이마는 손위의 일을 판단하므로 눈썹이 움직일 때는 이마도 같이 움직이는 것이어서, 이 때문에 윗사람과 의견이 맞지 않는 상으로 본다.

눈썹꼬리가 나한미(羅漢眉)와 같이 내려 처진 사람은 무슨 일에나 만족하기 쉽다. 그러므로 가령 출가의 상(相)이 있을 경우에도 이 나한미가 없다면 출가하여 성공하기 어려운 것이다. 자기에게 나한미가 있다는 것은 불연(佛緣)이 있는 것과 같아서, 부처님은 유화(柔和)하고 아무 일에도 만족한다는 것이 근본 사상이므로, 그 때문에 나한미를 가진 사람은 조그만 일에도 만족하는 것이다.

눈썹꼬리[福堂] 끝에 솜털 같은 눈썹 털이 8, 9가닥 뻗쳐 오른 사람은 당분간 운세가 강하다는 것은, 눈썹은 기분이 집중되는 곳으로서 기분이 초조할 때는 눈썹도 솟구치고, 기분에 여유가 있을 때는 눈썹도 안정되고 아름다운 것으로, 자기의 생각이 기(氣)가 되어서 눈썹꼬리[福堂]에 나타나기 때문이다.

눈의 상

눈은 그 사람의 기분이 깨끗한가 흐려져 있는가, 또는 판단할 때의 그 사람의 운기(運氣)가 왕성한가 쇠약한가를 판단하는 기준이 된다.

눈매가 격한 사람은 그 기분도 사납고, 눈에 힘이 있는 사람은 현재의 운세가 양호한 사람이다. 눈이 흐리멍텅한 사람은 그 정신도 또한 흐리멍텅해 있고, 눈이 탁(濁)한 사람은 현재의 운세가 쇠퇴해 있는 것을 의미한다.

눈이 안정되지 못하고 자주 움직이는 사람은 정신에도 안정감이 없고, 집안이 안정되지 못했거나 상당한 나이이면서도 아내가 없는 사람이다. 항상 바쁘게 눈을 깜박이는 사람은 마음의 안정이 없고, 매사에 끈기가 없다. 신경질적인 경향도 있으며 때로는 파산하는 사람도 있다. 그러나 반면 재사형(才士型)이기도 하다.

눈 속의 검은 자위가 고동색이고 마치 원숭이 눈 같은 사람은 자기 멋대로 행동하고, 다른 사람에게 베풀 생각은 조금도 하지 않고 남이 못 되는 것을 기뻐하는 편인데, 자기 일은 대단히 잘한다. 또 눈이 깊이 패인 사람은 사물에 대하여 집요하며, 선이나 악에도 강한가 하면 상당한 재능도 있어서 운세는 강한 편이나, 어버이의 뒤를 이으려고 하지 않는 인정머리 없는 사람이다.

눈이 크고 좀 튀어나온 사람은 처와의 인연이 변하기 쉽고, 끈기가 부족하며, 자손운도 약한 편이어서 한때는 대단히 가난해진다. 그리고 어버이의 대를 잇지 못한다.

눈이 약간 나온 편이고, 곁눈질로 보며, 아래에서 위로 눈으로만 치켜보는 사람은 반드시 정신병을 앓을 것이다. 또 이런 사람은 자신의 잘못된 생각으로 정신적인 고통을 많이 받게 된다.

눈의 흰 자위가 먼지를 뒤집어쓴 것처럼 흐려진 사람은, 마치 늙은 말이 짐을 잔뜩 싣고 괴로워하는 것같이 고생이 많고, 일이 좀처럼 잘 풀리지 않는 상이다. 눈에 힘이 없고 약간 튀어나온 눈에, 깨끗이 보이는 듯하면서도 자세히 보면 탁한 것 같기도 하고 빛나는 것 같기도 한 눈은 ―― 이러한 눈은 별로 없으나 ―― 반드시 장님이 될 상이다.

이것은 눈뜬 장님을 보면 잘 알 수 있다.

눈의 검은 자위에 연기가 낀 것처럼 흐린 사람은 머지않아 병이 나거나 혹은 큰 고생을 당할 것이다. 또 검은 자위에 안정이 없는 사람은 반드시 도벽이 있다. 이것은 도둑의 눈을 보면 알 수 있다. 고양이가 사람을 살짝 볼 때와 흡사하고, 다만 이 경우에는 예민하지 못한 것이 특징이다.

점치는 사람이 상대의 눈을 보았을 때, 서슴지 않고 눈을 크게 뜨는 사람은 그 사람의 희망이 큰 것을 의미하고 있으며 마음도 확고히 정해져 있으나, 개중에는 생활에 실패하는 사람도 있다. 같은 경우에 눈을 감고 뜨지 못하는 사람은 아무 일에도 안심하지 못하고, 조그만 일에도 놀라며 끈기도 부족하다. 또 같은 경우에 서슴지 않고 눈을 뜨고서 점치는 사람을 보면서 검은 자위가 아래쪽에 자리잡은 사람은 자기가 하고 있는 일을 남에게 말하는 일이 없고, 자기 감정을 남에게 말하지도 않는다. 그러나 여자인 경우는 결심이 약하고, 의지가 박약하여 소심해져서 자기의 본심을 말하지 않는 것이다.

다음에 검은 자위가 언제나 위쪽에 자리잡고 있는 사람은 야심가로서, 타인에게 지기 싫어하는 성격의 소유자이다. 그러나 때로는 일에 실패하는 사람도 있고, 근로인은 윗사람과 좀처럼 융화가 안 되는 점이 있다.

여자로서 눈의 검은 자위가 언제나 위쪽에 자리잡고 있는 사람은 반드시 정신병을 앓을 것이다. 더구나 남편의 인연도 바뀌고 자손과의 인연도 희박하다. 눈이 특별히 큰 사람은 그 사람의 한평생 가운데 한 번은 실패한다. 대를 이을 수도 없고, 끈기도 부족한 것이 특징이다.

눈이 언제나 보통 상태이며, 힘이 있고, 말할 때 눈의 검은 자위가 조금 아래쪽으로 내려오는 사람은 성격적으로 끈덕지며, 꿈도 원대하고 재능도 있으나, 나쁜 방면으로 진출하면 큰일을 저지를 상이다.

눈 속에 눈물이 고인 것처럼 물기가 있는 사람은 호색가(好色家)이다. 그러나 색(色)에 빠져 버린다는 것이 아니고, 때때로 외도를 한다는 정도이며, 이것은 아래 눈꺼풀이 두꺼운 사람에게도 해당되는 말이다.

눈의 동자(瞳子)가 작은 사람은 마음이 착실하고, 품행도 단정하며, 운세도 순조로울 사람이다. 이에 반해서 눈의 검은 자위가 큰 사람은 기분이 안정되지 못하고, 모든 일에 대해서 항상 망설이기 쉬우며, 일도 제대로 잘 안 되고 고생이 많으며, 일의 진행에 있어서 끈기가 부족하다.

눈의 동자가 자주 커졌다 작아졌다 하는 사람은 동광 산대(瞳光散大)로서 마음의 안정을 잃고, 매사에 망설이기 쉬우며, 고생도 많고, 일이 순조롭지 못하다. 즉 무엇을 하여도 끈기가 부족하기 때문에 잘 되는 일이 없다. 눈이 작은 사람은 마음이 좁다. 인정은 많은데, 사물에 대한 끈기가 없다.

눈은 자기 몸에 대해서 어떤 의미를 가지고 있는 것일까? 눈은 몸의 태양이다. 항상 깨끗이 하고 있어야 하는 것이며, 눈은 자기 자신을 보호하여 준다.

눈은 자기의 기분을 가장 잘 나타내 주는 곳이어서, 입으로 말할 수 없는 일도 눈을 보면 알 수가 있으므로 정유족관(情遊足官)이라고 부른다.

여러분이 자고 있을 때 여러분의 마음은 어디에 나타나는 것일까? 반대로 깨어 있을 때는 어떨까?

당신의 마음은 눈에 나타난다. 사람이 자기라는 것을 생각지 않고 다만 한 가지 일만을 생각하고 있을 때 그 사람의 모든 정력은 눈에 집중된다. 그러므로 사람이 눈을 눈꺼풀로 감았을 때는 아무리 빼어난 관상가라도 그 사람 속에 숨겨진 마음의 좋고 나쁨을 전부 알 수가 없다.

사람의 성(性)은 선(善)하다. 무념무상(無念無想)한 사람의 눈은 선을 나타내고, 신의 존재를 나타낸다. 이 신에는 선악(善惡)이 없다.

그러나 눈이 다만 사람의 마음의 표현만이라면, 눈의 선악에 따라서 그 사람의 마음을 알 수가 있을 것이다.

여자로서 언제나 눈의 검은 자위가 위쪽에 위치하는 사람을 정신병(히스테리, 亂心)의 상으로 보는 이유는 다음과 같은 이유에서이다. 여자란 항상 눈이 소박하고 유화(柔和)한 것을 길상이라 한다. 더구나 눈은 기분의 움직임의 강약(强弱)을 판단한다.

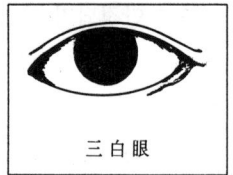

그러므로 검은 자위가 위쪽에 위치해 있는 여자는 마음이 우쭐해서 마음의 안정을 잃고 있다고 판단된다. 그러므로 정신 장해(精神障害)에 걸린 여자는 눈의 안정을 잃고 있는 것이다.

관상을 보는 사람이 상대의 눈을 볼 때 서슴지 않고 눈을 크게 뜨는 사람이 야심가라는 것은, 눈에 힘이 있을 때는 두려울 것이 없고, 이 때문에 판단하는 사람이 눈을 보았을 경우에도 서슴지 않고 눈을 뜨는 것이고, '신기(神氣)가 강하다'고 한다. 즉 자기의 마음이 확고한 사람이 야심가라는 것은 당연한 일이다.

눈 속에 먼지가 낀 것처럼 흐려져 있는 사람이 현재 고생이 많다는 것은, 눈을 태양으로 생각했을 때 하늘이 흐려 있는 것과 같아서, 이것을 사람의 신체에 적용해서 생각하면 마치 고생이 많은 때이므로 눈이 그와 같은 상을 나타내는 것이라고 판단한다.

또 눈이 움푹 패인 사람이 신장(腎臟)의 활동이 약하고 정신의 안정이 없다는 것은, 신장이 강하면 눈 언저리에 살이 있고 자연 침착하게 보이는 법이다.

반대로 신장의 활동이 약한 사람은 눈 주위에 살이 없고 깊이 패이며, 그 때문에 발전의 기(氣)를 잃고, 나아가서는 자기가 타락하여 정신의 안정을 잃는 것이다.

눈의 검은 자위가 상하 좌우로 움직이는 사람이 도벽이 있다고 했다.

눈은 자기의 마음을 보충하여 주는 것으로 유족(遊足)의 관(官)이라고 부른다는 것은 앞에서 말한 바 있거니와, 눈이 올바른 사람은 그 마음도 정직하고, 눈이 과격하게 움직이는 사람은 그 정신도 바르지 못하므로 이 때문에 도벽이 있다고 판단하는 것이다.

눈이 크게 불거진 사람은 끈기가 없고, 반대로 누가 보아도 좋은 눈이라고 보이는 눈을 가진 사람은 마음도 정직하고 끈기도 있다. 이와 같이 눈에 의하여 그 사람의 마음의 안정 상태를 볼 수 있다. 눈이 불룩 튀어나온 사람은 마음의 안정도 없고, 그 때문에 실패하는 일도 있다.

눈 속에 항상 눈물이 고여 있는 것 같은 사람이 호색(好色)하다는 것은 그 눈물을 신장의 활동으로 보는 까닭에, 이 신장의 활동이 언제나 지나쳐서 호색한다고 판단하는 것이다. 이것이 눈에까지 나타난 경우를 음란지상(淫亂之相)이라고 본다. 눈의 검은 자위에 안정감이 없고 떴다 감았다 하는 사람은 마음이 안정되지 못하며, 반대로 자기 의지가 확고한 사람은 자연 검은 자위가 안정되어 있다.

또 불안정한 사람은 숨쉴 때마다 눈의 검은 자위가 변화하는 것을 볼 수 있다. 이 때문에 매사에 끈기가 없고, 무슨 일에 대해서나 망설이는 편이 많다.

눈의 검은 자위 부분에 연기가 낀 것처럼 흐린 사람은 머지않아 병이 난다는 것은, 마음이 희망으로 부풀어 있는 사람은 눈에도 힘이 있고 건강하기도 하나, 건강을 잃었을 때는 정신이 불안정하고 이것이 눈에 나타나기 때문이다.

　눈이 고동색이고 원숭이 눈과 같은 사람은 제멋대로 행동하고 남에게 베풀 줄 모른다고 했다. 원숭이와 같은 짐승들은 먹을 것을 발견하면 자기만 먹고 남에게 나누어 주는 일이 없고, 먹이를 얻기 위해서는 밤낮 돌아다니며 자기 본능을 만족시킨다. 인간도 이런 눈을 가진 사람은 자기 일에는 맹렬히 힘쓰나, 남에게 베푸는 일은 싫어하니 원숭이와 다를 바가 없다.

　눈을 깜박이는 사람이 초조하고 마음의 안정이 없다고 했다. 무엇을 본다는 것은 상당한 정신력을 필요로 하는데, 정신이 강한 사람은 물건을 보는 데도 깜박이는 일 없이 응시(凝視)할 수 있지만, 끈기가 없는 사람이나 초조한 성격의 사람은 자기의 결점을 남에게 알리지 않으려고 눈을 몹시 깜박이는 것이다.

코의 상

　코는 그 사람의 대체적인 운세를 의미하는 곳으로서, 성격 등도 다음과 같이 잘 나타나 있다.

　코가 낮은 사람은 생각하는 것이 저급(低級)한 반면에 사교성은 좋다. 그러나 희망하는 것은 극히 작아 가문이 좋은 사람들 중에 코가 낮은 사람은 드물고, 천한 사람들에게 납작코가 많다.

　가령 가문은 좋은데 코가 낮은 사람은, 그 사람만은 이상도 없고 희망하는 것도 작아서 훌륭히 대를 이어 버젓한 인생을 보낼 수 없다. 〔그림 21〕

　또한 코에 살이 없이 마른 사람은 그 사람의 신체도 말라서, 인생에

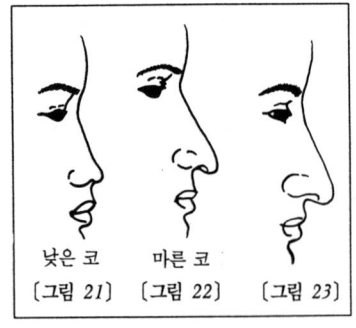

낮은 코　　마른 코
〔그림 21〕　〔그림 22〕　〔그림 23〕

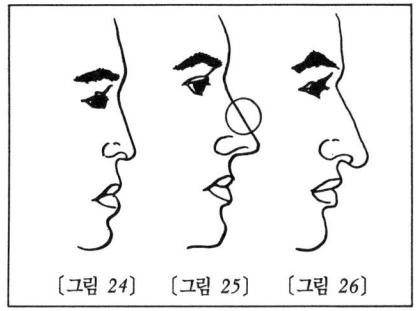

[그림 24] [그림 25] [그림 26]

있어서도 고생을 많이 하는 사람이다. [그림 22]

또한 코가 두툼하고 길게 보이는 사람은 반드시 그 사람의 노력에 상응한 성공을 할 수 있고, 재능도 있다. 더구나 수명도 길어서 장수할 수 있으며, 남의 뒤를 돌봐 주는 입장에 놓이게 된다. [그림 23]

코가 보통 사람에 비해서 짧게 보이는 사람은 생활도 어렵고, 성격도 조급하고, 수명도 짧다. [그림 24]

코에 상처가 있는 사람은 평생에 한 번은 실패하는 일이 있고, 자손운에도 문제가 있다. [그림 25]

코가 얼굴에 비해서 작은 사람은 이상도 작고, 생각하는 일도 잘아서 고생이 많은 인생을 보낸다. [그림 26]

그러나 얼굴에 비해서 코에 두툼하게 살이 붙어 있으면 운세도 강하고, 행복한 인생을 보낸다. [그림 27]

코는 높으나 살이 없어서 끝이 뾰족한 사람은 자기가 하려고 하는 일을 좀처럼 완성할 수 없다. 상당히 진척되었다가도 망쳐 버리기 때문이다. 더구나 자손, 육친, 친척의 인연이 희박한 편이다. [그림 28]

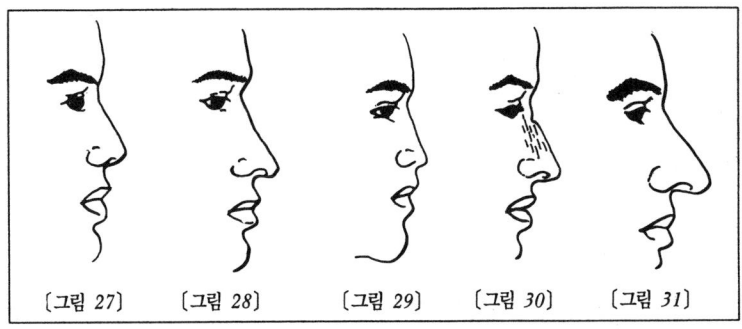

[그림 27] [그림 28] [그림 29] [그림 30] [그림 31]

코 끝이 아래로 처진 사람은 물건을 낭비하지 않고 알뜰하고 규모 있게 사용하므로, 생활에도 어느 정도 여유가 있어서 즐겁게 인생을 보낼 수 있다. 그러나 성격적으로 다소 인색한 데가 있다. [그림 29] 그러나 그런 상을 하고 있는 경우에도 눈썹과 눈썹 사이[印堂]가 넓은 사람은 물건을 특별히 아끼지 않는다.

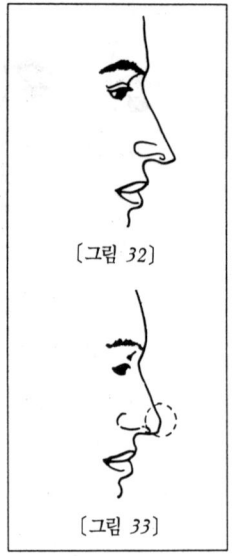

코에 주름과 같은 가느다란 세로 금이 많은 사람은 생애를 통하여 고생이 많고, 자손과도 인연이 희박해서 결혼이나 직업의 안정을 얻는 시기가 늦어진다. [그림 30]

코가 유난히 높은 사람은 처자식과 인연이 희박하다. 비록 표면적으로 안정된 듯한 생활을 하고 있는 사람도 안으로는 의견이 맞지 않고, 또 의지할 형편도 못 된다. 더구나 이 사람은 생애를 통하여 한 번은 큰 실패를 할 것이다. [그림 31]

코의 살이 특별이 단단한 사람은 반드시 고집쟁이이다. 그러나 수명은 길다.

코의 살이 말라서 뼈가 겉으로 튀어나온 것같이 보이고 끝이 뾰족한 사람은 어버이의 대를 잇지 못한다. 자기의 생각하는 바가 크고, 그 때문에 필요 이상으로 참으며 자기 자신을 괴롭힌다. 때로는 커다란 실패를 초래할 것이다. [그림 32]

코에 살이 충분하고 특별이 높으며 준두(準頭 : 코끝)가 빨간 사람은 처자식과 인연이 희박하다. 비록 있다고 해도 자식에게 의지할 수는 없고, 또 아내와의 사이도 화목한 생활은 바랄 수 없다. 그러므로 고생이 많은 생활을 보내기 쉽다. [그림 33]

콧방울이 뚜렷한 사람은 운세가 대단히 강하고, 만약 궁지에 몰린

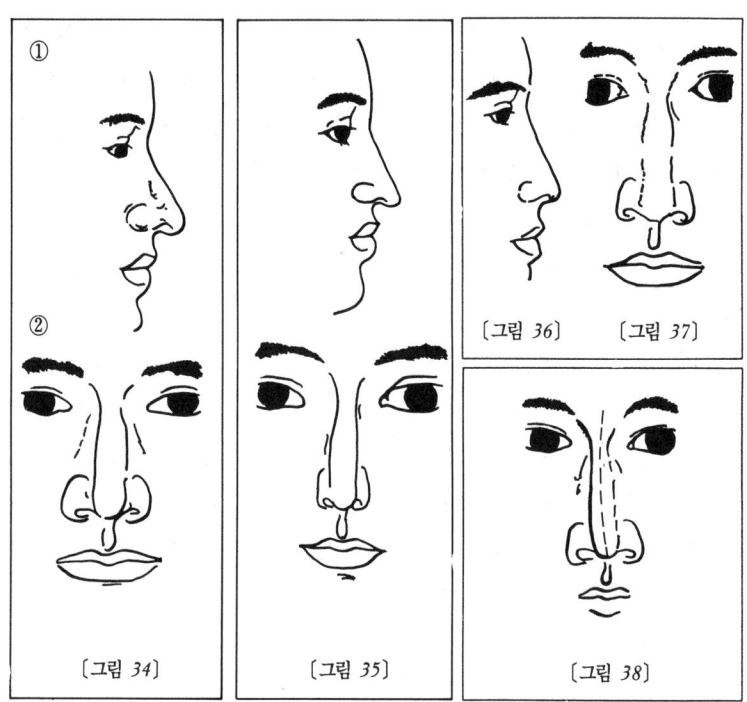

[그림 34] [그림 35] [그림 36] [그림 37] [그림 38]

경우에도 대개는 구원자가 나타나 그 상황을 모면하게 된다.〔그림 34〕가령 얼굴의 다른 부분이 궁상(窮相)인 경우에도 극빈이 되거나 하지 않고, 노력에 따른 성공을 할 수 있다. 콧방울이 없는 사람도 많이 있다. 차 안에서나 혹은 같은 직장에서 일하는 동료 가운데서도 볼 수 있는데, 이런 사람은 운세도 약하고 자손과도 인연이 희박하여 쓸쓸한 인생을 보내기 쉽다.〔그림 35〕

코가 상당히 부드럽게 보이는 사람은 그 마음도 솔직하고 인정도 많은 성격이다.〔그림 36〕

코는 잘생겼으나 코에 비해 입이 작은 듯한 사람은 자손복이 적고 생각하는 바도 소극적이어서, 자기가 생각하고 있는 대로 일이 막힘없이 진행되는 것이 드물다.〔그림 37〕

코는 높으나 얼굴 주위의 살이 엷어서 깎아 낸 듯한 느낌을 주는 사람은 이상이 높은 사람이다. 그러나 남에게 호감을 못 사고, 아내와의 인연도 변하기 쉽고, 고독하다. 콧등이 구부러져 있는 사람은 평생 부침(浮沈)이 심하고, 때때로 위험한 고비를 넘기는 일이 있는 사람이다.〔그림 38〕

코에 마디가 있는 사람은 어버이의 뒤를 계승하지 못한다.〔그림 39〕

콧방울이 뚜렷이 패인 사람은 옷이 귀찮을 정도로 풍부하다.

이에 반해 콧방울이 없는 것 같은 사람은 입는 것에는 신경을 쓰지 않는다. 따라서 옷에도 인연이 없다. 코가 또렷하고 긴 사람은 콧방울도 거기에 알맞게 또렷하고 살이 있다. 이와 같은 코로 사마귀나 홈 같은 것이 없으면 근로자로서 성공한다. 또 집안에도 걱정거리나 재앙이 적어서 반드시 성공한다.

코가 작고 살이 없어서, 그 때문에 코끝이 뾰족한 사람은 고생도 많고, 자손에도 인연이 없다.〔그림 40〕

콧등 가운데에 옆으로 금이 가 있는 사람은 평생에 한 번은 큰 실패를 할 것이다. 이 옆금은 자연히 생긴 것으로 간주하는데, 홈 같은 것은 또다른 판단을 요한다. 코를 풀고 언제든지 위로 닦아 내는 사람은 자연 이런 옆금이 생긴다.〔그림 41〕

들창코로 콧구멍이 마주보는 듯한 사람은 윗사람과 좀처럼 의견이

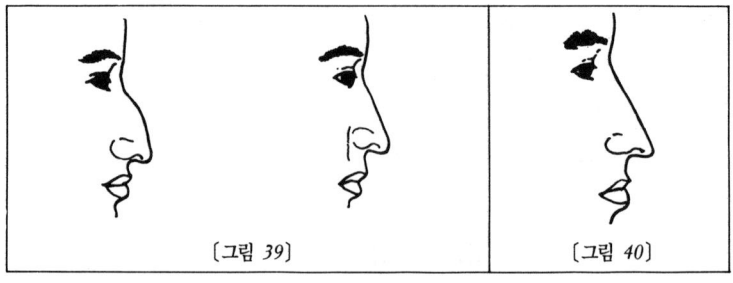

〔그림 39〕　　　　〔그림 40〕

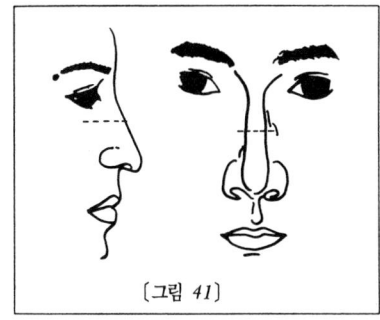
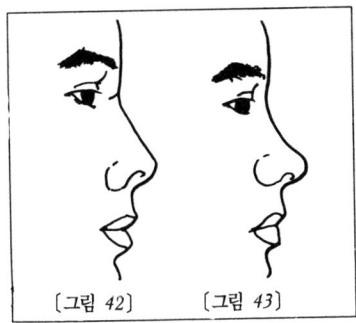

[그림 41]   [그림 42] [그림 43]

맞지 않는다. 이 상을 가진 사람은 타향살이하는 사람이 많고, 돈을 쓸데없이 써버리는 습성이 있다. [그림 42]

 코가 버젓하고 콧날이 분명한 사람은 윗사람의 신뢰도 받고, 윗사람으로부터 발탁되어서 자연 많은 사람들을 거느리고 활약하게 된다. 이런 코라고 하더라도 얼굴을 전체적으로 볼 때 그 느낌이 조화를 이루지 못하면 이 같은 판단은 하지 않는다. 다음으로, 콧구멍이 넓은 사람은 끈기가 부족하고 수명도 짧다.

 사자코같이 코끝만 높은 사람은 운세가 강하여 노력에 부응하는 성공을 한다. 그러므로 그 성격도 선악간에 강하다. [그림 43]

 코가 두툼하고 살이 있으며 길게 보이고, 콧방울에도 상당한 살이 붙고, 그 위에 검은 점이나 흠이 없는 사람은 근로인으로서 성공한다는 것은, 코는 자기의 몸을 대표하고 코의 살은 자기의 운세를 결정한다고 보기 때문이다. 즉 살이 붙어 있는 코는 운세가 왕성한 상태를 의미하고, 점이나 흠이 없는 것은 아무 지장도 없는 것을 나타낸다. 길다는 것은 마음도 확고하고 수명도 긴 상이다.

 콧방울이 또렷한 사람이 운세가 강하다는 것은, 좌우의 콧방울을 정위(廷尉)라 하고 코를 난대(蘭臺)라고 부르고 있기 때문이다. [그림 44] 즉 천자(天子)의 옥전(玉殿)을 난대라 하고 정위란 난대를 수호하는 역할을 말하는 것으로서, 콧방울이 두툼하고 뚜렷한 사람은 천자(코, 자기)를 수호하는 사람들이 갖추어져 있다는 것을 의미한다. 그 때문에 강자의 옥전은 위엄이 있는 것으로서, 인간에 맞춰 생각했을 경우에도 그 운세가 강하다고 판단하는 것이다.

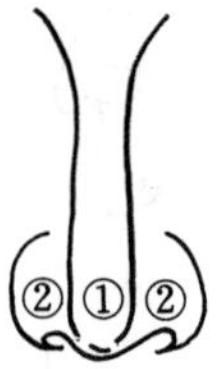

오래된 옛날 책에는 왼편 콧방울을 난대, 오른편 콧방울을 정위로 표기하고 있지만 본서에서는 이와 같이 구별하였다. (일설에는 난대를 간대(諫臺)라고도 한다.)

①난 대
②정 위
〔그림 44〕

코는 높으나 얼굴 주위의 살이 깎아 낸 듯한 사람이 자손 인연이 희박한 것은, 코를 천자(天子)에 비유하면 얼굴은 신하로서, 코만이 높고 얼굴의 살이 없는 느낌의 사람은 천자가 신하를 이기는 상태로 생각한다. 이렇게 되면 아무리 훌륭한 천자라도 국가를 다스려 나갈 수가 없다. 그러므로 고독한 상이고, 자손과의 인연도 희박하다고 판단한다.

코의 살이 말라서 뼈가 표면에 튀어나온 듯하고 코끝이 뾰족하게 보이는 사람은 어버이의 뒤를 계승하지 못한다, 얼굴을 천지인(天地人)으로 나눌 때 코는 사람이고 자기 자신을 대표하는데(그림 5 참조), 코가 말라서 뾰족하게 보일 때는 마치 천지를 배신하고 부모도 배신하는 것 같은 형편으로, 이 때문에 어버이의 뒤를 계승할 수 없고, 자기의 엄격한 정신이 밖에까지 나타나는 것이라고 보는 것이다.

콧방울에 힘이 있는 사람이 의복에 인연이 있는 것은, 코는 몸이고 콧방울은 코의 장식으로서 의복의 관으로 보기 때문이다.

콧방울이 없는 것처럼 보이는 사람은 그 코도 자연 쓸쓸해 보이고, 코가 벌거벗은 것 같아서 입는 것에도 인연이 먼 것으로 보인다. 이에 반해 콧방울에 힘이 있으면 코에 장식이 있기 때문에 가난한 가운데에서도 입을 것은 걱정이 없다.

코가 크고 입이 작은 사람이 자손의 인연이 희박하다는 것은 다음과 같은 이유에서이다.

코를 이마 중앙의 흙이라고 보는 경우(코를 솟아 나온 고산(故山)으로 보고, 흙으로 본다.) 입은 큰 바다로서(입을 혈고해(穴故海)로 보고, 물로 본다.) 수분을 나타내고 있다. 코가 크고 입이 작은 사람은 흙이 많고 물이 부족한 것과 같다. 흙도 수분이 부족할 때는 흙으로서의 위력이 부족해져서, 흙의 역할을 다할 수 없어 초목을 생육하는 힘이 모자란다.

또 자기 몸에서 생기는 것은 자손이다. 그러므로 이 사람은 자손운의 혜택을 못 누릴 상으로 보는 것이다. 코에 가는 세로줄이 있는 사람이 고생이 많다는 것은, 코는 자기의 몸을 대표하는 것으로서 이 몸이 언제나 만족하는 일 없이 쇠퇴한 것 같아서, 그 때문에 고생이 많은 것으로 보는 것이다. 사람의 운세가 성하면 안정되어서 이러한 상태는 나타나지 않게 된다.

들창코가 윗사람을 배신하는 경우가 많다고 보는 것은, 자기의 몸이 하늘을 향하고 있는 것이나 마찬가지로서 그 때문에 윗사람을 배신한다고 본다. 또 코가 단단한 느낌을 주는 사람은, 그 몸이 단단하고 정신도 소박하지 못하다고 판단한다. 고집쟁이의 경우가 많다. 여자는 대체로 코가 부드러워야 마음도 솔직한 것으로 보는데, 여자로서 코가 단단하면 물론 마음도 솔직하지 못하고, 그 때문에 남편은 고생하는 법이다.

코에 마디가 있는 사람이 일에 실패하기 쉬운 것은, 코는 자기의 몸이므로 거기에 마디가 있으면 몸을 파괴하는 것으로 보기 때문에 일에도 실패하기 쉬운 상으로 보는 것이다. 콧날이 비뚤어진 사람은 자기의 몸이 구부러져 있는 것 같아서, 그 때문에 인생에 있어서 굴곡이 있다고 본다. 코의 가로줄도 자기의 몸을 파괴하는 것 같아서 이 때문에 한 번은 크게 실패할 상이다.

코가 뚜렷하고 콧날이 선 사람이 윗사람과의 관계에서 이익이 있다는 것은, 코는 자기 몸이고 코의 산근(山根)으로부터 위는 웃어른을 의미하기 때문인데, 즉 콧날이 서 있으면 자기와의 사이에 장애될 것이 없다는 것으로, 윗사람과의 관계에서 대단한 이익을 얻는 것이다. 콧날이 낮은 사람은 윗사람과의 통로가 희박하다는 견해에서, 윗사람과의 관계에서는 별로 큰 이익을 얻을 수 없다고 보는 편이 좋겠다.〔그림 45〕

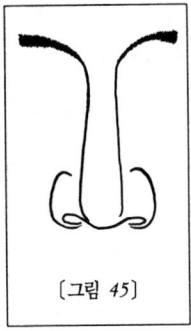

〔그림 45〕

입의 상

입으로는 자손의 유무, 또 운기(運氣)의 강약을 판단한다.

입 앞이 뾰족한 사람은 자손연이 희박하고 엄격 공정하며 사물의 구분이 분명하나 학문은 좋아하지 않는다.〔그림 46〕

언제나 입 속에 침이 고이듯 물기가 있는 사람은 양친을 일찍 여읠 상이다. 더구나 끈기가 부족하고 자손연도 희박하다. 그러나 이 사람 자신이 양자로 가는 일은 있다.

입이 얼굴에 비해 작은 사람은 생각하는 것도 작고, 사소한 일에도 놀라기를 잘한다.〔그림 47〕 매사에 끈기가 없고, 다정다감한 성격이고, 자손연(子孫緣)도 희박하다.

입이 큰 사람은 모든 사물에 대하여 큰 희망을 가지고 있다. 그러나 일에 실패하는 일도 있다.〔그림 48〕

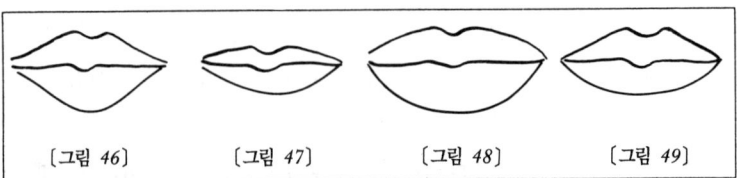

〔그림 46〕   〔그림 47〕   〔그림 48〕   〔그림 49〕

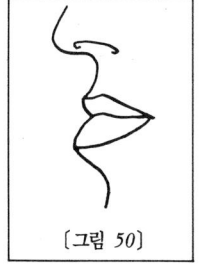
[그림 50]

입술이 얇은 사람은 자손연이 희박하나, 윗입술이 조금 얇은 사람은 이런 판단을 하지 않는다.

윗입술이 조금 앞으로 튀어나온 사람은 자손연이 희박하고, 일에 대한 끈기가 없으며, 이상이 작고 다감한 성격이다. 그러나 젊은 사람들에게는 자손이 없다는 판단은 하지 않는다.〔그림 49〕

윗입술보다 아랫입술이 더 나온 사람은 윗사람과 의견이 맞지 않고, 그 사람의 생애를 통해 자주 직장이 바뀌겠다.〔그림 50〕 입술은 운기의 문이므로, 입을 항상 벌리고 있는 사람은 자연히 운기를 잃어버리는 것이고, 신체도 허약하여 일에 대한 끈기도 없다.

〔그림 51〕과 같은 삼각형의 입술을 가진 사람은 자기가 희망하는 목적에 좀처럼 도달할 수가 없다. 자손연도 희박하고, 머리도 나쁘고, 그 때문에 생활도 가난하여 평생 고생이 많다. 입의 가장자리가 조금 위로 올라간 사람은 먹을 걱정도 하지 않고 직업도 안정되어서 편안한 일생을 보내게 된다.〔그림 52〕 이에 반하여 입의 가장자리가 아래로 처진 사람은 돈 씀씀이가 헤퍼서 상당한 재산을 가진 사람이더라도 대체로 다 써버린다.〔그림 53〕

입으로 자손의 유무를 보는 것은 무슨 까닭인가? 입은 인간이 살아가는 데 있어 가장 귀중한 부분으로서 운기의 문이라고 보기 때문이다. 더구나 남자는 양(陽)이고 언제나 입을 다물고 있으나, 여자는 음(陰)으로 입을 벌리고 있는 것이고, 이 음양이 섞여서 인간이 살아나갈 길을 취하는 것이다. 다시 말해 자식을 낳는 것으로서, 자손의 관

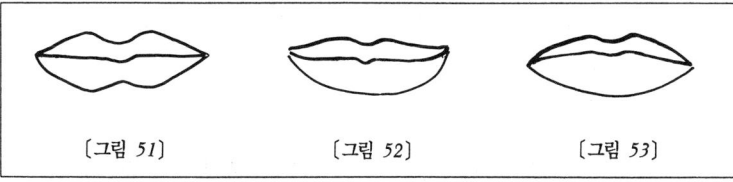

〔그림 51〕 〔그림 52〕 〔그림 53〕

(官)이라고 보는 것이다. 이러한 까닭에 자손의 유무를 입으로써 판단한다. 즉 음양의 이치에 맞지 않는 입을 가진 사람은 자연 자손연이 희박한 상이다.

윗입술보다 아랫입술이 나온 사람이 윗사람을 배신한다는 것은, 윗입술을 하늘(天), 아랫입술을 땅(地)으로 생각할 경우, 윗입술이 아랫입술을 덮는 것은 이치에 합당하나 반대로 아랫입술이 윗입술보다 튀어나왔으면 천지가 거꾸로 된 이치로서, 이 사람은 무슨 일이든지 만사가 잘되는 일이 없다고 보는 것이다. 윗입술보다 아랫입술이 나와 있으면 아래가 손윗사람을 이기(剋)는 것으로, 윗사람을 배신할 상이다. 입 모양이 삼각형인 사람이 뜻대로 일이 잘 풀리지 않는 것은, 입은 대해(大海)라고 하여 수기(水氣)를 의미하는데, 입이 삼각형인 것은 불[火]의 형상으로 보아 수극화(水剋火)의 이치가 나오기 때문이다. 이 때문에 무슨 일을 하든지 간에 잘 안 되는 것이다.

입이 뾰족한 사람은 자손도 없고 머리가 좋지 않는 것은, 입은 말하는 데 가장 중요한 것이어서, 이 말하는 것으로서 그 사람이 영리한지 우둔한지가 상대방에게 알려지고 만다. 이런 관점으로 볼 때 입이 뾰족한 사람은 말도 서투르고 머리도 좋지 않다는 것이다. 또 입은 자손의 일을 의미하는 곳으로서, 입이 뾰족한 사람은 자손의 일을 나타내는 상(相)에 원만함을 잃고 있다. 그 때문에 자손연도 희박하다.

입이 작은 사람이 이상도 작고 조그마한 일에도 잘 놀라는 것은, 남자는 양이며 입은 크고, 여자는 음이며 입은 작은 것이 자연의 올바른 이치인데, 남자가 그 작은 입을 가지고 있다면 이상도 작고 조그만 일에도 놀라는 것이 당연하며, 이것은 음양의 이치에도 맞는 것이다. 그리고 자손연도 희박하다고 말할 수 있다.

입 속에 항상 군침 같은 물기가 있는 사람이 어버이와 인연이 없다는 것은, 비장(脾臟)이나 위(胃)는 이 군침과 관계가 있어, 어려서 육친과 헤어진 사람은 자기의 몸을 충분히 어버이로부터 양육받지 못했으므로 자연 비장이나 위의 활동이 약하고, 이 때문에 군침처럼 입 속에 물기를 담아 두는 것이다.

윗입술이 조금 말려서 올라간 사람이 만사에 끈기가 부족하고 자손의 인연도 박하다는 것은, 윗입술이 말려 올라가면 자연 입 속에서 운기가 새나가기 때문에 끈기가 부족하다. 또 입 가장자리가 조금 올라간 사람이 먹고 사는 것에 대한 걱정이 없다는 것은, 마치 하늘로부터 필요한 것을 받는 것과 같아서 이런 판단을 하는 것이다. 이와는 반대로 입 가장자리가 아래로 처진 사람은 하늘에서 주신 것을 그대로 땅에 흘려 버리는 것 같아서 산재(散財)의 상으로 판단한다.

이[齒] 보는 법

치아를 보면 건강의 좋고 나쁜 것을 알 수 있다.

치아가 잘고 빛깔이 흰 사람은, 보통 우리가 생각하는 만큼 좋은 상이 아니다. 또 그 평생을 살펴보면 남에게서 빌어먹을 때가 있다. 더구나 생전에 남들 위에 올라설 수도 없고, 때로는 생명의 위험도 있다. [그림 54]

또 치열(齒列)이 나쁜 사람은 어버이와의 인연이 희박하다. 어버이와 오래도록 같이 살 경우에는 어버이에게 대단히 귀염을 받겠지만 건강하지 못하고 더구나 끈기도 없다.

치아 사이가 전부 벌어져 있는 사람은 만사에 끈기가 없고, 형제 친척이 많은 경우에도 사이좋게 지내지 못한다. 앞니 사이가 벌어진 사람은 참을성이 없고, 이상도 작으며, 다정다감한 성격에 어버이를 계승하지 못한다. [그림 55]

치아가 길다란 사람은 비록 다른 부분에는 궁상이 들었더라도 가난하지 않고, 반드시 노력한 만큼 성공할 수 있다. 또 생애를 통해서 어

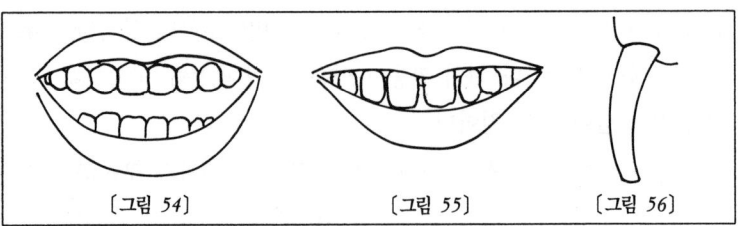

[그림 54]   [그림 55]   [그림 56]

떤 위험에 직면해도 피할 길이 있다.

윗니가 [그림 56]처럼 활 모양으로 구부러진 꼴을 한 사람은 자기가 당한 치욕에 대하여 죽을 때까지 잊지 않을 만큼 집요한 성격을 가지고 있다.

이런 치아는 장님인 여자가 많이 가지고 있으며, 자세한 것은 실제로 보고 연구할 필요가 있다. 인상을 연구하자면 실제로 접해 보는 것이 가장 귀중한 체험이란 것을 명심하기 바란다. [그림 57]과 같이 앞니 둘 중에 어느 하나가 뾰족한 사람은, 한 번쯤은 어버이에게 불효할 상이다. 또 결혼하고 나서도 처나 자식의 인연이 희박하여 고향에서 생활하는 일이 드물고, 더구나 사업에도 실패하기 쉬운 상이다.

치아가 다만 희기만 하고 광택이 없는 사람은 반드시 편안히 죽지 못하거나 거지 팔자다.

[그림 58]과 같이 앞니 둘의 양쪽 이가 뾰족한 사람은 육친과 친척과의 사이가 나쁘고, 어버이의 뒤를 계승하지 못한다. 앞니 둘이 병풍을 세운 것처럼 안으로 오무라든 사람은 남의 시중을 잘 보아 주고, 더구나 이 사람은 운세가 강하여 특별히 가난하지는 않다.

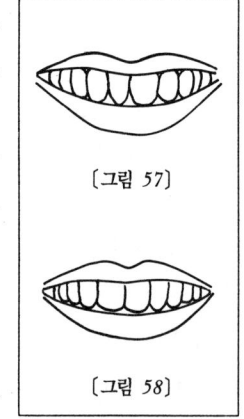

[그림 57]

[그림 58]

앞니 둘 사이에 틈이 벌어진 사람은 어떤 일에도 끈기가 없다. 이것은 숨을 쉴 때 숨이 이 치아에 부딪히므로 이 치아를 당문(當門)이라

제2장 인상(人相)의 기본 55

고 하여 운기에 관계되는 것으로 본다. 이 운기에 관계가 있는 문이 언제나 닫혀 있지 않는다면 자기의 운기를 상실하는 것 같아서 자연 끈기를 잃어버린다.

또 앞니는 친척과 관계가 있는 것으로 보는데, 때문에 잇새가 벌어진 사람은 육친과 친척과의 융화가 나쁘고, 집안 식구들과도 화목치 못하다. 앞니의 좌우 치아의 끝이 뾰족한 사람은 육친과 친척 간에 칼을 휘두르는 형상으로 자연 교제가 없어진다.

어버이와 오랫동안 함께 있으면서 치아가 고르지 못한 사람을 데리고 들어온 자식처럼 마구 다루는 것은, 치아는 한 번 났다가 다시 나는 것으로, 양친에게 너무 귀염을 받은 어린이는 필요 이상의 것을 베풀어 받는 편이어서 치아가 고르지 못한 때문이다.

인중(人中) 보는 법

인중이란 코 밑에서 윗입술까지 통하고 있는 세로줄이다. 〔그림 59〕의 ○표가 인중을 가리킨다. 인중으로는 운기의 강약이나 수명의 장단 혹은 자손운을 판단한다.

인중이 짧은 사람은 무슨 일에나 참을성이 없고, 이상도 저급하며, 눈물이 많고, 조그만 일에도 놀라기 잘하고, 같은 사람과 오래 사귀지

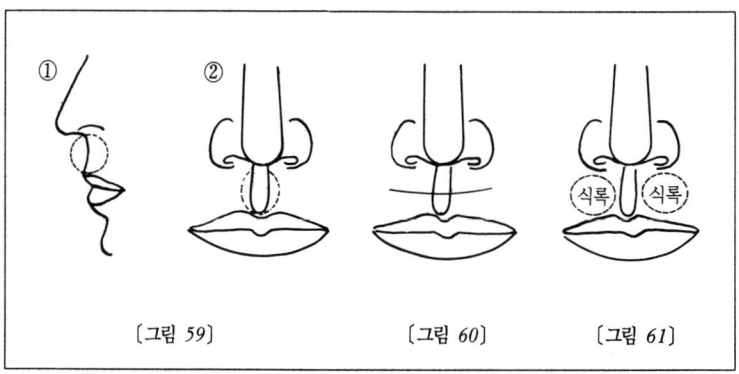

〔그림 59〕　　〔그림 60〕　　〔그림 61〕

못한다. 인중이 정답게 보이며 소박하게 보이는 사람은 마음이 순진하며, 남에 대하여도 상냥하고 다정다감하며, 성격적으로 조그만 일에도 잘 놀란다. 인중이 꽉 째인 사람은 정신도 확고하고, 노력에 따라 성공한다. 이에 반하여 인중이 째이지 못한 사람은 정신도 불안정하고, 성공하기도 어렵다.

얼굴 전체가 좋은 상을 하고 있어도 인중이 어쩐지 째인 맛이 없고 윗입술이 좀 말려 올라간 사람은 결코 좋은 상이라고 말할 수 없다. 사업을 하는 경우에도 자기 뜻대로 진행이 되지 않고 고생이 많으며, 끈기가 부족하기 때문에 무슨 일에 대해서도 참고 견디는 끈기가 없다. 그러나 이런 상을 가진 사람도 앞니가 빠질 나이가 되면 운이 점점 좋아진다. 또 젊었을 때 인중이 꽉 째인 사람은 중년운, 만년운에는 운세가 달라진다.

인중에 수염이 많이 난 사람은 성공이 빠르다고 한다. 이에 비하여 인중에 수염이 적은 사람은 성공이 더디고, 이로 말미암아 희망한 일에 만족한 성과를 가져오기 힘들다.

인중에 가로 금이 있는 사람은 자손연이 희박하고, 비록 자손이 있다 하더라도 그 자식은 그리 큰 힘이 되지 못한다. 만약 자손이 많다 하더라도 만년에 고생을 많이 할 상이다. 〔그림 60〕

인중에 수염이 적은 사람은 이해성이 있는 사람으로서 상식가이다. 이런 사람은 무슨 일에 대해서나 어느 정도의 지식을 가지고 있다. 인중에 수염이 많은 사람은 이상은 높은 편이나 활발히 뛰어다니는 편은 아니다.

인중이 길고 윗입술이 위로 말려 올라가지 않은 사람은 대단히 좋은 상으로 두령운(頭領運)을 타고났다. 이런 사람은 남에게 고용되어도 성공한다. 만약 가난한 사람 중에 이런 상이 있다면 주변에 대단히 힘이 될 만한 사람이 있다는 증거이다. 개중에는 우편배달이나 지배인으로서 생활하는 사람도 있다. 인중의 홈이 깊은 동안은 좀처럼 운이 트이지 않고, 개운할 때는 깊은 홈이 얕아진다. 이때는 자기 마음도 안정이 되고 아무 일이나 잘 된다.

　인중으로 운세의 강약을 본다든지 자손운을 보는 것은, 인중은 입과 같아서 운기가 나타나는 것을 알 수 있는 부분이기 때문이다. 그러므로 사람이 만족하여서 기쁨을 얼굴에 나타냈을 때는 그것이 웃음이 되어 나타나고, 자연 인중은 펴진다. 즉 홈이 얕아지는 것이다. 사람이 열중하여 일할 때는 인중도 자연 째여서 정신에 흔들림이 없는 것을 보여 준다. 그러므로 인중으로 운세의 강약을 판단하고 수명의 장단을 알 수 있다.

　인중에 긴장미가 있는 사람이 그 정신도 확고하다는 것은, 정신이 확고하면 눈·귀·코·혀·몸·생각(이상을 육근(六根)이라 함)이 확고하여서 스스로 인중에 나타나기 때문이다. 그리고 인중은 입에 붙어 있는 것으로, 정신이 확고한 사람은 입에 자연 긴장미가 있게 마련이다. 입에 긴장미가 없으면 눈·귀·코·혀·몸·생각도 제각기 동떨어져, 결국 스스로 자기 일을 판단하지 못하게 된다.

　인중에 수염이 많은 사람이 조그만 일에도 만족하기 쉽다는 것은 다음과 같은 점으로 말할 수 있다.

　인중의 좌우 부분을 식록(食祿)이라고 하는데(그림 61), 이 식록이 꽉 차 있는 것과 같아서 가난한 사람이라 할지라도 정신적으로 만족한 나날을 보낸다. 이 상은 부자에게나 가난한 사람에게나 있으므로 깊이 연구하기 바란다.

　인중이 길고 입술이 치아에 꽉 붙어 있는 사람이 대단히 길상이라는 것은, 치아는 금성(金性)에 속하고 입술은 수성(水性)에 속하는 것으로, 치아와 입술이 착 맞는다는 것은 입이 치아에서 도움을 받는다는 의미로서(전문적으로 말하면 오행(五行)의 금생수(金生水)로서 입을 돕는다는 뜻) 대단히 좋은 상으로 본다. 입술과 치아는 말할 때에 가장 귀중한 것으로서, 이것들이 입구가 된다.

이 문이 상생(相生:힘이 있는 뜻)이면 웅변(雄辯)의 상(相)이고, 입은 대해(大海)이며 인중은 홈이기 때문에 수도(水道)가 된다. 그러므로 인중이 길고 이에 착 달라붙은 사람은, 수도에서 대해에 통하는 부분이 대단히 좋다고 보여지므로, 이 사람의 운세도 좋아서 사물에 주처하는 일이 없다.

인중의 홈이 깊은 동안은 반드시 자기의 희망이 달성되지 못한다. 인중의 홈이 얕아지면서 자기의 희망하는 일이 성취되어서 개운한다는 것은, 인중은 운기가 나타나는 곳으로서 정신이 안정되면 인중도 반드시 째이고, 인중의 홈도 자연 얕아지기 때문이다. 마음이 안정되면 자연 운이 열린다는 것은 사물의 도리로서, 구태여 설명할 것까지도 없다.

얼굴 전체는 두툼한 복상(福相)이지만 인중 끝이 조금 말려 올라간 사람의 일이 제대로 안 풀리는 것은, 얼굴은 몸의 부분으로서는 꽃에 해당하기 때문이다.

입은 대해(大海)이고 인중은 수도이다. 얼굴이 안정된 것은 꽃이 왕성한 상태인데, 인중이 조금 말려 올라간 것은 수도에 막힘이 있는

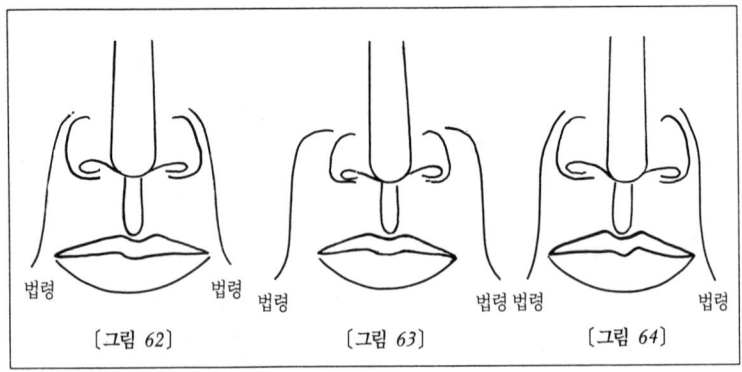

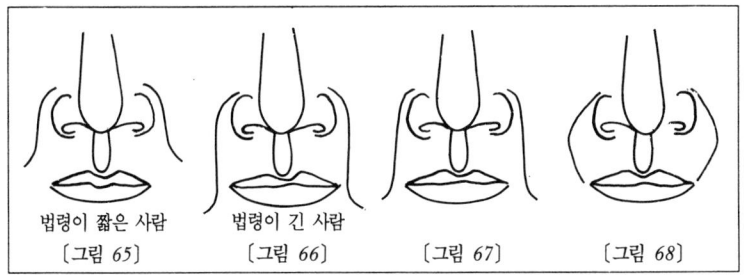

| 법령이 짧은 사람 | 법령이 긴 사람 | | |
| [그림 65] | [그림 66] | [그림 67] | [그림 68] |

것과 같아서 꽃도 시들어 버린다는 의미이다.

이 이치에서도 인중 끝이 말려 올라간 사람은 사물에 장애가 많은 상이라고 본다. 그러나 앞니가 빠지는 만년기에는 인중이 자연적으로 처져서 저절로 열리므로 이 때부터는 운이 좋아진다고 본다.

법령(法令) 보는 법

법령이란 콧방울의 옆에서부터 입의 양쪽으로 내려진 선으로, [그림 62]의 선을 말한다.

법령으로는 직업을 판단하는데, 법령이 양쪽으로 넓게 퍼져 있는 사람은 사업이 순조롭고 살고 있는 집도 넓다.〔그림 63〕 또한 손아랫사람을 돌봐 준다. 가령 가난한 사람이라도 이런 상이 있는 경우에는 사람을 시켜서 일을 하게 될 것이고, 고용을 당해도 성공한다.

법령이 좁은 사람은 집도 좁고, 비록 넓은 집에 살고 있는 사람이라도 이와 같은 상을 가진 사람은 남에게 방을 세주었거나 하여 넓은 집도 좁게 쓰게 된다. 상당한 부자로서 이런 상을 가진 사람은 대단한 검약가이다.〔그림 64〕

법령이 짧은 사람은 수명도 짧고, 이와 반대로 법령이 긴 사람은 수명도 길다.〔그림 65, 66〕

법령의 폭이 넓고 끝 쪽이 볼 부분으로 흐른 사람은 근로자로서 크게 성공할 것이고, 교제하는 폭이 넓고 자기를 도와주는 사람이 많은

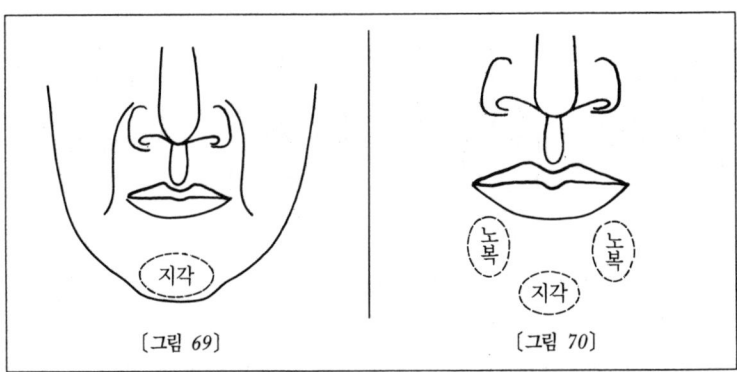

〔그림 69〕　　　　　　　〔그림 70〕

상이다. 수명도 길고, 어떠한 처지에 놓여져 있는 사람이라도 이 상을 가지고 있으면 운세가 대단히 좋아질 것을 의미한다.〔그림 67〕 법령 끝이 입으로 들어간 사람은 평생 먹을 것에 불편을 겪는 일은 없다. 〔그림 68〕

또한 자기의 노력에 합당한 성공을 하며, 물건을 낭비하지 않고 대단히 규모 있게 사용한다.

법령의 폭이 넓고 형상이 좋은 사람은 사업도 대규모로 상당히 번창한다. 운세도 대단히 좋고, 두령운을 가지고 있다. 법령이 대단히 길어서 턱〔地閣〕부분까지 닿고 혹은 턱 가까이까지 닿으면 80세까지는 확실히 살 상이다.〔그림 69〕

이로부터 판단하여 다른 법령에 대하여 수명을 생각해 보기 바란다.

법령으로 직업을 판단하는 것은 다음과 같은 생각에서이다. 법령은 코가 있는 곳에서부터 나와 있는 것으로서, 코는 얼굴의 중앙에 있고 이것을 천자(天子)로 본다. 천자는 아래의 만백성을 사랑하고 각자에 법령을 내리는 것으로, 아래 만백성은 그 법령을 지키며 매일 생활하고 근로자는 근로자, 장사꾼은 장사꾼으로서의 법이 있다. 그 하는 법이 법령의 도리에 어긋나면 생활이 성립되지 않는다. 그러므로 법령으로써 직업을 판단하는 뜻이 이해될 것이다.

　법령의 폭이 넓고 긴 사람이 집도 넓고 사업도 번창한다는 것은, 법령이 넓다고 하는 것은 사업을 넓게 벌이고 있다는 뜻이고, 집〔地閣〕도 사용인(종, 노복)도 법령에 싸여 버린다. 지각은 집을 의미하고, 노복은 손아랫사람의 일을 본다.〔그림 70〕

　그러므로 법령의 폭이 넓고 길 때는 지각이나 노복의 부분이 넓어지고, 그 때문에 집도 넓고 수하에 있는 사람도 많다고 판단한다. 그러나 법령이 좁은 경우에는 지각이나 노복 부분도 좁아져 자연 집도 좁고 수하에 있는 사람도 적어져서 궁상이 된다. 바꿔 말하면 궁상(窮相)인 사람은 법령이 좁은 것이다. 그러나 집도 넓고 수하에 있는 사람도 많은데 법령이 좁은 사람도 있다. 이것은 참다운 훌륭한 인격자라고 할 수 없다. 수하에 있는 사람이 하는 일도 자기가 하고 그로 인한 정신적인 궁상 때문에 물건을 대단히 아낀다. 그러므로 정신적으로 만족하지는 못하여도 물질운(物質運:재운)에는 혜택을 받는다. 또 이와는 반대로 집도 작고 수하 사람도 없는데 법령의 폭이 넓은 사람이 있다. 이것은 그 사람의 이상이 높고 또 용기도 있어 가난한 것을 조금도 걱정하지 않고 생활해 나가는, 정신적으로 혜택을 입은 사람이다. 이러한 사람의 운세는 다른 부분과 합쳐서 생각하여 판단한다.

　법령이 긴 사람의 수명이 긴 것은, 법령은 직업을 의미하고 직업이 안정되면 생활은 보장되며, 의식주가 족하면 자연 수명이 길어진다고 하는 데서 그 까닭을 찾는다.

　젊은 사람들은 법령이 확실치 않아서 웃을 경우에나 볼 수 있을 정도인데, 젊었을 때는 얼굴에 살이 많기 때문에 법령이 나타나지 않는 것이고, 또한 직업적으로도 좀처럼 안정되어 있지 않아서 법령이 뚜렷하지 않은 것이다.

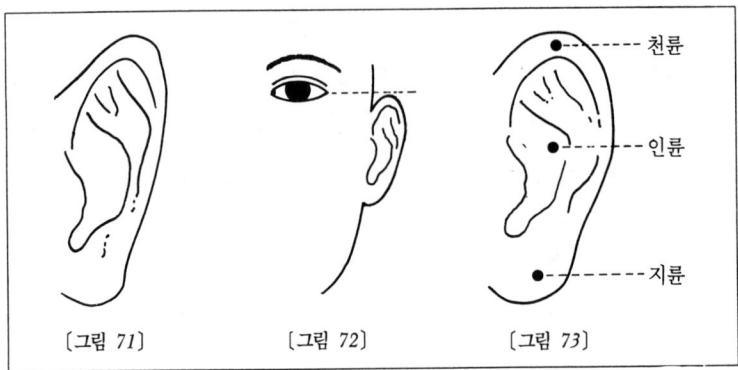

〔그림 71〕 〔그림 72〕 〔그림 73〕

그러므로 그 사람의 수명의 장단을 법령으로 판단하는 경우, 입을 크게 벌리게 하면 그때는 법령이 확실히 나타남으로 그것에 의하여 금의 깊고 얕음, 길고 얕음, 길고 짧음을 보고서 판단한다.

지차로 태어난 사람의 법령이 확실치 않은 것은, 지차는 대체로 어버이를 계승하지 않기 때문에 자연 법령이 희미하게 된다. 장남으로 태어난 사람은 어버이의 뒤를 이을 것이므로, 법령도 깊고 바른 것이다.

법령이 입〔大海〕으로 들어간 경우에는 반드시 굶어죽는다고 고서(古書)에는 써 있다. 법령은 직업을 의미하고, 직업에 의하여 생활이 안정되는 것이다. 그런데 법령이 입으로 들어간 경우에는 그 직업을 먹어 버린다는 이치에서 굶어죽을 상이라고 판단하고 있는 것이다.

그러나 굶어죽는다는 판단은 맞지 않는 것 같다. 즉 그 상은 가난한 상으로서, 그 때문에 이 사람은 물건을 대단히 아낀다. 자기가 먹고 싶은 것도 먹지 못하고 아껴 두는 데서 굶는 것이다. 그러나 물건을 낭비하지 않고 먹을 것을 사치하지 않으면 자연의 도리에 합당하므로, 비록 궁상이라도 일생 동안 먹을 것은 걱정하지 않아도 된다.

인간은 마음가짐이 중요한 것이어서 그것에 의해서만 구원되는 것이다.

귀의 상

귀는 뇌의 활동을 나타낸다.

귀가 위쪽으로 뻗친 사람은 머리가 대단히 좋은 사람으로서, 재능도 있고 기억력도 좋다. 〔그림 71〕

귀 전체가 보드랍고 낮은 위치에 붙은 사람은 기억력도 희미하고 무슨 일에 대해서나 끈기가 없다. 〔그림 72〕

귀가 낮고 제일 윗부분의 천륜(天輪)이 오그라든 것 같은 꼴의 사람은 풍류에 재능이 있고, 이 방면에서의 기억력도 대단히 좋다.

귀의 인륜(人輪)이 나와 있는 사람은 스스로 집을 나가 육친과는 함께 살 수 없다. 〔그림 73〕 육친이 재산을 가지고 있어도 자기 것이 못 되고, 그 때문에 아우의 상이라고 본다.

그러나 현대에는 재산의 분배제도가 변화하고 있으므로 이 점은 판단하지 않는 편이 좋을 것이다.

귀 전체가 단단한 사람은 다른 부분이 궁상이더라도 가난하다는 판단을 하지 않고, 노력 여하에 따라서는 성공하는 상으로 볼 수 있다.

또한 평생 위험한 경우에 처하더라도 거기서 피할 수가 있다. 귀가 작은 사람은 이상도 작고 조그만 일에도 잘 놀란다.

그러나 귀가 작아도 시원시원한 귀를 가진 사람은 지혜가 있는 사람이다.

귀가 크고 위쪽으로 붙어 있는 사람은 반드시 자기 사업으로 성공하고, 남에게 고용되지 않고, 지혜나 재능, 용기도 있어서 운세가 강하여 상당히 성공한다.

귀가 크고 단단한 사람은 남에게 친절하고, 비록 인격은 원만해도 크게 발전하지 못하고, 또 그다지 재능도 없다. 〔그림 74〕

그러나 얼굴이 뚜렷하고 머리가 좋은 사람은 재능도 있고 크게 발전할 수가 있다.

귓불이 없는 것 같은 사람은 재능은 갖고 있지만, 기분은 초조하기 쉽고 노하기도 쉬운 사람이다. 〔그림 75〕

귀를 채청관(採聽官)이라고 하는 것은, 귀는 신장(腎臟) 활동의 강약을 나타내는 곳으로서, 모든 일을 듣는 곳이므로 청사(廳事)를 캐낸다는 뜻으로 채청관이라

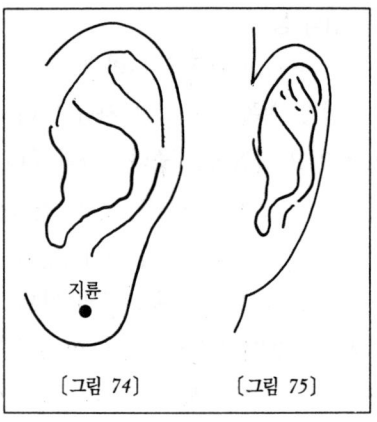

〔그림 74〕   〔그림 75〕

하는 것이며, 귀가 들리지 않으면 상대의 이름도 알 수 없다. 사람이 나이 들어서 신장의 활동이 약해지면 귀의 기능도 둔해지고, 귀의 기능이 둔해지면 지혜로운 활동을 하지 못하기 때문에 우둔해진다.

귀의 인륜이 나온 사람이 어버이의 뒤를 계승하지 못한다는 것은 이런 이유 때문이다. 귀에는 천인지(天人地)가 있어서 천은 아버지, 지는 어머니, 인륜은 자기 자신이다.

또 귀에는 곽륜(廓輪)이 있어서 곽은 부모이고, 중륜(中輪)은 자기로 본다. 그러므로 중륜이 나온 사람은 부모의 성곽(城廓)을 뛰쳐나감으로 어버이의 뒤를 계승하지도 못할 뿐더러, 어버이의 재산이 있어도 자기의 몫이 없는 상인 것이다.

귀가 단단한 사람이 궁상이라도 노력에 따라 성공하는 것은, 귀는 활동의 표현으로서 귀가 단단하다는 것은 신장의 활동이 강한 것을 의미하는데, 신장이 충분히 활동하면 건강하고 크게 힘쓸 수 있으며, 인간이 열심히 일하고 있으면 행운이 찾아오는 것은 당연하며, 그 때문에 금속(金屬)에 속하는 데서 금생수(金生水)가 되어 서로 발생하여 가는 이치에서 힘차게 되는 상으로 보며, 이것으로 보아도 좋은 상이라 할 수 있다.

귓불이 없는 것 같은 사람은 초조하고 성내기가 쉽다. 귓불이 통통하게 둥근 사람이 생각하는 것이 원만한 것은, 귀는 신장의 활동을 나타내는 부분으로서 물(水)로 보며, 귓불이 통통하게 둥근 사람은 신(腎)의 좋은 상태를 보이는 것이므로, 그렇게 되면 마음의 부풀음을 누르고 초조감을 흘려 버린다는 데서 원만한 생활을 하고 있는 사람이라고 보는 것이다.

화가들이 고매한 인격자를 그릴 때 귓불을 크게 그리는 것은 이런 이치 때문이고, 귓불이 없는 사람은 원만한 성격으로 보이지 않는다. 귀가 크다 작다 하는 것은 이러한 것으로 판단해야 한다.

삼국지(三國志)에 나오는 촉나라의 유현덕은 귀가 어깨까지 늘어져 있었다고 하는데, 이것은 물론 사실이 아니다. 현덕의 귀는 푸짐했고, 혈색(血色)이 대단히 좋고, 머리를 지(智)로 보고, 왼쪽 귀를 인(仁)이라 보고, 오른쪽 귀를 용(勇)이라 볼 때 지인용(智人勇)의 삼덕(三德)을 갖춘 사람이라는 속설(俗說)이 있다.

삼국지에서 말한 대로 귀가 어깨까지 늘어져 있으면 그것은 병신이다. 귀가 단단하고 큰 것이 운세가 좋다고 한 것은, 귀는 지혜를 나타내므로 귀가 크고 단단하면 지혜도 풍부하다고 보기 때문이다.

귀는 신장의 활동을 나타내고, 신장이 튼튼하면 건강하므로 분투할 수 있고, 이것으로 운이 돌아오지 않는다면 그것이 이상한 일일 것이다. 건강하게 일할 수 있는 사람이 가장 성공하기 쉬운 상이다.

반대로 귀가 작은 사람은 생각하는 것도 작고 조그만 일에도 쉽게 놀란다. 남자는 양(陽)이고 크며, 여자는 음(陰)에 속하고 작은 것이라고 한다. 그러므로 남자의 귀가 작으면 여자의 형상이 나타나 있는 것이므로 기분도 작은 것이다.

귀가 작으면 신장의 활동도 약하고 건강에도 자신을 가질 수 없기 때문에 무엇을 하든 끈기가 없다. 끈기가 없는 사람이 성공한 예는 없다.
 한 가지 짚고 넘어갈 것은, 앞에서 말한 신장이라는 것은 현대 의학에서 말하는 신장과는 그 의미가 다르다. 대체로 인상에서 말하는 오장(五臟)은 한방 의학류의 의미로 신계(腎系)·폐계(肺系)·간계(肝系)·심포계(心胞系)·비계(脾系)를 말하는 것이다. 그러므로 이 신장은 넓은 의미의 신계(腎系)로 해석해야 한다.

제3장 얼굴 부위와 그 보는 법

　인상에 대한 옛 서적에는 얼굴의 반, 즉 이마에서 턱까지를 세로로 쪼개면 얼굴은 반분이 되는데, 이 반분 중에 120가지의 명칭을 붙여 놓았다.
　그러나 좀처럼 그 전부를 외울 수 없으므로 가장 필요한 부분에 12가지의 명칭을 붙여 이에 의해서 그 사람 일대의 운세, 즉 재운, 가정운, 자손운, 부하운 등을 판단하도록 하고 있다.
　더욱이 이 12개의 얼굴 부위(部位)를 십이궁(十二宮)이라고 이름 붙였는데, 이 이름만은 반드시 기억해야 한다.

십이궁(十二宮)에 대하여

　그림으로 설명하는 바와 같이, 얼굴 가운데에 12개의 부위를 정하고 이에 의해서 여러 가지 판단을 한다. 십이궁 중에는 앞에서 이미 설명한 이마·코·눈썹 등 중복되는 부위도 있지만, 중복된 부위는 인상을 보는 관점에서 그만큼 중요한 것이므로 충분히 기억해서 올바른 판단을 하기 바란다.
　먼저 명칭부터 설명하면, ① 관록궁(官祿宮) ② 명궁(命宮) ③ 천이

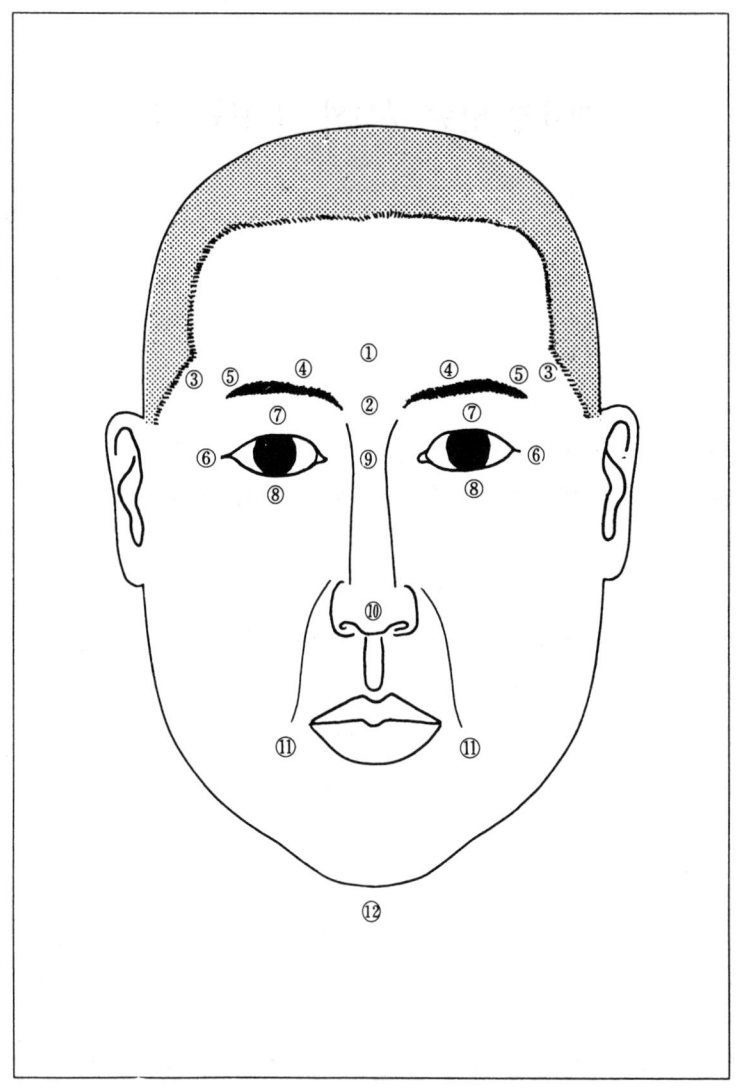

궁(遷移宮 : 양쪽 ③의 부위) ④ 형제궁(兄弟宮 : 양쪽 눈썹) ⑤ 복덕궁(福德宮) ⑥ 처첩궁(妻妾宮) ⑦ 전택궁(田宅宮) ⑧ 남녀궁(男女宮) ⑨ 질액궁(疾厄宮) ⑩ 재백궁(財帛宮) ⑪ 노복궁(奴僕宮) ⑫ 상모(相貌 :

얼굴 전체의 일)의 십이궁이다.

　이것에 의해 건강 문제라든가 재산, 명예운(名譽運), 부하운(部下運), 배우자 문제(配偶者問題) 등, 인생의 중요한 운명을 취급하여 그 종합적인 결론을 내리려는 것이 목적이다.

　그러므로 십이궁의 판단을 안다는 것은 대략적이긴 하지만 그 사람의 운명을 알 수 있다는 것이다.

　관록궁(官祿宮)은 이마 가운데 있고, 윗사람과의 관계나 관청 관계를 본다.

　명궁(命宮)은 눈썹과 눈썹 사이에 있으며, 그 사람의 희망을 본다.

　천이궁(遷移宮)은 관자놀이를 말하며 주택의 일을 본다.

　형제궁(兄弟宮)은 양쪽 눈썹이고, 형제의 일에 관하여 판단한다.

　복덕궁(福德宮)은 양쪽 눈썹꼬리의 윗부분으로, 손득(損得)에 관하여 본다.

　처첩궁(妻妾宮)은 눈꼬리의 부분으로서, 배우(配偶)자 문제를 나타낸다.

　전택궁(田宅宮)은 눈과 눈썹 사이 부분에 있고, 상속에 관한 것을 판단한다.

　남녀궁(男女宮)은 아래 눈꺼풀의 통통한 부분이고, 자손의 일을 본다.

　양쪽 눈 사이를 질액궁(疾厄宮)이라 부르며 병에 관한 판단을 하고, 재백궁(財帛宮)은 코 부분으로 재산에 관계되는 것을 판단한다.

　턱의 좌우를 노복궁(奴僕宮)이라 하고, 부하들에 관하여 보는 것이다.

　이것으로 십이궁을 간단하게 설명한 셈이다. 다음에는 십이궁의 한 궁 한궁에 대하여 자세히 설명하기로 한다.

관록궁(官祿宮)

관록궁은 그림에서 보는 바와 같이 이마 중앙에 있다. 〔그림 76〕

이 부분으로는 윗사람과의 관계를 보는 동시에 그 사람의 운세의 강약도 판단한다.

그 밖에도 관제 귀설의 유무, 직업은 어느 방면이 적합한가,

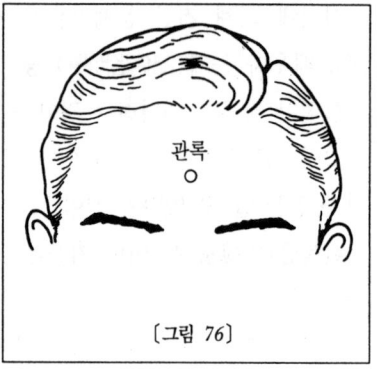

〔그림 76〕

재판의 승부 등도 판단한다. 관록에 두툼하게 살이 붙어 있는 사람은 운세도 좋고, 고용인이라도 반드시 상당한 지위에 오른다.

관록에 살이 있는 사람으로 관청에 적합한 사람도 있는데, 일반 회사에 근무하는 것보다 훨씬 바람직하고 윗사람의 발탁도 충분히 받을 수 있다. 장사를 하는 경우에도 관록에 살이 없는 사람보다 살이 있는 사람이 훨씬 성공하는 것으로서, 가장 좋은 상이라 할 수 있다.

관록에 살이 있는 사람은 비록 장남이 아니더라도 어버이의 뒤를 계승할 것이고, 장남이라도 관록에 살이 엷은 사람은 어버이의 뒤를 이을 수 없다. 그러나 이것은 인륜(人輪 : 귀의 상 참조)에 관계가 있고, 인륜이 나온 사람이 관록에 살이 있고 어버이를 계승한 경우에는 양자로 판단한다.

관록에 흠이나 사마귀가 있는 사람이나 살이 적은 사람이 상속을 받았을 경우에는 반드시 어버이의 재산을 탕진해 버린다. 만약 양자로 가서 남의 집을 계승할 경우에도 재산을 잃거나 집을 없애거나 하여 무엇인가 문제가 생긴다. 또 관록에 살이 없거나 흠이나 사마귀가 있는 사람은 운세도 약하고 가난할 상이며, 더구나 조상에게 물려받은 재산을 없애거나 혹은 재산 분배를 받지 못하는 경우가 있다.

여자의 관록이 언제나 빛이 좋고 어딘지 모르게 기분좋은 얼굴을 하고 있으면, 그때는 그 사람의 남편 운세가 대단히 좋은 것이다. 이 상태가 계속되는 한 사업도 번창한다. 고용인인 경우에는 지위가 높아질 것이다.

관록에 살이 적거나 사마귀나 흠이 있는 남자는 윗사람과의 사이가 나쁘고, 집의 상속 문제로 시끄러운 일이 많으며, 운세가 뻗으려 할 때 꼭 문제가 생겨서 좀처럼 발전하지 못한다. 또 관계에 취직 희망을 가진 사람으로서 관록궁에 문제가 있는 사람은 취직이 잘 안 되고, 가령 취직이 되었다 하더라도 성공은 기대하기 어렵다.

재판의 승부에 대해서는 혈색(血色) 항목에서 자세히 설명하기로 한다.

명궁(命宮)

명궁은 눈과 눈 사이를 말하며, 이 가운데의 한 부분을 인당(印堂)이라고도 한다. 명궁에서는 그 사람의 희망에 관한 것을 판단한다.

명궁의 폭이 좁은 사람은 정신의 안정이 없고, 사물에 대한 끈기도 부족하여 큰 일을 하면 실패하는 일이 많다. 이와 반대로 명궁의 폭이 넓은 사람은 운세도 강하고, 윗사람에게 잘 보여 상당히 성공할 수 있다.

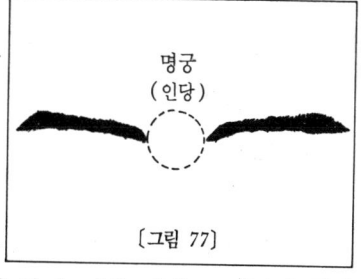

〔그림 77〕

그러나 이것도 다만 넓기만 하다고 의미가 있는 것이 아니고, 명궁에 긴장미가 없으면 안 된다.〔그림 77〕

명궁의 폭은 가운뎃손가락 두 개 정도의 폭이 좋고, 사마귀나 흠이 없고, 또 주름도 없으면 좋은 상으로 본다. 여기에 곤두선 금이 많은 사람은 자기의 소망사가 처음에는 순조롭게 진행되다가도 나중에 실패하여 고생이 많고, 가정 풍파도 많은 상이라고 판단된다. 또 명궁이 유난히 넓은 사람은 좀처럼 병에 걸리는 일은 없으나, 정신적으로 치밀하지 못하여 성공하기 어려운 상이다.

명궁의 폭이 좁은 사람이 윗사람의 귀염을 그다지 못 받는다는 것은, 명궁의 위가 윗사람을 나타내는 부위이고 코는 중앙에 있어 자기의 몸을 대표하는 것이므로, 이 한가운데 있는 명궁이 좁은 경우에는 자기와 윗사람이 격리되어 있는 것 같아서, 그 때문에 윗사람의 인정을 받지 못하는 것이다.

이와는 반대로 명궁이 넓고, 사마귀나 흠 같은 결점이 없이 좋은 상을 하고 있는 사람은 자기와 윗사람과의 사이에 장애물이 없으므로 자연 윗사람의 인정을 받는 결과를 기대할 수 있다.

명궁에 사마귀나 흠이 있는 사람이 희망한 일의 8, 9부까지 가서 깨져 버리는 것은, 자기의 몸에서부터 천(天)에 통하는 길에 장애물이 있는 것과 같아서 그 때문에 희망한 일이 성공하지 못하는 것이다. 또, 명궁이 유난히 넓은 사람이 건강하기는 하나 마음의 짜임새가 없는 것은, 명궁이 그 사람의 희망의 통달을 보는 부위로서 그 사람의 정신 상태를 가장 잘 나타내고 있기 때문이다.

그리고 무슨 일을 생각할 때는 명궁에 자연 그 사람의 마음이 나타나서 그 부위에 세로 금이 나온다. 이것을 속된말로 생각주름이라고 한다. 그러므로 마음이 안정된 사람의 명궁이 넓은 것은 당연하다고 할 수 있으며, 마음 고생이 적고 몸도 튼튼한 것이다.

한가하게 지내는 것이 장수의 비결이다.

명궁의 폭이 좁은 사람이 육친과 친척에 인연이 희박한 것은, 눈썹은 집안으로 보고 코를 자기라 할 때 명궁이 그 사이에 있으므로, 명궁이 좁은 사람은 그 가족과 자기와의 사이에 인연이 가늘 것은 당연하다.

이와는 반대로 명궁에 사마귀나 흠이 없고 그 폭이 넓은 사람은 가족과 잘 어울리고, 그 때문에 이익이 있다.

천이궁(遷移宮)

천이궁은 이마 양쪽 관자놀이 부분을 말하고, 먼 곳의 일이나 여행에 관한 일 혹은 의사 등에 대하여 판단한다.

이 부위는 혈색(血色)을 종합하여 판단하는 것이 보통이라고 생각된다.〔그림 78〕

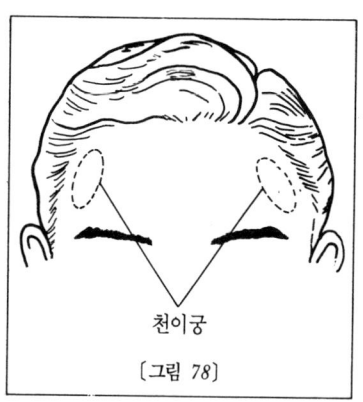

형제궁(兄弟宮)

형제궁은 보통 눈썹을 가리키는 것으로서, 형제의 일과 자손운을 판단한다.〔그림 79〕

형제궁(눈썹)의 털은 검어도 나쁘고 엷어도 안 되는 것으로, 좌우 조화가 잘되고 단정하게 난 게 좋다.

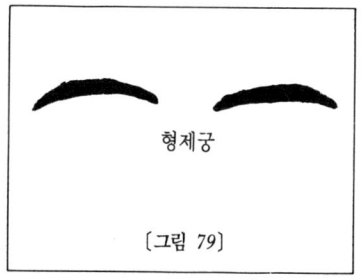

이 같은 상이면 사업을 하여도 반드시 성공할 것이고, 자손복도 좋다.

형제궁이 눈보다 짧고 눈을 덮을 것 같은 느낌이면, 그 사람은 재운도 나쁘고 재산이 있는 사람이라면 점점 줄어들 것이다. 이와 반대로 형제궁이 눈보다 길고 단정한 사람은 형제나 가족과도 인연이 깊다. 더구나 재주가 있어 예술이나 기술의 재능이 있다.

형제궁에서 형제의 일을 볼 경우에는 남자라면 왼쪽 눈썹을 남형제, 오른쪽 눈썹을 여형제로 한다. 여자인 경우는 이와 반대다. 그러므로 형제궁에 잔금(눈썹이 끊어진 곳)이 있는 사람은 형제 사이가 나쁘든지 돌봐 주지 않으면 안 될 형제가 있든지 할 것이다.

크게 끊긴 금이 있는 사람은 반드시 형제를 사별(死別)하였을 것으로, 왼쪽 형제궁 머리에 있으면 형이고 꼬리 쪽이면 동생이다. 또 오른쪽에 금이 있는 사람은 여자 형제를 사별했다고 판단한다. 때로는 형제궁 한가운데가 끊어진 사람도 있다. 이 경우에는 눈의 동자를 중심으로 눈동자에서 눈썹머리가 가까우면 형이나 누이라 보고, 눈동자에서 눈썹꼬리에 가까우면 동생이나 누이동생이라고 본다.

형제궁이 굵고 단단한 사람은 날 때부터 고생길이다. 또 보통 상을 한 사람이라도 이 부위가 갑자기 억센 느낌을 나타내었을 때는 아내에게 문제가 생기고, 아내의 형제궁이 이 같은 상을 나타내는 경우에는 남편에게 문제가 생긴다.

형제궁의 뼈〔眉骨〕가 높은 사람은 마음이 강하고, 나아갈 줄만 알고 물러설 줄 모른다. 여자가 이런 상이면 좋은 아내 구실을 못 한다. 더구나 자기 생각만으로 일을 진행하기 때문에 만년에는 좋은 결과를 얻지 못한다. 어쩌다 형제궁이 가려울 때는 남에게서 선물을 받거나 편지가 오는 경우가 많다. 또 밖에 나갔다가 이런 일이 생기면 가정에 볼 일이 생겨 집안 사람이 찾고 있는 경우도 있다. 이와 같이 금방 연구할 수 있는 것은 재빨리 확인해 보라. 그러는 것이 당신의 인생에 대한 판단을 더 한층 확실하게 할 것이다.

형제궁 가운데 사마귀가 있는 사람은 총명한 상이다. 그러나 사마귀가 큰 경우에는 이런 판단을 하지 않는다. 작아도 손으로 만져서 알 수 있을 정도로 두드러진 것은 좋은 상이라고 할 수 없다. 또 형제궁 꼬리 쪽에 사마귀가 있으면 이 사람은 사업에 실패할 상이다.

복덕궁(福德宮)

　복덕궁[福堂, 天倉]은 눈썹꼬리의 윗부분을 말하며, 재운이나 손득(損得)에 관계되는 일을 판단한다.〔그림 80〕

　복덕궁에 살이 많아 보이는 사람은 노력에 따라 성공도 할 수 있고 희망한 일을 대체로 성공할 수 있다. 그러므로 궁상인 경우에도 반드시 당신은 가난하다고 판단해서는 안 된다.

　복덕궁은 천창(天倉)이라고도 하여 하늘의 창고에 해당한다. 그러므로 복덕궁에 살이 많은 사람은 자기의 재운이 하늘에 가득 찬 것과 같아서 그 때문에 복이 있다고 할 수 있다.

　복덕궁에 살이 있고 흠이나 사마귀가 없는 사람은 자연 돈복이 있어 산재(散財)할 걱정이 없고 부귀(富貴)의 상이라고 본다. 이에 반해서 복덕궁의 살이 움푹 패인 것처럼 보이거나 흠이나 사마귀가 있는 사람은 주택이 좀처럼 안정되지 못한다. 더구나 흠이나 사마귀가 있으면 어버이의 상속을 받아도 그 재산을 다 써버리고 고향을 떠나 살게 된다.

　그러나 살이 있는 사람은 이러한 걱정은 전혀 없다.

　복덕궁에 주름이 있어 살과 가죽이 떨어진 것 같은 느낌의 사람은 금운(金運)도 적고, 매일의 생활에도 부족을 느끼고 있는 사람이다. 이것은 복덕궁이 천창(天倉)인 이상 하늘에 재화(財貨)가 가득 차 있

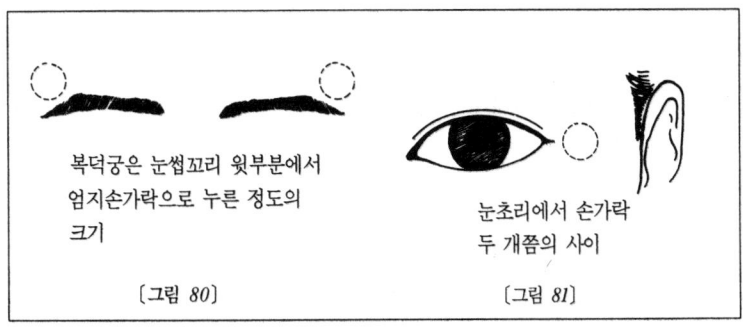

복덕궁은 눈썹꼬리 윗부분에서 엄지손가락으로 누른 정도의 크기

〔그림 80〕

눈초리에서 손가락 두 개쯤의 사이

〔그림 81〕

지 않다는 것과 같은 이치다.
　복덕궁이 언제나 오목한 것처럼 보이는 사람이 어느 시기부터 살이 붙어서 힘이 생기면 그 시기부터 생활이 나아진다. 이와 반대로 언제든지 살이 많이 있고 생활도 유복하던 사람의 복덕궁이 움푹 들어간 것처럼 보이게 되면 생활이 점점 어려워질 것이다.
　복덕궁에 사마귀나 흠이 있는 사람은 산재(散財)가 많고, 때로는 사업에 실패하여 파산할 우려도 있다. 또 복덕궁과 눈꼬리의 뒤〔妻妾宮〕사이에 검은 사마귀가 있는 사람은 여자 때문에 산재가 많을 상이다.

처첩궁(妻妾宮)

　처첩궁은 눈의 뒤쪽 부분을 말하며, 배우자 문제를 판단한다.〔그림 81〕
　처첩궁이 대단히 오목하게 들어간 사람 혹은 오목한 사람은 배우자와의 인연이 희박하여 오랫동안 독신으로 결혼하지 않는 사람이 많다. 또 결혼한 경우에도 인연이 바뀌기 쉬운 사람으로서 자손의 인연도 두텁지 못하다.
　가령 결혼한 사람이면 부부 사이가 좋지 않고, 자연 가정도 원만치 못한 것이다.
　처첩궁에 사마귀나 흠, 주름 같은 것이 없고 대단히 깨끗한 사람은 복된 결혼을 하겠고, 결혼 후에도 부부 사이가 좋고, 행복한 생활을 보낼 상이다. 이에 반하여 처첩궁에 사마귀나 흠이 있는 사람은 부부 사이가 좋지 못하고 그 때문에 배우자가 바뀌기 쉽다.
　처첩궁이 대단히 높은 남자도 오목한 사람과 마찬가지로 좀처럼 결혼하지 않을 상이고, 결혼하여도 초혼(初婚)으로 만족치 못한다. 이 상은 아내에게 있어서 문젯거리 남편이라고 판단된다.

처첩궁이 대단히 낮은 여자는 일생 동안 병을 앓는 일이 많다. 또 남편의 여러 가지 문제 때문에 고생을 많이 하고, 반드시 초혼으로 안정되지 못할 상이다.

처첩궁의 살이 대단히 드러난 사람이 초혼으로 안정되지 못하는 것은, 어떤 것이나 가득 차면 기우는 이치에서 아내를 지키지 못하고 인연이 바뀌는 것을 뜻한다. 이에 반하여 처첩궁에 살이 알맞게 붙고 사마귀나 흠이 없으면 좋은 결혼이 된다. 처첩궁은 부부 사이에 장애물이 없다는 것을 나타내기 때문에 가장 좋은 상이라고 할 수 있다.

처첩궁에 언제나 푸른 힘줄이 나타나는 사람은 그 사람의 아내가 병신이든가, 아니면 아내에 대하여 무슨 걱정이 있는 사람이다.

전택궁(田宅宮)

전택궁이란 눈썹과 눈 사이의 부분(눈도 포함)을 가리키는 명칭으로서 상속에 관한 일을 판단한다.〔그림 82〕

전택궁이 깊이 패인 사람은 생활에 실패하기 쉽고, 신장의 활동도 약하고, 마음의 안정도 안 되는 사람이다. 또 중년의 사람으로서 전택궁에 생채(生彩)가 없고 가는 주름이 많은 사람은 주택 문제로 고생이 많은 사람이고, 농업에 관계하는 사람이면 농토에 대한 걱정이 많다.

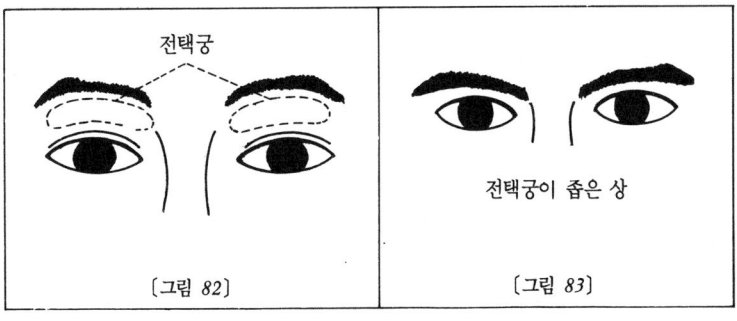

〔그림 82〕 〔그림 83〕

이것을 보고도 알 수 있는 바와 같이, 인상을 판단할 때는 상대의 직업을 알고 난 다음에 판단하는 것이 중요하다.

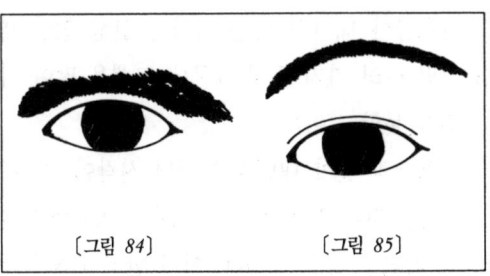

〔그림 84〕　　　　〔그림 85〕

전택궁에 사마귀나 홈이 있는 사람은 어버이의 뒤를 이을 수 없고, 비록 계승했다 해도 재산을 잃어버리고 만다. 또 아내와의 인연도 한 번으로는 좀처럼 어렵다.

전택궁이 좁은 사람은 그 사람이 태어났을 때 양친의 생활이 어려웠던 것을 의미한다. 〔그림 83〕 그렇지 않으면 생가(낳은 집)가 쇠퇴하기 시작할 때에 낳은 사람이 많다. 다시 말하면 양친이 가난하면 자손의 전택궁이 좁다고 말할 수 있다.

가난한 집에 태어난 자손이라도 전택궁이 넓은 사람은 반드시 성공한다. 그러므로 어버이의 뒤를 이으려고 하지 않는다. 이것이 여자인 경우에는 꽃가마 탈 상이어서 상당히 좋은 곳으로 시집갈 수가 있다. 이와 반대로 상당한 집에 태어나서도 전택궁이 좁은 사람은 역시 어버이의 뒤를 계승하려고 하지 않고 생활도 넉넉지 못하다. 또 전택궁이 〔그림 84〕와 같이 좁고 눈썹이 눈을 뒤덮을 것 같은 사람은 마음이 성급하고, 유쾌한 일이 적으며, 사물에 대하여 끈기가 없고, 평생 여유 있는 생활을 보낼 수 없다.

전택궁이 부어 오른 듯한 사람이 있다. 이 사람은 불효자이고, 평생을 통하여 한 번은 큰 실패를 하고 고생도 많이 할 것이다.

그러나 전택궁이 풍만한 사람은 어쩐지 품위가 있고 이상도 높으며 반드시 노력 이상의 성공을 거둘 수 있다. 〔그림 85〕

전택궁의 깊이가 오목한 사람이 가정적으로 복되지 못한 것은, 전택궁은 일명 가속(家續)이라고 하여 집의 상속을 뜻하기 때문이다. 그러기에 살이 오목하게 들어가 있으면 가정적으로 복받지 못한 상이라고 본다. 또 전택궁에 사마귀나 흠이 있으면 가속(家續)에 지장이 있으므로 아버지의 뒤를 잇지 못하게 되고, 자연 집안에 재미를 느끼지 못하는 것이다.

전택궁은 상속을 나타내는 부분이기 때문에, 부잣집에 태어난 사람은 전택궁이 넓고 가난한 집에 태어난 사람은 좁은 것이다. 즉 전택궁은 생가를 대표하는 것이라고 할 수 있다.

전택궁이 좁은 사람은 세상 물정에 밝고 잔재주도 있으나 이상이 낮고, 이와 반대로 전택궁이 넓은 사람은 너무 세상 물정을 모르긴 하지만 이상은 높고, 자기가 희망하는 일을 달성하고 마는 용기를 가지고 있다. 이 점을 생각하여 판단을 내려야 한다.

전택궁이 좁고 눈썹이 눈을 덮고 있는 것 같은 사람이 항상 명랑하지 못한 것은, 눈썹은 구름이고 눈은 태양이기 때문이다. 눈썹이 눈을 덮고 있으면 달에 구름이 낀 것처럼 항상 재미 없는 나날을 보내게 되어 있다.

남녀궁(男女宮)

남녀궁은 눈 아래 뼈가 없는 부분의 명칭으로서 자손운을 판단한다.〔그림 86〕

남녀궁에 살이 많은 사람은 자식들의 덕이 있다. 이와 반대로 남녀

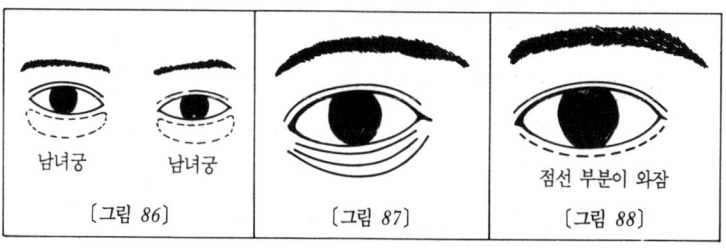

궁의 살에 짜임새가 없으면 마치 자손 사이가 짜임새 없는 것 같아서 자손의 인연이 희박하고, 비록 자손이 있다 해도 힘이 되지 못하는 것이다.

남녀궁이 오목하게 들어간 사람은 자손연이 희박하나 수하 사람들의 뒤를 잘 돌봐 준다. 남녀궁에 사마귀나 흠이 있는 사람은 자손연이 희박하다. 남녀궁에 〔그림 87〕과 같이 주름이 있는 사람은 자손연이 희박하고 손아래 육친이나 친척과도 화목치 못하다.

또 남녀궁에 사마귀나 흠이 있는 사람은 자손이 좀처럼 길러지지 않고, 길러져도 도움이 되지 못한다. 고서에는 여기에 사마귀가 있는 사람은 색정(色情) 문제로 한 번은 실패한다고 써 있다. 확인해 보기 바란다.

여자로서 아래 눈꺼풀(속눈썹이 난 바로 밑을 와잠(臥蠶)이라 한다)이 불룩 불거진 느낌이 있고, 그 부분에 윤기가 있으면 임신한 상이다.〔그림 88〕

그것도 오른쪽의 솟은 것이 더 세면 낳을 아이는 사내이고, 왼쪽이 더 세면 여자아이를 낳는다.

남자도 자기 처가 임신할 때는 와잠(臥蠶)이 부풀어 오른 느낌이 있고 광택이 난다. 낳을 아이의 구별을 남자의 와잠으로 볼 때는 여자의 반대로서 왼편을 사내아이, 오른편을 여자아이로 판단한다.

그러면 여기서 임신을 감정하는 비결을 공개하겠다. 먼저 남자든 여자든 이제부터 판단하려는 사람을 앞에 앉히고서, 얼굴은 움직이지 않고 눈만을 위로 보게 한다. 그때 아래 눈꺼풀의 속눈썹 뿌리가 안쪽으로 말려 들어가고 밖에 나타나지 않으면 확실히 임신이다.

남자면 아내의 임신을 의미한다. 또 아내 이외의 여자라도 자기가 관계한 여자가 임신하면 같은 변화가 나타난다. 남녀궁에 관하여는 부인이나 연인에게는 보이지 않는 것이 좋을 것 같다.

속눈썹 뿌리가 안쪽으로 말려든다는 것은 남녀궁의 살이 볼록하게 부풀어오르기 때문이다. 와잠에 이와 같은 상태가 나타나는 것은 임신한 경우만이 아니고, 월경불순으로 오랫동안 생리를 하지 못한 경우에도 같다. 그러니 이 경우에는 속눈썹이 안으로 말려드는 일이 없으므로 앞에 말한 대로 시험하여 보면 곧 알 수 있다. 틀리지 않도록 판단해야 한다.

와잠이나 남녀궁의 가죽이 부풀어오르고 아래 눈꺼풀의 빨간 곳이 보이는 때도 임신의 상이다. 임신의 상은, 남녀 모두 수태하고서 50일이 지나면 아래 눈꺼풀이 속눈썹의 뿌리가 쓰러진 것처럼 보이고, 백일이 지나면 털이 얽힌 것처럼 보이는 것이다.

남녀궁이 풍만한 사람은 남자든 여자든 색정에 잘못 빠지기 쉽다.

질액궁(疾厄宮)

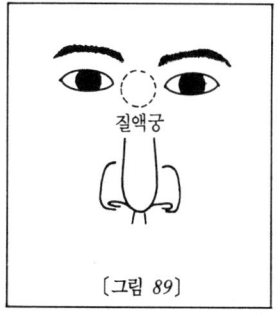
[그림 89]

질액궁이란 두 눈 사이의 명칭으로서 산근(山根)이라고도 하는데, 병을 판단한다. [그림 89]

질액궁은 지나치게 높지도 말고 너무 낮지도 말아야 길상이다. 길상이면 형제의 우애도 좋고, 젊어서부터 운세도 상당히 좋다.

물론 사마귀나 흠 같은 것이 있으면 안 된다. 눈썹은 가족이며, 코는 자신이다.

질액궁은 코와 눈썹 사이에 있기 때문에 이곳의 상이 좋은 사람은 육친이나 친척과의 문제가 원만하다.

이에 반하여 질액궁이 오목한 사람은 운이 약하고 몸도 튼튼하지 못하다. 더구나 사물에 대한 끈기도 약하고 이상도 낮다. 질액궁이 오목 들어간 사람은 대체로 신경질적이고, 여자라면 남편이 바뀌기 쉽다.

질액궁의 폭이 좁은 사람은 성격이 대단히 잘고, 세상사의 자잘한 일까지도 잘 알고 있다. 그러나 몸은 그다지 튼튼하지 못하다. 또 이 부분이 조인 듯이 가는 사람은 육친이나 친척과의 인연이 희박해서 고생 많은 인생살이가 될 것이다.

이와 반대로 눈과 눈 사이가 널따란 사람은 그다지 지혜 있는 사람이 아니다. 개중에는 머리가 좋은 사람도 있으나 세상사를 잘 알고 있는 분은 아니다. 여자가 이런 상이면 일찍 결혼할 것이다.

질액궁에 흠이나 사마귀가 있는 사람은 가정에 병자가 많고, 자기가 앓지 않을 때라도 가족들이 항상 의사와 인연이 끊어지지 않는다. 또 여자가 이런 상이면 결혼하고서 남편에게 부담을 주는 아내가 된다.

재백궁(財帛宮)

재백궁이란 코의 일이고, 재운(財運)을 판단한다.

노복궁(奴僕宮)

노복궁은 턱〔地閣〕의 좌우를 말하며, 아랫사람과의 관계를 판단한다.〔그림 90〕

노복궁의 살이 풍만하고 사마귀나 흠이 없는 사람은 자기를 위해 힘써 주는 손아랫사람이 많다. 그 때문에 사업이 순조롭게 진행되어 크게 성공한다. 이에 반해서 노복궁의 살이 얄팍하고 좁은 사람(턱이 뾰족한 사람)은 부하는 많이 있어도 정말 자기를 위해 힘이 되어 주는 사람이 없

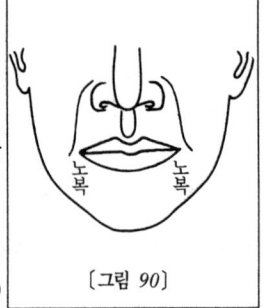

〔그림 90〕

고 혹은 고용인이 안정되지 못하여 그만큼 자기가 고생한다.

　노복궁에 흠이나 사마귀가 있는 사람은 자기가 도와준 부하나 혹은 전혀 관계 없는 아랫 사람으로부터 좋도록 이용당하고 손해를 본다. 또 분수 이상으로 돌봐 주어도 아랫사람이 따르지 않아 외로운 생각을 하게 된다. 그러므로 노복궁에 사마귀나 흠이 있는 사람은 아랫사람에 대하여 어느 정도 주의를 하는 편이 좋을 것이다.

상모(相貌)

　상모란 어떤 일정한 부분이 아닌 얼굴 전체를 말하고, 여러 가지 판단을 한다. 즉 특정한 부분을 보고 어느 정도의 판단을 하고, 그 다음에 얼굴 전체에서 받은 느낌을 종합하는 것이다. 말하자면 인상의 종합이다.
　이제 상모에 대하여 자세히 설명해 보겠다.

상모(相貌) 보는 법과 그 응용

상모 보는 법(1)

　이마〔天倉〕에 살이 두툼하게 있는 사람은 노력에 상응하는 성공을 하며, 무슨 일을 하든 대체로 순조롭게 잘된다.
　젊은 사람으로서 이마에서 눈꼬리(처첩궁)까지 살이 적고 오목한 느낌을 주는 사람은 결혼한 때부터 운세가 나빠진다.
　흔히 성급한 사람이 있다. 이런 사람이 상냥한 사람이면 그 사람은 대단한 선인이다. 그러나 한 번 나쁘게 되면 또한 대단히 두려운 사람이기도 하다. 선에도 악에도 강한 사람이라고 할 수 있다. 그리고 다정다감하며 남을 잘 도와주고, 그 때문에 그 사람 자신은 상당한 손해를 보는 편이다.

후골(喉骨)이 낮은 사람은 인정이 많아서, 그 때문에 자연 자기 운세를 나쁘게 한다. 더구나 끈기가 부족하고 조그만 일에도 잘 놀라는 성질이다.

그러나 얼굴이 탐스러운 느낌을 주는 사람은 이와 같은 결점도 있으나 머리는 좋고 마음도 넓다.

그러나 얼굴이 옹졸해 보이는 사람은 생각하는 바도 작고, 그만큼 운세도 강하지 못하다.

머리숱이 많고 눈썹이 그다지 많지 않은 사람은 장남이다. 가령 지차라도 이러한 상을 하고 있으면 어버이의 상속을 받을 것이며 마음도 크다.

머리털은 굵고 까만 경우를 좋은 상이라 하고, 눈썹 털은 가늘고 부드러운 것을 좋은 상이라고 한다. 또 남자가 유화(柔和)하고 애교가 있으면 첫아기로 여아(女兒)를 낳는다. 그 이후에 낳는 어린애도 여아일 경우가 많다.

몸이 뚱뚱하고, 몸 전체가 질컥질컥 물기가 많은 느낌이 있고, 살에 탄력성이 없고, 손목을 잡아 보면 살이 보드랍고 탄력성이 없으면 반드시 중풍이 된다. 이것은 중풍 증세를 가진 사람에 대하여 연구해 보면 알 수 있다. 이 분야에 대해서 미즈노 나보쿠(水野南北)란 사람이 얼마나 정확히 조사했는가를 잘 알 것이다.

여자로서 이마의 털이 난 끝에서 조금 들어간 곳에 검은 점이 있는 사람은 초혼으로 끝나지 않을 사람이다. 이 상이 있는 사람으로서 교양이 없는 사람은 반드시 남편 이외의 남자와 간통하는 법이다. 그러나 이 경우에는 사마귀가 아주 작은 것은 판단 자료로 삼지 않는다. 큰 사마귀가 있는 사람만 전기한 바와 같은 판단을 하는 것이다.

이마의 살이 엷은 사람은 왜 운세가 나쁘냐 하면, 이마는 천창(天倉)이라고 하여 하늘에서 자기가 받은 복분의 유무를 나타내기 때문이다. 그러므로 이마의 살이 엷은 사람은 복분이 적고, 이마에 살이 있는 사람은 하늘에서 받는 복분, 즉 운세가 좋은 것이다. 이 이상의 것은 혈색(血色) 부분에서 자세히 설명하겠다.

그러면 태어날 때부터 운세가 강한 사람은 그 상이 이마에 나타나 있지만 자기가 노력해서 성공한 사람은 어디에 나타날까? 그것은 턱〔地閣〕에 나타나서, 법령(法令)이 노력한 것을 나타내 준다. 이것에 대하여도 혈색(血色) 부분에서 자세히 설명하겠다.

성급한 사람이 선에도 악에도 강하다는 것은, 성급(性急)은 일시의 나쁜 마음이고 애교는 그 사람의 평생을 통한 선이므로, 좋은 편으로 뻗으면 그만큼 강한 것이고 반대로 나쁜 편으로 나아가면 보통 이상으로 나빠진다. 일반적으로 성급한 사람은 자연 자기 운세를 나쁘게 한다.

마음이 가라앉은 사람은 자연히 그 몸가짐도 침착하다. 그러므로 성급한 사람이 급한 성질만 삼가면 자연 운세도 좋아지고 가정도 명랑해져서 즐거운 생활을 보낼 수 있다.

또 얼굴 생김새가 두툼한 사람은 장남상이고, 얼굴 생김이 성급한 사람은 지차의 상이다. 그것은 장남으로 태어난 자는 양친이 대단히 귀여워하는 것이고, 그 기분이 어린애에게로 통하여 그 아이는 자연 통통하고 귀여운 얼굴로 길러진다.

장남으로 태어날 사람은 어머니 태중에 있을 동안에, 어버이의 상속을 받는다는 약속이 있기 때문에 애초부터 탐스러운 얼굴을 하고 있다. 그러나 동생으로 태어나는 사람은 낳을 때부터 자기 자신이 운명을 개척해 나가야 할 운명을 타고난 것과, 양친이 기르는 과정에서도 마음쓰는 것이 틀리기 때문에 그것이 얼굴에 나타나서, 자연 장남보다는 탐스럽지 못한 얼굴을 하고 있다.

가난한 집에 태어난 사람은, 가령 장남이라도 탐스러운 얼굴을 하고 있지 않다. 그것은 양친이 매일의 생활에 쫓기기 때문에, 장남의 귀여움은 알고 있지만 귀여워할 여가가 없고, 자연 어린애 혼자 놀게 되며 이것이 얼굴에 크게 반영되기 때문이다.

또 집이 좁은데다가 가난한 가정은 어린이도 많아서, 그 때문에도 얼굴에 탐스러운 데가 없다. 따라서 비록 장남이라도 장남의 상이 나타나지 않는 것이다.

후골(喉骨)이 낮은 남자는 눈물이 많고 사소한 일에도 잘 놀란다. 그것은 남자는 양(陽)으로서 후골이 높은 것이 당연하고 여자는 음(陰)으로서 후골이 낮은 것이 당연한데, 남자의 후골이 낮다는 것은 마치 여자와 같아서 눈물이 많고 사소한 일에도 놀라는 것으로서, 이것은 조금도 이상한 것이 아닌 것이다. 남자가 유화(柔和)하고 애교가 있으면 첫아기가 여자라는 것은, 그러한 성질의 남자는 대개 마음〔神氣〕이 약한 것에 기인한다. 신기(神氣)가 약하면 여자의 정신력〔神氣〕에 압도되어 버린다. 그러므로 이와 같은 사람이 부부로 결혼하면 여자의 신기에 져서, 자기의 기(氣)가 여자의 기에 둘러싸여서 자연 여아를 낳게 된다. 이것은 자연계의 당연한 도리다.

그러나 평소에는 신기가 강한 사람이라도, 어떤 사유로 신기가 붕괴되었을 때 부부가 정교하여 생긴 어린이는 여자의 신기에 져서 자연 여아가 된다. 이 점도 잘 연구하기 바란다.

다음으로 중풍의 원인을 설명하겠다. 천지(天地)에 수기(水氣)가 있듯이 사람에게는 피라는 것이 있고, 천지의 수기가 밤낮 이 세상을 빙글빙글 돌고 있는 것과 같이 사람의 피도 쉬지 않고 몸 속을 돌고 있다. 그러므로 건강할 때는 혈액 상태도 좋고 혈기가 왕성할 때는 상당히 분투도 할 수 있으나, 혈기가 쇠퇴해지면 자연 몸도 못 쓰게 된다.

젊었을 때는 몸이 튼튼하고 원기도 있으므로 혈기가 불순(不順)하다는 것이 없고, 따라서 젊은 사람에게는 중풍(中風)도 없다. 그러나 이것이 나이 들어서 원기가 없어지면 자연 혈액의 순환도 나빠져서 수족(手足)이 저려 온다. 더구나 중풍이 될 사람은 대체로 살이 많고 물기도 많은 사람이다. 이것은 피가 많기 때문인데, 드러누우면 피의 순환을 막게 되어 몸이 저려 오는 것이다. 그러다가 일어났을 때는 피의 순환이 좋아져서 몸의 형편이 회복되지만, 노인이 되면 점점 원기를 잃고 피의 순환이 나빠지는 것은 어쩔 수 없는 일이고, 그 때문에 중풍이 되는 것이다.

현대 의학은 대단히 진보해서 중풍의 원인과 치료 등에 대하여 충분한 연구가 되어 있다. 그런데 의학이 발달되지 못했던 그 옛날에 인상을 보는 사람이 여기까지 관찰한 태도에 존경의 염을 금할 수가 없다. 그래서 현재는 누구나 알고 있는 사실이지만 수록한 것이다.

여자가 이마의 털이 난 부분에서부터 머리칼 속으로 조금 들어간 곳에 사마귀가 있으면 남편 이외의 남자와 관계를 맺는다고 하는 것은, 사마귀는 피의 싹으로서 이것을 음으로 보고, 또 이마는 하늘이고 남편을 의미해서 그 남편 자리에 음인 사마귀를 감추어 싸가지고 있으므로 이로써 밀부(密父)의 상(相)이 있다고 하는 것이다.

관자놀이(산림(山林)이라 부르며 사공(司空)에서 손가락 일곱 개를 엎어서 그 일곱째 손가락이 닿는 곳, 물건을 씹을 때 움직이는 곳)의 살이 떨어져 있는 사람이 상속도 못 받고 사업에 실패하거나 실패하기 쉬운 것은, 이마는 윗사람의 일을 나타내는 부분이고 관자놀이〔山林〕도 같은 일을 나타내는 부위이기 때문이다.

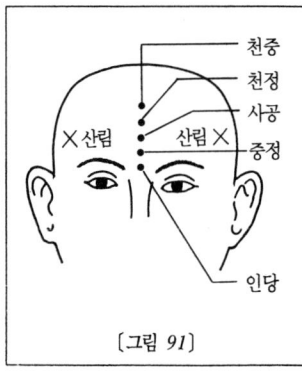
〔그림 91〕

그런 뜻으로 관자놀이에 살이 떨어진

사람은 상속도 못 받고 사업에 실패하기 쉬운 것은 당연한 일이다.
〔그림 91〕 때로는 초혼에 그치지 않을 상을 가지고서도 초혼으로 그치는 여자가 있다.

그것은 그 사람의 남편이 용기가 있거나 혹은 환경이 좋은 여자라고 할 수 있다.

또 이 상을 가진 여자는 남편 대신에 무슨 일에나 참섭하는 성질이고, 남편보다 성격이 과격한 사람이다.

그런데 이 여자보다 남편이 강한 경우에는 아내는 남편에게 잘 순종하고 순조롭게 나아가 그 집은 대단히 번창하는 것이므로 충분히 주의하기 바란다.

부부의 인연이 바뀔 상을 가진 사람이라도 도회지를 떠나서 쓸쓸한 곳에서 지낼 경우에는 인연이 바뀌지 않을 수도 있다.

또 인연이 바뀌지 않을 상을 가진 사람이라도 도회에 살 경우에는 초혼에 그치지 않는 일이 있을 수 있다. 이 이치는 이미 아실 줄 믿는다.

자손복이 없는 상을 한 부부라도 이 사람들이 시골에서 생활할 경우에는 어린애가 생기는 수도 있다.

그러나 비록 시골이라 하지만, 놀만한 장소가 있는 땅에서 살면 어린애가 있을 상이어도 어린애가 생기지 않는 수도 있다.

이것은 앞서 말한 초혼에 그치는 사람, 초혼으로 그치지 못할 사람의 이치에도 맞는 것이므로 참고하기 바란다. 도회에서는 어린애가 있을 상을 하고 있어도 어린애가 없는 사람이 있다.

그러나 도회에 살고 있어도 품행이 바른 사람은 비록 자손이 없을 상을 한 사람이라도 어린애가 생기는 일이 있다. 이 이치는 처의 인연에 있어서도 마찬가지이다.

상모 보는 법(2)

남자인데도 용모가 여자와 비슷한 사람이 있다. 이 사람은 마음에 힘이 없고, 자기가 생각한 것을 힘차게 밀고 나갈 박력이 없고, 근로인이 되어도 그다지 성공할 수 없다. 그리고 크게 발전하지 못하는 일생을 보낼 사람이다.

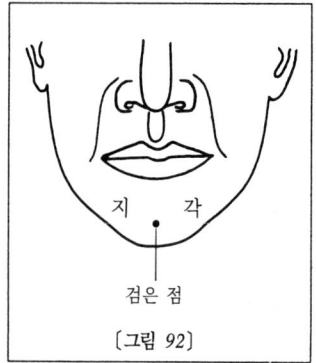

〔그림 92〕

또 남자나 여자나 음부에 사마귀가 있으면 이 사람은 반드시 초혼으로 그치지 않고, 자손의 인연이 희박하고, 더구나 성적 욕구가 지나친 사람이다.

인상을 볼 때 장남상도 아니고, 그렇다고 차남상도 아닌 사람이 있다. 이 같은 상을 가진 사람은 외아들의 상이다. 주의해서 판단해야 한다. 〔그림 92〕와 같이 턱〔地閣〕에 사마귀가 있는 사람이 있다. 이런 상은 자기 것으로 정한 집에 인연이 희박해서, 비록 자기 집에 살고 있더라도 그 집에서는 안정이 되지 않는다.

필자의 이웃에 이런 상을 가진 사람이 있는데, 미국·중국·일본 등지로 전전하여 돌아다니며 자기 집을 남에게 빌려 주고 있다.

그러나 이 상은 집에는 안정되지 못하는 상이지만 운세는 좋은 편이고, 상속을 받았을 경우에는 일생을 집질 걱정만 할 사람이다. 즉 상속을 받은 사람이면 타처로 옮겨 갈 수가 없으므로 이런 생각을 하는 것이다.

남자의 용모가 여자와 흡사한 사람이 마음이 약하다는 것은 남자는 양(陽)이고, 그 형상이 억센 것이며, 눈·귀·코·입이 크고, 말하는 것도 크고 강한 것이 자연의 이치이다. 이것을 소천지(小天地)의 대양(大陽)이라고 하며, 남자에 있어서는 당연한 것이다. 또 여자는 그 모양이 부드러운 맛이 있고, 눈·귀·코·입이 작고, 말하는 것도 조심성 있고 온건한 것이 당연하다. 이것을 소천지의 대음(大陰)이라 하며, 여자로서는 당연한 것이다.

또 여자는 대체로 생각하는 바가 작고, 그 때문에 중요한 일에는 그다지 이용되지 못한다. 그러므로 남자이면서 여자와 같은 용모의 사람은 사려(思慮)가 얕고, 그 때문에 직장인이 되어도 크게 성공할 수 없다. 더구나 대양(大陽)인 남자가 대음(大陰)의 여자와 흡사할 때는 음양의 조화가 잡히지 않으므로 자연 운세도 약하여 큰 발전을 못하는 것이다.

남자나 여자가 음부에 사마귀가 있으면 성욕이 왕성하다는 것은, 사마귀는 피의 나머지로서 음(陰:水星)으로 생각하고, 음부도 음이고 사마귀도 음이면 음에 음을 겹치게 되어서, 이 때문에 음부의 사마귀를 음란의 상이라고 하는 것이다.

턱[地閣]에 사마귀가 있는 사람이 집에 인연이 없다는 것은, 지각(地閣)을 땅으로 보며 집이라든가 주택을 보는 부위이기 때문이고, 사마귀는 피의 나머지로 턱에 사마귀가 있는 경우에는 땅에 물기가 있는 것과 같아서 집에 지장이 있어, 한 집에 안정할 수 없는 상이라고 보는 것이다.

도회에 살고 있는 사람들은 비록 자손연이 있는 상을 하고 있어도 자식이 없는 경우가 있다. 이것은 도회인은 젊어서부터 이성(매춘부도 포함하여)과의 접촉이 많기 때문에 정력의 낭비가 심하여, 결혼하여도 체력이 쇠퇴한 영향으로 자식을 갖지 못하는 경우가 있다. 비록 자식이 생겼다 하여도 그 자손은 약하며 오래 살지 못하는 것이다. 그러므로 오랫동안 도회에 계속 살면 자연 오래 살지 못하는 것이다.

그러나 도회에 살고 있는 사람이라도 품행이 단정한 사람의 자손은 튼튼하고 자손연이 없는 사람도 자손이 생기는 일이 있다.

또 시골에 살며 이성 교제가 없을 때는, 정력의 낭비를 하지 않기 때문에 부부의 정교가 정상적으로 행해지므로 자연 튼튼한 자손이 탄생되는 것이다.

지극히 간단한 일이지만, 자손의 유무는 그 사람의 성격을 잘 판단하여 여색에 탐닉하기 쉬운 사람인가 어떤가를 확인하고서 판정을 내려야 한다.

양자의 상이 있는 사람이라도 이마가 좁든가, 요철(凸凹)이 있다든가, 또는 눈이 유난히 크다든가, 눈이 튀어나온 경우라도 눈썹이 굵고 털의 빛이 진하고 엉크러진 눈썹을 가진 사람이라든가, 코가 크고 혹은 대단히 성급한 상이면 양자로 가는 일이 있다. 그러나 양자로 간다 해도 양가(養家)의 재산을 축내고 말 사람이다. 앞에 적은 어느 대목에 해당하는 상을 가진 사람이 양자가 되었을 경우에도 같은 판단을 할 수 있다.

가난하고 천한 사람 중에 귀인(貴人)의 상이 있거나 사람에게 위압감(威壓感)을 주는 것과 같은 상이 있으면, 그 사람의 생각하는 일이 너무 커서 그 때문에 주위 사람들이 싫어한다.

그러므로 이 상이 있으면 대단히 나쁜 상이다. 또 장사꾼에게 귀인 상이나 사람에게 위압감을 느끼게 하는 상이 있으면 그 사람도 손님에게 좋은 감정을 못 준다. 그 때문에 장사는 점점 부진하여 자연 그만두게 된다. 이와 같은 상을 가진 사람은 자기 직업에 대하여 다시 한 번 생각해 볼 필요가 있다.

상당한 지위에 있는 사람이 아첨성이 있을 경우에는 그 사람은 오래 그 지위에 있을 수 없고 운세도 좋지 않다. 더구나 이 사람은 빨리 은퇴하는 일도 있다.

눈썹과 눈썹 사이〔印堂〕가 조금 낮은 감이 있는 사람은, 양자로 갔을 때에 양가의 가풍에 자기를 맞추기보다도 자기의 생각대로 생활을 해나갈 사람이다.

양자라는 것이 예나 지금이나 상당히 귀찮은 것이라는 것을 나타내 주고 있다.

근시의 사람은 육친이나 친척과의 인연이 희박하고, 또 인연이 있다해도 좀처럼 원만치가 못하다. 이런 것은 연구하기에 가장 간단한 방술이다. 독자의 주위 사람들을 보고서 스스로 확인하기 바란다.

여자를 처음 만났을 때, 소개도 시키기 전에 웃는 여성이면 성욕이 왕성한 사람이다. 그 때문에 좀처럼 초혼으로 만족하지 못하고, 경우에 따라서는 남편 이외의 남성과 관계를 맺는 일도 있는 상이다.(이것은 거동(擧動)으로 보는 방법이다.)

[그림 93]과 같이 얼굴에 사마귀나 흠이 있는 사람은 양자로 갈 상이다. 그러나 이 사마귀나 흠이 있는 경우에도 하나나 둘, 셋쯤이면 양자로 갈 상이라고 판단하지만 곰보나 여드름 자국이 많은 경우에는 양자의 판단을 하지 않는다.

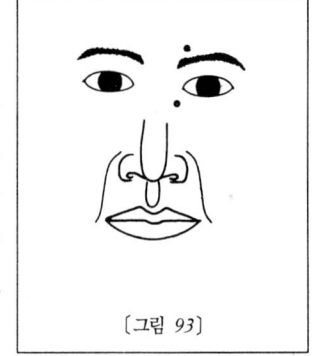

[그림 93]

윗사람을 이기는 상이 없는 사람은 관계(官界)에서 크게 성공을 거둘 수 없다. 그러나 손위를 이길 상이 있는 사람이 그 상과 같이 손위를 물리쳐서 크게 성공한 경우에는 자기의 만년은 쓸쓸할 것이다. 이것은 자연의 이치를 알기 쉽게 설명한 것이다. 이와 반대로 손위를 위하여 힘써 일하는 사람은 성공이 늦다. 그리고 자기가 힘써 하면 하는 만큼 남에게 욕을 먹는다. 그러나 윗사람을 위하여 힘써 일한 상이 있는 사람이 성공한 경우에는 만년에 복된 생활을 누릴 수 있다. 가령 성공한 다음 사업에 실패한 때라도 계속 안락한 생활을 누릴 수 있다. 이러한 것은, 인상은 어디까지나 바른 도덕 위에 선 방술이란 것을 입

증하는 것이다.

　어디라고 꼬집어 말할 수는 없지만 궁상스럽게 보이는 사람이라도 그 사람이 정직하면 그것은 진정한 의미에서의 궁상이라고 할 수 없다. 반드시 그 사람의 노력에 따른 생활이 되는 것이다. 그러므로 가난한 사람의 사는 방법은 정직하게 사는 것이 가장 좋을 것이다.

　또 가난한 사람이라도 애교(붙임성)만 있으면 정말 가난해서 내일의 먹을 것에 곤란을 당하는 일은 없다. 애교가 있으면 어떻게든지 사람들이 도와주는 것으로, 평생 먹을 것에는 곤란당하지 않을 것이다. 그러므로 가난한 사람은 정직하고 붙임성 있게 일하는 것이 좋은 방법이다.

　산재(散財)의 상이 없는 사람(구두쇠의 상을 가진 사람)은 큰 성공은 하지 못한다. 따라서 이 사람은 궁상이다. 돈을 꼭 써야 할 경우에는 쓰지 않으면 안 된다. 그렇지 않다면 일생 동안 자기가 일한 만큼 외에는 돈을 얻을 수가 없다.

상모 보는 법(3)

　성격이 과격하고 마음에 침착성이 없는 사람은 반드시 생명이 짧다. 더구나 평생에 한 번은 사업상 실패를 하게 된다. 가령 중이나 학자라도 참을성이 없으면 큰 성공을 거둘 수 없다. 사람에게 있어서 가장 중요한 것은 참을성이라는 것이다.

　용모가 남자와 흡사한 여자는 반드시 남편을 이기고, 남편의 인연도 바뀌기 쉽다. 이 같은 사람은 독신으로 있을 동안은 삶이 대단히 재미 있으나, 결혼한 경우에는 고생만 많고 재미 있는 삶을 보낼 수가 없다. 얼굴에 악인의 상이 나타난 사람의 경우에도 실제에는 대단히 성실한 사람이 있다. 이 사람은 뒷구멍으로는 여러 가지 욕을 먹지만 만년운은 대단히 좋다. 이와 반대로 선인의 상이면서도 성의[陰德]가 없는 사람이 있다. 이런 사람은 큰 희망을 가지고 윗사람에게 접촉하기도 잘하나, 그 윗사람과의 관계가 오래 계속되지 못한다. 이 사람은 만년운이 반드시 나쁘고, 외로운 인생의 종착역으로 향할 것이다.

　인간에게 있어 성의가 얼마나 중요한가. 그것도 표면에 나타나지 않은 성의〔蔭德〕가 얼마나 귀중한가. 이러한 것을 열심히 연구하지 않으면 이 판단은 안 되는 것이다.

　재산은 많지만 빈상(貧相)인 사람이 있다. 이 사람은 물건을 헤프게 쓰는 것을 싫어하고 물건을 지나치게 아끼는 사람이다. 그러므로 재산가이면서 궁상을 하고 있는 것으로서, 이와 같은 사람을 마음이 궁상인 사람이라고 한다. 물건을 아끼는 것은 좋으나, 도가 지나치면 이렇게 된다. 이와 반대로 가난하면서도 원만한 복상(福相)을 한 사람이 있다. 이 사람은 마음이 크고, 사업에 실패할 경우라도 언제까지나 거기에 미련을 갖지 않는다. 물건을 너무 아끼지도 않는다. 이와 같은 사람을 반정신적 복상(反精神的福相)의 사람이라고 한다.

　상당히 훌륭한 지위에 있으면서도 그 지위에 알맞은 상을 하지 못한 사람은 마음이 반드시 하상(下相)이며, 언제까지나 그 지위에 머물러 있을 수 없고, 또 일에도 실패할 사람이다. 지위와 상과의 밸런스가 잡혀 있는 사람을 가장 좋은 상의 사람이라고 본다.

　자손이 없을 상인데도 자식이 많은 사람이 있다, 그러나 이러한 사람은 반드시 많이 있는 자손에 의지가 되지 않는다. 여자 아이가 많든지, 의지할 자식이 있을 경우에도 자기가 죽을 때까지 일하지 않으면 안 된다. 그렇다면 자식들에게 의존하지 않는 것이나 마찬가지이다. 이와는 반대로 자손이 있을 상이면서 자손이 없는 사람이 있다. 이 사람은 비록 양자를 맞이 할 경우에도 양자에게 의지해서 안락한 여생을 보낼 수 있다.

　입 속과 이와 혀는 삼위일체로서, 이것은 오장육부(五臟六腑)의 뜰이라 보고, 노복(奴僕)이나 우마(牛馬)라고 본다. 입 속은 뜰이어서, 입이 작은 사람은 자연 입 속도 작아서 건강하다고 말할 수 없다. 건강한 사람은 입도 큰 법이다.

이〔齒〕를 오장육부의 노비로 본다. 이가 많은 사람은 종이 많은 것과 같고, 먹은 것이 잘 소화되어서 자연 건강하다, 그러나 이가 적은 사람은 식물의 소화가 나쁘기 때문에 몸도 약하고 끈기도 부족하다.

혀는 오장육부의 우마(牛馬)로서, 입 속에서 씹은 것을 뱃속으로 운반하는 역할을 한다. 그러므로 혀가 작은 사람은 마소가 적은 것과 같아서 먹는 시간이 오래 걸린다. 그 때문에 자연 튼튼해지고 운세도 좋은 것이다. 또 혀가 풍만한 사람은 마소가 풍부한 것과 같아서 몸이 튼튼하고, 생각하는 바도 침착해서 안정되는 것이 당연하다.

혀가 예민하고 가느다란 사람은 우마(牛馬)가 예민한 것과 같아서 자연 먹는 것이 빨라진다. 그러면 마음도 안정되지 못하여 건강을 해쳐서 단명으로 그친다. 또 혀는 오장육부의 대리인 같은 것으로서, 좋은 것은 곧 통과시키나 나쁜 것은 통과시키지 않는다. 그러므로 혀의 느낌이 예민한 사람은 나쁜 것(음식)은 먹지 않고, 자연 먹을 것에 대한 풍격(風格)이 나온다.

쓸쓸한 토지(土地)에서 생활하는 부부는 초혼으로 그치지 않을 상을 하고 있어도 부부연이 바뀌지 않는 경우가 있다. 이것은 아무 즐거움도 없는 토지에서 살고 있으므로 자연 남편은 아내를 지키고, 아내는 남편에 봉사하도록 되어 부부 사이가 화목하고, 초혼으로 만족치 못할 상을 가진 사람이라도 백년해로의 생애를 지내게 된다.

이와 반대로 도회에 사는 사람은 한 사람의 아내를 지키지 않고 다른 이성을 구하기 때문에 자연 부부 사이가 원만치 못하고, 초혼으로 마칠 상을 가진 사람도 초혼으로 마치지 못하는 경우가 있다. 이런 점은 사람의 상을 볼 때에 잊어서는 안 될 일이다.

'가난에 자식 부자'란 말이 있듯이, 가난한 사람은 아내와 함께 죽도록 가난한 생활과 싸운다. 그 때문에 자연 매춘부 같은 류의 여자와 사귈 여가도 없어 음욕(淫慾)을 추구하지 않기 때문에 자식이 많은 것이며, 다소라도 여유가 있는 사람은 이 방면의 낭비가 심한 까닭에 자식과의 인연이 멀어진다. 이것은 간단하지만 중요한 판단 자료이다.

가난한 농부나 상인에게 귀상(貴相)이나 사람을 위압하는 상이 있으면 사람들이 싫어하는데, 이것은 가난한 농부나 상인은 유화(柔和)하고 애교 있는 것이 가장 좋은 것으로, 애교가 없는 장사는 아무래도 손님이 줄어든다. 그러므로 장사꾼에게 이런 상이 있으면 사람에게 경원당해서 인기가 모이지 않고, 아무래도 직업의 전환을 꾀하는 방법밖에 없다. 이 상이 있는 사람이 영업을 계속했을 때는 큰 실패를 본다.

상당한 지위에 있는 사람이 애교가 넘칠 경우에도 그 지위는 오래 지속되지 못한다. 높은 지위에 있는 사람은 사람을 보고 호락호락하게 구는 경우가 적으므로 자연 애교는 없다. 누구에게나 곧 친숙해지자면 자연 애교가 생기게 된다. 이렇다면 지위와 태도가 맞지 않아서 아무래도 그 지위를 오래 지킬 수가 없다.

자기 지위에 가장 알맞은 태도와 그 일에 전념하는 것이 누구에게나 가장 중요하고, 그것이 운세를 좋게 하는 최대의 비결이다.

장수할 상이 있으면서 조사(早死)하는 사람이 있는데, 수명의 장단은 관상자가 운운할 것이 아니라 하늘의 명이다. 동시에 명은 하늘의 것이다. 이것은 모두 개인의 것으로서 그 사람의 생각이 올바르면 하늘에서 수명을 내려 주는 것이지만, 생각하는 바가 부정하면 자연 목숨이 짧아지는 것이다.

인간이 오래 살려고 하면 먼저 남모르게 좋은 일을 하고, 그 다음 주색(酒色)을 삼가면 자연 장수할 수 있는 것이다. 물건을 아끼는 사람이 재운의 혜택을 받는 것이나, 천명으로서 거기에는 조금도 부자연이 없다.

그러므로 삼갈 줄 모르는 사람은 아무래도 명이 짧고, 가령 장수한다 하더라도 만년에 가난해져서 쓸쓸한 여생을 보내게 된다. 또 이런 사람이 장수도 하고 가난하지도 않게 일생을 보냈다면 반드시 자손이 오래 부지하지 못할 것이다. 그러나 개중에는 그 사람의 선조가 대단히 덕이 있던 사람도 있었을 것이므로, 그 사람의 상을 보고서 판단해야 한다.

단명할 상을 가진 사람이라도 물건을 아끼고 남에게 알려지지 않는 좋은 일을 많이 하면 장수하고, 일생 동안 생활에도 곤란을 받지 않는다. 죽을 때까지 걱정이 없고 고생이 적은 일생을 마칠 수 있다. 그러므로 목숨은 천명이고, 수(壽)는 자기의 생각하기에 달린 것이다.

다음은 장님상에 대하여 설명하겠다.

상모 보는 법 (4)

장님의 상을 볼 경우에는 눈을 보는 것이 중요하다. 그러면 어떤 눈이 좋은가 하면, 장님은 언제나 눈을 감고 있지만 그 눈이 깨끗하게 보이는 사람은 운세가 좋고, 그 감은 눈이 쓸쓸하게 보이는 사람은 그다지 운세가 좋지 않다.

또 눈을 뜨고 있는 장님은 현재 생활 기반이 탄탄하게 준비되었다 하여도 마침내는 곤란한 상태가 닥쳐 온다. 혹은 눈을 뜨고 있고, 그 눈이 툭 불거진 장님도 눈에 탄력성이 없기 때문에 운세도 문란하기 쉽고, 장님으로서 성공할 수 없다. 가령 일시적으로는 좋은 생활을 할지라도 오래도록 그 상태를 지속할 수는 없다.

눈뜬 장님으로서 보통 사람과 다를 바 없는 눈의 장님은, 장님이면서 장님이 아니기 때문에 가장 나쁜 상이다. 운세도 전전(轉轉)하며 안정되지 못한다. 이들은 일에 실패할 상이다. 그러나 실패하지 않고 오히려 성대히 나아가는 사람이 있는데, 이것은 어떤 일에 실패하기 쉬운 상이라도 일에 대하여 끈기가 강하고, 남의 말을 솔직하게 받아들이고, 더구나 굳은 의지를 가진 사람이라면 일에 실패하지 않는다. 그러므로 의식주 세 가지는 끈기와 사람의 말을 듣는 두 가지 기분이 있으면 불편하지 않는 것이다.

 여자는 얼굴은 온화하나 마음은 강하고, 남자는 마음속에 음(陰)이 있고 얼굴에는 양이 나타나 있다. 그러므로 남자는 얼굴이 강해도 내심이 약하고, 이와 반대로 여자는 마음속에 양이 있고 얼굴에는 음을 나타내고 있어, 그 때문에 얼굴은 온화해도 내심은 강한 것이다.

 남자는 전체의 모양이 강한 것이고 눈·코·귀·입이 커서 그것을 얼굴에 나타난 양으로 본다. 그러므로 여자로서 모습이 강하고 남자에 흡사한 사람은, 음양의 이치에서 조화가 잡히지 않기 때문에 결혼을 해도 남편과의 금슬이 나빠서 초혼으로는 반드시 자손이 없다. 무슨 까닭이냐 하면, 이 아름다운 여자를 초목에 비유한다면, 꽃은 아름다운데 열매가 맺지 않는 나무인 셈이다. 대체로 아름다운 꽃이 피는 초목은 그 열매를 얻을 수 없는 것이 보통이고, 보잘것없는 꽃이 피는 초목은 맛이 대단히 좋다. 그러므로 용모가 아름다운 여자는 아름다운 꽃이 피는 초목과 같아서 자연 자손연이 먼 것이다.

 얼굴 형태는 나쁘나 몸맵시가 대단히 단정한 여인이 있다. 또 단정한 얼굴이면서 몸맵시가 좋지 않은 여자가 있다. 그것은 사람의 몸 가운데 가장 더러운 데가 음부인데, 그 음부를 청결히 한 경우에는 그 몸의 형태도 자연 좋아지는 것이다. 이것은 어떤 것이라도 그러하고, 근본이 깨끗하면 전체가 깨끗해지는 이치와 같다.

 인상을 보는 사람들 중의 대부분이 "당신은 산재(散財)의 상이 있습니다." 하고 말하는데, 이 산재라는 것은 진정한 의미에서의 산재를 가리키는 게 아니다. 재산이란 아무리 많이 있다 해도 자기 것이 아니다. 즉 재물은 천지(天地)의 것이다. 그러므로 재물을 잃었을 때라도 자기 노력에 따라서 다시 돌아오게 할 수 있는 것이다.

그러나 자신에 의해서 좌우되는 소천지(小天地)의 재보(財寶)란 나의 신체발부(身體髮膚 : 身體)를 말하는 것이다. 그러므로 신체에 상처를 입는다든지 하여 한 방울의 피라도 이것을 잃었다 하면 이것은 두 번 다시 자기 몸에 돌아오지 않는다. 이것이 진짜 산재이고, 속되게 말하는 산재는 다만 돈이나 물건을 잊어버리는 것을 말한다.

정말 행복한 사람은 어떤 사람인가 하면, 신체가 튼튼한 사람이다. 몸이 건강하고 마음이 올바른 사람이면 이 사람이야말로 행복한 사람인 것이다. 가령 재산이 많은 사람이라도 자기의 잘못 생각으로 불구가 되든가 병이 들었다면 행복한 사람이라고는 할 수 없다.

정직한 사람은 남에게 베푸는 일이 많고, 재산을 만들 수가 없다. 그러나 하늘의 베품과 땅의 물질을 기른다는 두 가지 덕이 있다. 천지는 공평하여서 많은 사람들을 위하여 많은 것을 내려 준다. 그러므로 정직한 사람이 아무리 남에게 베풀어 주어도 생활의 곤란은 받지 않는다.

이와 반대로 인색한 사람은 남에게 베풀지도 않고 자기를 위하여 크게 욕심을 부린다. 심지어 재산을 모으기 위하여 수단 방법을 가리지 않는다. 이 같은 사람을 천하의 적(賊)이라고 한다. 운이 좋은 사람은 나쁜 짓을 하여도 이익을 얻기도 한다. 그러나 어떤 일에서든 나쁜 것은 언제나 나쁘고, 자기가 정직하게 하고 있으면 자연 하늘의 베품을 받아서 운이 좋아지는 것이다. 반대로 정직하지 못한 사람은 하늘의 도움이 없기 때문에 재난이 생기는 것이다. 그러므로 나쁜 수단으로 이익을 얻은 경우에는 하늘의 제재를 받지 않더라도 사람이 만든 법률의 심판을 받고, 법률에 저촉이 되지 않을 때는 하늘의 제재를 받는 것이다.

 운세가 나쁠 때에 이것을 도로 찾으려고 나쁜 수단을 쓰는 사람은 이익을 얻을 수가 있을까 없을까의 여부는, 나쁜 수단은 하늘의 명령에 없는 것으로서 성공한다고 할 수 없다. 인상이란 것은 성인이 개척해 놓은 길로서, 성인의 가르침 가운데 나쁜 것이 있을 까닭이 없다.

 그러나 비상수단에 의해서 이익을 얻으려고 하는 것은, 운이 좋고 나쁜 데 관계없이 그 사람의 기분이 긴장되어 있어 마치 활줄에 매인 화살과 같은 것이다. 이런 힘이 있을 때는 비상수단에 의한 경우라도 반드시 이익을 얻을 수 있다.

 그러므로 비상수단에 의해서 일을 하려는 사람은 자기가 자기에게 멋대로의 이치를 붙여 가지고 스스로 합리화시키는 것이다. 이런 일은 스스로 헛기운을 내는 것과 같다. 여기에 대해서는 혈색 부분에서 자세히 설명하겠다. 남에게 돈을 빌려 주고 대단히 고통을 겪는 사람이 있다. 그러면 과연 이 사람은 다시 재물을 얻을 것인데, 재보라는 것은 천지의 보배로서 자기가 가지고 있던 돈을 남에게 빌려 주었을 때는 마치 천지에서 맡았던 것을 돌려 주는 것이나 마찬가지로, 그것이 원만히 자기 앞으로 돌아왔을 경우에는 새삼 하늘에서 주신 것이나 다름없다. 그러므로 남에게 돈을 빌려 주고 돌아오지 않는다고 마음을 썩일 필요가 없다.

 그러면 돈을 빌려 쓰고 갚지 않는 사람은 어떨까? 이 사람은 하늘의 베품과 땅의 길러 주는 덕 가운데서 일하지 않고 보배를 자기 것으로 하는 적(賊)이다. 그러면 자기에게 인연이 있는 재물(돈)에 대하여 '이제 너는 나에게 오지 않아도 좋다.' 하고 인연을 끊어 버리는 것과 같아서 차차 가난해진다.

 어떤 경우에도 악이 번영한 예는 없다. 가장 빠른 개운(開運)에의 길은 정직하게 매일을 생활하는 것이다.

인상을 보는 명인은 사람의 상을 보고서 상(相)대로 판단하지 않는다. 그렇게 해야만 반드시 사람을 선도(善導)할 수가 있고 실패도 하지 않는다. 그러나 인상을 보고서 대단히 잘 맞추는 사람이 있다. 이것은 결과적으로 보는 사람을 망치게 할 뿐이다.
　어떤 운명학이라도 그렇지만, 매일 손님을 대하면서 어떻게 하면 이 사람을 잘 이끌 수 있을까를 생각하고서 판단하는 역자(易者)는 몇 사람 되지 않는다. 보통의 역자들은 어떻게 하면 맞느냐, 어떻게 하면 이 손님을 깜짝 놀라게 할 수 있을까, 하는 이런 연구를 하는 사람이 대부분이다. 또 손님도 어떻게 하여야 개운(開運)되느냐를 묻지 않고, 자기의 과거·현재·미래에만 흥미를 가지고, 그 선생은 내 등에 있는 사마귀까지 맞히더라고, 자기의 운명과는 관계도 없는 말을 듣고 기뻐하고 있다. 이러한 것은 손님을 위해서나 역자를 위해서나 아무 보탬도 되지 않는 행위이다.
　역자는 반드시 손님의 선도에 주력을 두어야 할 것이다. 손님의 상에 의하여 어떤 점을 개선해야 이 사람은 잘될 것인가, 거기에 충분히 파고들어서 그 점에 판단을 집중해야 한다.
　감정적인 면에 있어 약한 사람에게는 감정에 약한 것이 하나의 미덕으로 느껴질지 모르지만, 현대 사회에서는 감정만으로는 자기 몸을 부지하지 못한다. 그러므로 약한 사람에 대해서는 좀더 기분을 강하게 갖도록 권해야 할 것이다. 누구에게든지 정(情)의 약함을 보이면, 그것은 결점이 되어서 그 사람은 대성할 수가 없다.
　또 손님의 입장에서도 신뢰할 수 있는 역자의 말은 좀더 솔직히 따라야 할 것이다. 그렇게 되면 정에 약하다고 하던 사람은 그 후에 의지를 강하게 가지고 실패를 되풀이하지 않게 될 것이다.
　그러나 손님 가운데는 자기 주장만을 장시간에 걸쳐서 말하고, 보는 사람의 의견은 전혀 수용하지 않는 사람이 있다. 이러면 무엇 때문에 역자를 찾았는지 의미가 없어진다. 그러므로 이러한 사람은 절대로 개운하지 못한다.

다행히 필자의 집을 찾아오는 손님 중에는 대단히 솔직한 사람이 많기 때문에 현재까지는 상당히 좋아진 사람들이 많다. 이 사람들은 참 솔직해서 젊은 내가 하는 말을 실로 잘 이용하는 사람들이다. 이 점에는 나도 대단히 감사하고 있다.

맞히기에만 급급한 역자는 자기 판단에 자기가 취해 버려서 가장 중요한 '운명의 선도'에 대해서는 전혀 무관심한 사람이 많고, 손님에게 평범한 시민으로서의 마음가짐을 말하지 않고 판단을 끝내 버린다. 이러면 현대처럼 과학이 발달한 세상에서 역자라고 하는 직업은 소용없는 것이 되어 버린다.

역자라는 직업은 신비한 것이 아니다. 어떻게 하면 그 사람이 평범한 시민으로서 평온한 생활을 보낼 수 있느냐 하는 것을 지도하는 직업이다. 그러므로 역자의 문을 두드리는 손님 역시도 그 기분이 되어서 역자를 찾을 것이다. 그런 때에는 손님과 역자가 한 마음이 되어야 가장 확실한 '운명의 선도'가 생기고, 손님으로서는 내일부터의 '밝은 인생'이 약속되는 것이다. 인상에서 조금 벗어났지만, 운명학과 개운에 대한 지식을 독자가 가져 주기 바라는 마음에서 설명해 보았다.

사마귀라는 것은, 예를 들면 세계 도처에 있는 무덤과 같은 것으로서, 무덤이 있는 곳은 필시 무슨 재앙이 있었던 곳이다. 때문에 묘를 짓고 그 영혼을 위로하는 것이다. 인간에게 있어서도 사마귀는 무슨 인연이 있는 데서 생기는 것이다.

인상을 연구하는 사람들에게는 다음과 같은 재미 있는 이야기가 있다. 어느 때 미즈노 나보쿠(水野南北)옹의 제자가 선생을 보고서,

"선생의 상을 배견하옵건대 하나도 좋은 상이 없습니다. 선생의 신체는 빈약하고, 용모는 근처에 사는 종 아이 같고, 얼굴은 수척하

고, 귀는 작고, 눈매도 나쁘고, 그 눈이 오목 패었고, 미간[印堂]은 좁고, 아래 눈꺼풀은 언제나 검습니다. 더구나 눈썹은 적고, 발은 작고 구부러져 있습니다. 게다가 손에도 상처가 있고, 어느 것 하나 선생님다운 상이 없습니다. 대체 선생님의 상은 어디에 있는 것입니까?"

제자의 이 거침없는 질문에 대하여 미즈노 나보쿠는 다음과 같이 대답했다.

"그 토지, 그 땅에 따라서 금석 초목(金石草木)도 다 다른 것이다. 그와 같이 나도 가난한 집에 태어나, 성장한 다음에도 매일 가난에 쫓겨서 마침내는 마음이 깨끗한 사람과 사귀지도 못하고, 좋은 일도 못하고, 또 마음이 따뜻해질 고마운 이야기도 못 듣고 지낸 때문에 나의 상은 지극히 하상(下相)이다. 그러나 이러한 것은 미즈노 개인의 일이고 어찌 내 마음까지 이 모양과 같다고 할 수 있으랴? 대저 내가 태어난 것은 혼돈한 하나의 기(氣) 속에서이고, 그때문에 나의 마음은 넓은 세계 어디에나 있는 셈이다. 그러므로 곤란하다는 것을 모르고 즐겁다는 것도 모른다. 나이를 먹는 것도 죽는 것도 모른다. 그리하여 나로서는 32상 84상을 갖추고 있는 것이다. 상을 판단할 때는 아무 생각도 하지 말고, 터럭만큼도 선입관에 사로잡히지 말고, 자기가 그 사람에게서 받은 인상(印象) 그대로를 판단하지 않으면 안 된다. 가령 형상은 악인 같아도 자기가 선인이라고 생각하였으면 선인의 판단을 하여야 한다."

하고 말했다.

운명에 종사하는 필자 등은 이 말을 좌우명으로 하고 매일을 지내고 있는 것이다. 독자 여러분도 잘 생각하고 연구하기 바란다.

제4장 얼굴색과 길흉(吉凶)

 병이 났을 때나 혹은 기쁜 일이 있을 경우 각각의 특징을 나타내는 빛이 얼굴에서 나온다는 것은 알고 있을 것이다. 병자는 푸른 기가 보이고, 기뻐하는 사람의 경우에는 대단히 밝은 느낌의 색이 나온다.
 이 장에서는 얼굴의 색을 좀더 자세히 보고, 거기에 여러 가지 인상학의 부위를 연결시켜서 판단하고 있다. 특별히 어려운 것은 없으니 잘 읽어 보면 곧 알 수 있을 것이다.

 혈색(血色)에 대하여

 혈색은 세간의 사람들이 매일 입에 담는 말이다. "어! 자네 혈색이 오늘은 참 나쁜데. 엊저녁에 못 잤나?" "오늘은 얼굴이 참 좋군. 마작을 안 하니까 안색(顏色)이 틀리는데." 등등의 이야기를 곧잘 한다.
 즉 여기서 설명하려는 '혈색'도 이것이다. 이 혈색이라는 것이 어느 한정된 부위에 엷게 나타나는지 진하게 나타나는지, 또는 몇 개의 부위에 나오는지를 보통 사람보다 예민한 감각으로 판단하는 것이다.
 그리고 이 혈색에는 여러 가지 색이 있어서, 그 색의 상태도 아주 재미 있는 것을 알 수 있다.

가령 눈초리 부분에 연붉고 깨끗한 색이 있다고 가정하자. 눈초리 부분은 배우자의 일을 나타내므로, "자네는 지금이 가장 좋은 때일세 그려. 결혼식은 언제지?" 하고 상대를 놀려 줄 수도 있다.

또 코의 양쪽에서 입을 둘러싸고 있는 금〔法令〕에 어두운 빛이 있으면, 상대는 현재 자기 직업에 대하여 커다란 문제가 있는 때이므로 위로하고 격려해 주어야 한다.

이와 같이 얼굴에 있는 각 부위와 거기에 나타나는 빛에 의해서 그 사람의 현재의 문제를 잡아 가는 방술이 혈색이라는 말로 표현되어 있는 것이므로, 이 색을 보는 것을 확실히 알아 두면 자기 자신의 재앙도 복으로 바꿀 수 있다.

그러므로 당신이 이 방술을 마스터하면 당신은 매일의 생활에서 가장 탁월한 지도자가 될 수 있다.

그만큼 인생을 잘 보기 위하여 필요한 방술이므로 정독할 필요가 있다.

색(色)에 대하여

얼굴에 나오는 색은 크게 나누어서 몽색(蒙色), 암색(暗色), 흑색(黑色), 적색(赤色), 황미색(黃美色)의 다섯 가지이다. 이것을 세분해서 나누었을 경우에는 청, 황, 적, 백, 흑, 미, 자, 홍(靑黃赤白黑美紫紅)의 여덟 가지 색이 된다.

그러나 얼굴에 나오는 색은 앞에서 말한 다섯 가지 색뿐이다. 이 다섯 가지에 대하여 자세히 설명해 보겠다.

청백자(靑白紫)의 삼 색이 섞여서 나타나는 때는 이것을 한마디로 몽색(蒙色)이라 하는데, 마치 연필 깎은 가루를 손가락 끝으로 문질러 엷어진 빛과 같다. 그래서 이 빛을 걱정, 놀랄 일 혹은 고생이란 판단을 하는 것이다.

　암색(暗色)은 몽색을 조금 진하게 한 빛인데 몽색과 같이 본다. 적색(赤色)은 윤기가 없을 경우만 판단하고 재앙이 있을 상으로 보며, 흑색은 암색의 진한 것이고 사람과의 이별이라든가 주택, 사업 등의 파괴를 의미한다.

　황미색(黃美色)과 황윤색(黃潤色)은 연분홍 가운데 노랑을 가지고 혹은 황색 위에 엷은 광택을 가진 빛을 말하고, 아무튼 기분을 나타내며 좋은 일이 닥칠 것을 의미하고 있다.

　청백색(靑白色 : 박청색(薄靑色))이고 광택이 없을 때는 걱정이나 고생, 놀랄 일이 생기고, 이것이 반대로 광택이 있을 때는 기분좋은 일이 있다고 본다. 자색(紫色)은 광택이 있어도 걱정이라고 본다.

　흑색으로 광택이 없을 때는 큰 실패나 이별, 또는 재난을 의미하고, 광택이 있을 때는 걱정이나 고생이 있을 상으로 본다.

　적색으로 광택이 있으면 연분홍이 되어 기쁜 일이 있고, 광택이 없는 적색은 재난을 당할 수이다.

　황홍 미색(黃紅美色)이라도 광택이 없으면 기쁜 일이라고 보지 않고 고생이나 걱정이라고 보며, 광택이 있으면 크게 기쁜 일이 있을 것을 암시하고 있다.

　혈색에는 광택이 있는 것이 얼마나 중요한가를 설명하였다. 자기가 본 빛이 광택이 있으면 본 대로의 빛이고, 광택이 없으면 의미가 바뀐다는 것을 필히 기억해야 한다. 나중에 부위와 혈색에 대하여 설명할 때에도 되풀이하여 언급하겠다.

필요한 얼굴의 부위

　① 천중(天中) ② 천양(天陽) ③ 고광(高廣) ④ 변지(邊地) ⑤ 주골

제4장 얼굴색과 그 길흉(吉凶) 107

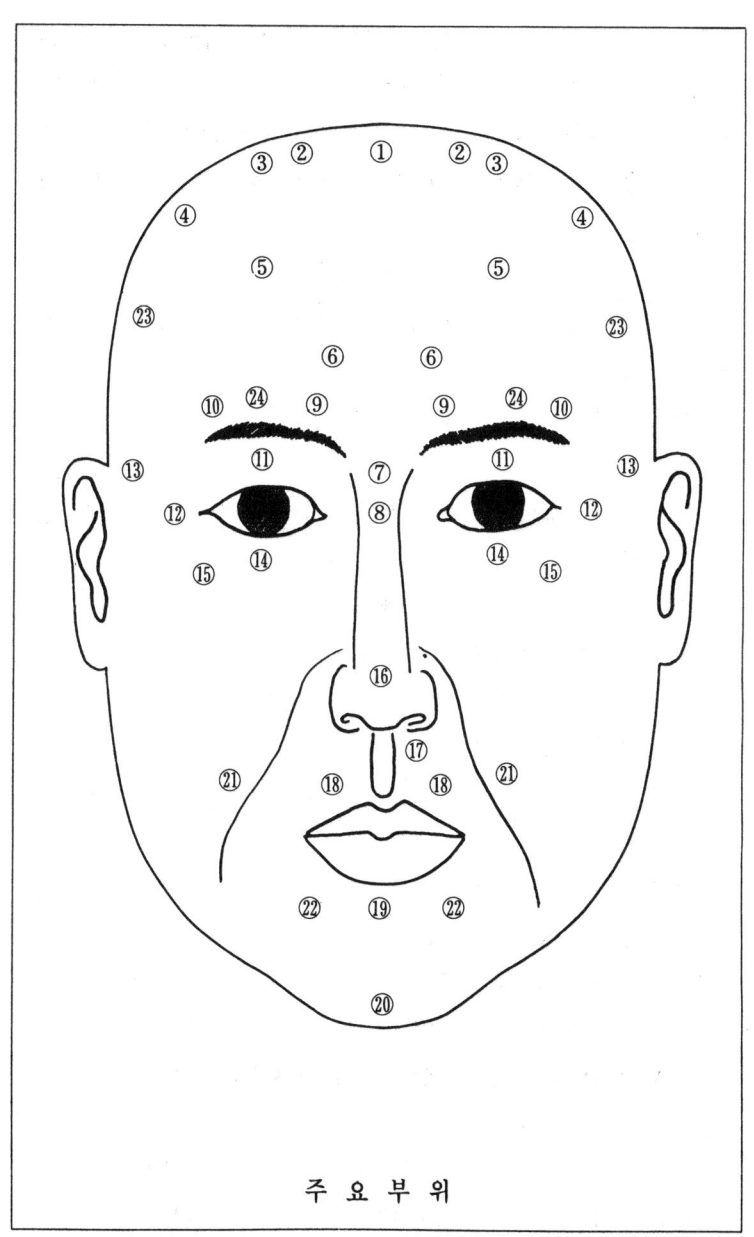

주 요 부 위

(主骨) ⑥ 일각 월각(日角月角) ⑦ 인당(印堂) ⑧ 산근(山根) ⑨ 교우(交友) ⑩ 복당(福堂) ⑪ 전택(田宅) ⑫ 처첩(妻妾) ⑬ 간문(奸門) ⑭ 남녀(男女) ⑮ 관골(顴骨) ⑯ 토성(土星) ⑰ 인중(人中) ⑱ 식록(食祿) ⑲ 승장(承漿) ⑳ 지각(地閣) ㉑ 법령(法令) ㉒ 노복(奴僕) ㉓ 산림(山林) ㉔ 형제(兄弟:눈썹)

이들 부위로는 다음 사항을 본다. 개별적으로 써보면,

천중·천양·고광의 부위에서는 자기가 전혀 모르는 일에 대한 길흉을 판단한다.

주골의 부위에서는 자기의 주인이나 윗사람의 일에 대하여 판단한다.

일각 월각의 부위에서는 자기의 주인이나 윗사람에 대하여 주골과 같은 판단을 한다.

형제의 부위는 형제 친척의 일을 판단한다.

교우의 부위는 교우에 대한 길흉을 판단한다.

산림의 부위는 선조의 일이나 실제의 산림에 대하여 판단한다.

복당의 부위는 재산에 대하여 본다.

변지의 부위는 여행 혹은 먼 곳과의 거래 관계의 길흉에 대하여 판단한다.

토성 부위에서는 자기의 신분에 대하여 판단한다.

산근의 부위는 병의 유무, 또는 가정의 일에 대하여 판단한다.

처첩의 부위는 배우자 혹은 여성의 일에 대하여 판단한다.

남녀의 부위는 자식이나 아랫사람에 대하여 판단한다.

관골의 부위는 세상이나 타인의 일에 대하여 판단한다.

간문의 부위는 아내 이외의 여자에 대하여 판단한다.

식록의 부위는 현재의 생활 상태에 대한 길흉을 판단한다.

법령의 부위는 현재의 직업에 대한 길흉을 판단한다.

승장의 부위는 약을 잘못 쓴 것이나 식중독에 대하여 판단한다.

지각의 부위는 주택에 대하여 판단한다.

노복의 부위는 사람의 일에 대하여 판단한다.

혈색과 부위 보는 법과 예

이마 전체에 먼동이 틀 때와 같은 윤기가 있고, 이마 중앙〔官祿〕에서 눈썹과 눈썹 사이〔印堂〕에 엷은 빨강을 포함한 윤기 있는 황윤색(黃潤色)이 나와 있을 때는, 고용인이면 지위가 반드시 높아질 것이고 사업가면 좋은 거래선을 얻을 수이다.〔그림 94〕

얼굴 전체에 나타난 먼동이 틀 때와 같은 색이란, 상대의 얼굴을 보았을 때에 처음에는 흐린 것처럼 보여서 깜짝 놀라 자세히 보고 있는 동안에 아침 해가 솟아오르는 듯이 힘차게 보이는 윤기(潤氣)를 가진 색을 말한다.

또 이 빛은 지위의 승진이 확실해진(사령을 받는 등) 경우에는 윤기를 가진 명백한 빛이 되고, 이것은 누구의 눈에도 좋은 빛으로 보인다.

또 이 빛〔血色〕이 얼굴 전체에 확실히 나타나 있고 입 주위를 황색이 둘러싸고 있을 때는, 근로자는 승진이 약속되어 있고, 실업자는 직업을 얻을 수 있고, 장사는 좋은 손님의 혜택을 받을 것이다.

입 주위에 나온 황색도 승진 발령이 있다거나, 취직이 결정되거나, 거래 계약이 맺어졌거나 하기까지는 황색이 흐린 빛인데, 그것이 모두 명백한 형태로 결정되면 이 황색에 윤기가 나온다. 그러므로 황색이 윤기(광택)를 가질 때는 모든 것이 결정된 것을 의미한다. 이마의 위쪽〔天陽〕에서 이마의 중앙〔官祿〕에 윤기 있는 황색이 나오고, 덧붙여서 황색의 빛이 입 주위를 둘러싸면 가까운 시일내에 반드시 수입이 오

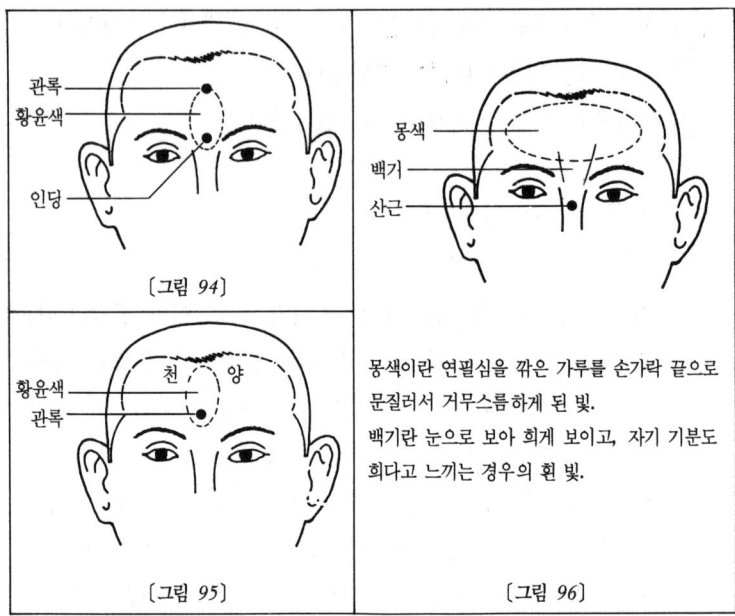

른다. 이것이 나타나면 장사꾼은 가까운 시일 내에 이익을 볼 수 있다.〔그림 95〕

　또 이마의 색이 밝은 색이고, 입 주위를 황색의 흐린 빛이 둘러싸고 있을 때는 이제부터 좋은 일이 있을 암시로서, 이 입 주위의 황색이 윤기를 띠게 되면 사물이 결정된 것을 의미한다.

　이마의 머리가 난 끝〔天陽〕에서 이마의 중앙〔官祿〕에 깨끗한(밝은) 빛이 나와 있을 때는 반드시 자기의 상관으로부터 자기만이 발탁될 것이고, 이것은 자기로서는 대단히 기쁜 일을 의미한다. 이 색이 실업자에게 나올 때는 옛 직장으로 복귀할 수가 있다.

　이마 전체에 연필 가루를 손 끝으로 문지른 빛〔蒙色〕이 나와 있고, 눈과 눈 사이[山根]부터 허옇게 보이는 색(白氣 : 이것은 자기의 눈에 희게 보이고, 자기 기분으로도 흰 것으로 느꼈을 경우를 말한다.)이 이마에 올라가 있을 때는 반드시 윗사람에게 진언(進言)할 생각이 있는 상이

다.〔그림 96〕

　이마의 상부〔天陽, 主骨〕에 몽색이 심하게 나타나 있을 때는 자기의 의견을 윗사람이 들어주지 않는 경우이다.

　그러나 이마의 털이 난 끝〔天陽〕 부분에 다소라도 광택이 있을 경우에는 상대방이 자기 의견을 들어줄 상이다.〔그림 97〕

　이 경우에도 그 시기는 빠른 편이 좋은 것이다. 또 전기한 바와 같이 자기가 진언한 의견을 상대가 들어주지 않는 상이 있고, 그 위에 자기의 윗입술의 상부〔食祿〕부터 법령(法令)의 바깥까지 검은 기가 보일 때는 반드시 윗사람에게 진언하고 그 직장을 떠날 상이다.〔그림 98〕

　천양(天陽)에서 푸른 기(눈으로 보아 엷게 검푸르며, 자기 기분도 같이 느낄 수 있는 빛이 이마의 중앙〔官祿〕에서 나오고, 그 위에 관골(顴骨)에 암기(暗氣 : 몽색을 좀더 검게 하고 황색보다는 엷은 빛)가 느껴지는 일이 있다.〔그림 99〕 이러한 상은 반드시 상사에게서 심한 주의를 받을 경우이고, 또 천양과 관골에 흐린 빛이 감돌 때도 상사로부터 주의를 받을 것이다. 또 푸른 기란 몽색과 비슷한 것이다.

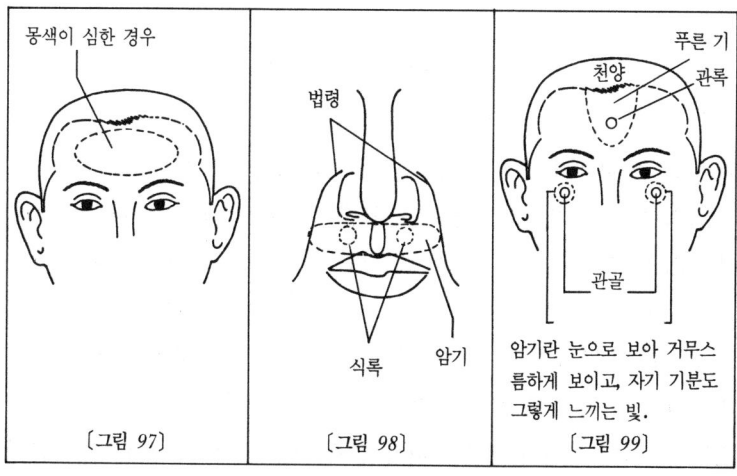

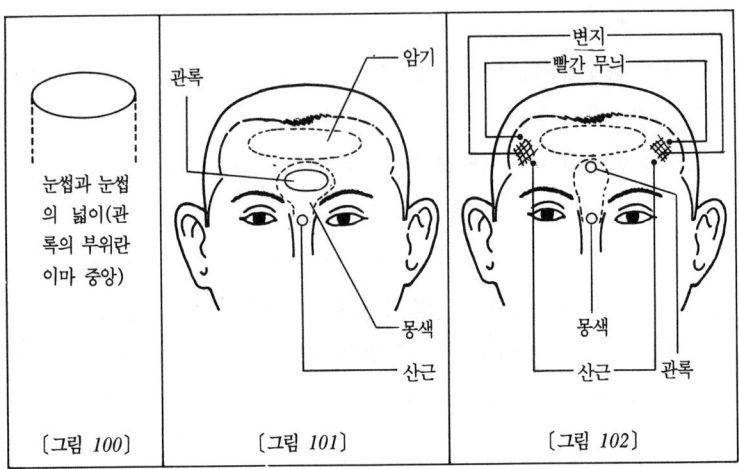

[그림 100] [그림 101] [그림 102]

눈과 눈 사이[山根]에서 몽색이 올라와 관록의 부위를 둘러싸고 있을 때는 상사의 곤경을 구제할 상이다.[그림 101]

또 산근에서 올라온 몽색은 관록의 좌우로 흩어져 있는 것처럼 보이면서 관록의 부분을 에워싸고 있다.

이 상이 있는 사람은 대단히 예민하게 보여서 살벌(殺伐)한 기운조차 느껴진다. 그 위의 천양과 주골 부근에는 암기(暗氣)가 있는 것이다.

산근에서 암기가 관록 부위에 올라 이마의 양단[邊地, 山林]에 빨간 기운이 도는 잔금(빨간 무늬)이 겹쳐서 나타난 상은, 상사의 곤경을 구원해 준 것 때문에 자기 자신이 곤경에 빠지는 것이다.

이 상을 좀더 자세히 설명하면, 얼굴 전체가 어둡게 흐려서 눈은 예민하고, 빨간 무늬가 겹쳐져서 비틀린 것같이 산림·변지에 많이 나오고, 그 위의 천양 부근에는 사기가 나와 있다.[그림 102]

이 상은 전장 같은 곳에 갈 경우가 아니면 볼 수 없으나 얼굴 일면에 암몽색(暗蒙色 : 어두운 것 같으면서 그 위에 푸르게 보이는 색)이 나오고, 또 이마 전체에 빨간 무늬가 겹쳐 비틀린 것처럼 나타나고, 눈이

제4장 얼굴색과 그 길흉(吉凶) 113

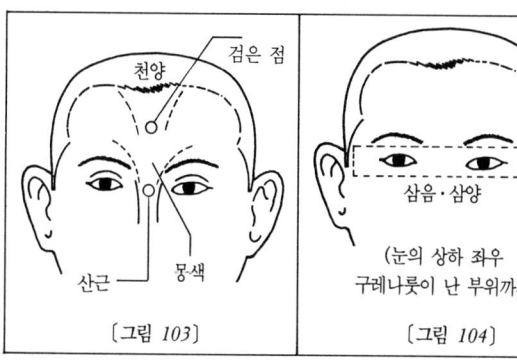

이상하게 예민하고 노한 것 같은 얼굴의 사람은 반드시 전사할 상이다.

또 얼굴 전체에 사몽색이 나타나고, 천양에서 관록에 걸쳐 검은 기(거무죽죽한 빛, 이 빛은 확실히 보인다.)가 내려와 있고, 산근부터 관록에 몽기(蒙氣 : 흐린 빛, 몽색)가 올라와 그 위에 삼음 삼양(三陰三陽 : 눈의 상하 좌우 머리칼이 난 끝까지를 말한다.)에 검은 기가 나와 있는 상도 전사할 상이다.〔그림 103, 104〕

코에 암색(暗色 : 몽색보다 조금 어두운 색)이 나와서 턱 전체〔下停〕와 변지(邊地)에 흙빛이 나타나고, 인당부터 변지에 걸쳐서 암색이 띠 모양으로 달린 상은 반드시 가까운 시일 안에 객사할 상이다.〔그림 105〕

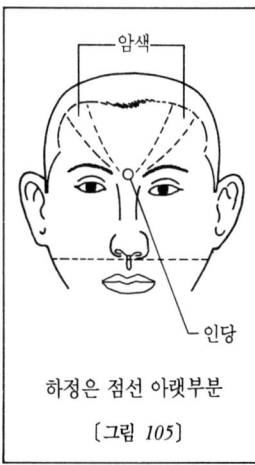

이 경우는 코 전체에 암색이 나타나고, 하정 전체에 흙빛이 나오며, 더구나 입 주위의 흙빛은 강하고 변지에도 강한 흙빛이 나와 있다.

그 위에 얼굴 전체에도 어두운 빛으로 쓸쓸함을 내포하고 있어, 각 부위에 나온 흙빛은 빗자루로 쓸었을 때의 흙빛과 같은 혈색을 나타내고 있다.

관록에서 산근까지 사이에 미색(美色 : 연

분홍 광채가 나는 빛)이 나타난 사람은 반드시 음덕(陰德)을 쌓은 사람이다. 가령 음덕이 아니더라도 다른 사람의 목숨을 살려 줄 경우 등(물에 빠진 사람을 구했다든지 차에 치일 뻔한 사람을 도와준 일 등)에는 곧 이 혈색이 나온다.〔그림 106〕

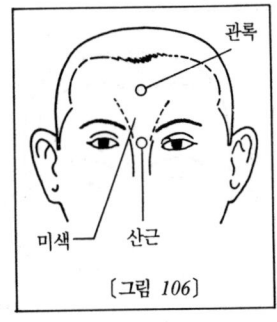
〔그림 106〕

또 이 몽색이 나온 사람은 다른 어떤 나쁜 혈색이 나와 있어도 그 나쁜 혈색으론 판단을 하지 않는다. 그러나 이 혈색을 아는 사람은 거의 없어서, 이 때문에 음덕이라고 하는, 필자와 같이 사람의 운명을 판단하는 사람으로서는 가장 두려운 적이라고 볼 수 있다.

음덕이란 것이 인생에 얼마나 플러스가 되느냐 하는 것은 음덕을 베푼 사람만이 아는 것으로서, 현재와 같이 자기만의 생활에 열중해 있는 사람들에게는 꿈에도 찾아 볼 수 없는 일이다.

부위와 혈색의 의의

혈색에는 윤기가 있는 것과 윤기가 없는 것이 있다.

윤기가 있는 혈색은 보고 있는 동안에 해가 떠오르는 것처럼 자연히 힘을 가지고 있다.

윤기가 없는 혈색은 해가 서산에 지는 것처럼 자연 쓸쓸하게 보이고 그 위에 탁한 느낌까지 든다.

그러므로 혈색은 눈으로 본 대로 마음에 느껴지는 경우에만 판단하는 것으로, 눈에는 혈색같이 보여도 자기 마음에 망설여지는 때는 판단하지 않는다.

얼굴 30부위의 길흉

얼굴의 부위는 제3장을 참조하여 읽어 주기 바란다. 자세한 것은 뒤에 기술한다.

⑴천중(天中)·천양(天陽)·고광(高廣)의 부위에서는 자기가 생각지도 않던 일을 판단한다. 이 부분이 좋은 혈색이면 뜻밖의 좋은 일이 생기고, 여기에 나쁜 혈색이 나오면 생각지도 않던 나쁜 일이 닥친다.

⑵주골(主骨) 부위에서는 자기의 주인이나 친한 윗사람에 대하여 판단한다. 그러므로 주골에 좋은 빛이 있을 때는 자기 주인이나 윗사람에게 좋은 일이 생길 경우와, 주인이나 윗사람으로부터 자기에게 좋은 일이 돌아올 경우가 있다.

그러나 주골에 나쁜 빛이 있을 때는 주인이나 윗사람에게 흉사(凶事)가 있을 것을 나타내는 것이며, 또 주인이나 윗사람에게서 나쁜 일이 자기에게 돌아올 것을 나타내는 것이다.

⑶일각 월각(日角月角)에서는 양친이나 윗사람에 대하여 판단한다. 그러므로 일월(日月)에 좋은 빛이 나와 있을 때는 양친이나 윗사람에게 좋은 일이 있을 경우와, 자기가 의지할 수 있는 양친이나 윗사람이 있다는 것을 나타내고 있다.

일월에 나쁜 빛이 나와 있을 때는 부모나 윗사람에게 나쁜 일이 일어나든가 혹은 부모나 윗사람에 관하여 나쁜 일이 자기에게 생기든가 하는 것을 나타낸다.

⑷형제의 부위에서는 친척의 일을 판단하는데, 여기에 나쁜 빛이 나와 있을 때는 친척에게 나쁜 일이 생기거나 자기에게 친척이 나쁜 문제를 가져올 상이다.

이와는 반대로 형제 부위에 좋은 빛이 나와 있을 때는 친척에게 경사가 있을 경우나 혹은 자기가 친척에게서 원조를 받아서, 그 때문에 커다란 이익을 얻을 상이다.

(5)교우(交友) 부위에서는 친구에 대하여 판단한다. 그러므로 좋은 빛이 나타나 있을 때는 현재 친구에게 좋은 일이 있는 경우이거나, 또는 친구가 자기에게 좋은 일을 가져올 상이다.

그러나 나쁜 빛이 나와 있으면 현재 친구에게 어려운 문제가 있다는 암시와, 친구가 자기에게 나쁜 일을 가져올 상이다.

(6)산림(山林) 부위에서는 선조로부터 물려받은 재산에 대하여 좋고 나쁜 것을 판단한다. 즉 좋은 빛이 나와 있을 때는 선조에게서 물려받은 재산이 현재까지 불어난 상이고, 이 부위에 나쁜 빛을 하고 있으면 이제까지의 그 재산이 줄어든 상이라고 볼 수 있다.

(7)복당(福堂) 부위에서는 돈에 대하여 판단한다. 그러므로 복당에 좋은 빛이 나와 있을 때는 금전상의 커다란 기쁨이 있고, 이것은 돈이 들어올 것을 나타내는 상이다. 이와는 반대로 복당에 나쁜 빛이 나와 있을 때는 돈에 대하여 커다란 고생이 있을 경우나 혹은 막대한 금전적 손실이 있을 것을 의미한다.

(8)변지(邊地) 부위에서는 여행에 대하여 좋고 나쁜 것과 먼 거래 관계에 대하여 판단하는 것으로, 이 부위에 좋은 빛이 나와 있으면 여행중에 의외의 좋은 일이 생기거나 먼 거래에 대하여도 반드시 이익이 있을 상이다.

이와는 반대로 나쁜 빛이 변지에 나와 있을 때는 여행 같은 것을 하면 반드시 좋지 않는 결과가 나타나고 혹은 먼 곳과 거래를 할 경우에는 반드시 그 일은 실패하고 큰 손실을 받는다.

(9)토성(土星) 부위에서는 자기 자신의 일을 판단한다. 여기에 나쁜 색이 나와 있을 때는 자기 일신상의 일로 큰 고생이 있고, 그 때문에 마음의 안정이 안 된다.

좋은 빛이 나와 있으면 반드시 신분상에 좋은 변화가 나타나서, 그 때문에 이익이 생긴다.

⑽산근(山根) 부위는 병이나 가정내의 일에 대하여 판단하는 것으로서, 좋은 빛이 나타날 때는 오랫동안 누워 있던 중환자라도 완쾌될 상이고, 건강한 사람이면 가정내에 기쁜 일이 생긴다.

그러나 산근에 나쁜 빛이 나올 때는 병자라면 병이 오래 끌고, 건강한 사람이면 아내나 가정 안의 여자 일로 큰 고생이 있을 것이다.

⑾남녀 부위에서는 자손운과 손아래의 일에 대하여 판단한다. 즉 좋은 빛이 생길 때는 자손의 일로 즐거움이 있거나 손아래의 일로 좋은 일이 있는 상이다. 이것이 나쁜 색이면 자손이나 손아래의 일로 커다란 괴로움을 당할 상이다.

⑿관골(顴骨) 부위는 사회에 관한 일과 타인의 일에 대하여 그것이 자기에게 어떻게 관계하는가를 판단한다.

관골에 좋은 빛이 나올 때는 사회에서 자기에 대한 평판도 좋고, 그 때문에 자연 인기가 있어 이익을 얻을 상이고, 나쁜 빛이 나올 경우에는 사회와 자기와의 조화가 나빠서, 그 때문에 아무래도 좋지 않은 결과가 생긴다.

⒀간문(奸門) 부위에서는 아내 이외의 다른 여자에 대하여 판단한다.

여기에 좋은 빛이 나와 있을 때는 다른 여자에 관하여 좋은 일이 있을 상이다. 이것은 앞에서도 말한 바와 같이 대체로 딴 여자가 생겼을 경우에 나오는 상이다.

이와는 반대로 간문에 나쁜 빛이 나오면 불륜의 여자 일로 자기 자신이 대단히 곤경에 빠진다. 그러므로 불륜의 여자가 생긴 다음에는 세심히 주의하지 않으면 커다란 후회를 남긴다.

⒁식록(食祿) 부위에서는 현재의 어버이의 뒤를 잇는 것이 좋으냐 나쁘냐에 대하여 판단한다. 여기에 좋은 빛이 나와 있을 때는 무사히

상속될 상이고, 어버이의 재산도 많은 것을 의미한다.

(15)법령(法令) 부위에는 현재의 직업 상태의 길흉이 나타난다. 이 부위가 좋은 색인 경우에는 직업상의 경사가 있을 상이고, 자기 사업을 하는 사람이면 그 사업이 대단히 순조롭게 운영되고 있는 것을 나타내는 것이다.

그러나 나쁜 빛이 법령에 나올 때는 현재의 직업에 대하여 고민이 있는 것을 나타내며 실업을 의미하는 상으로서, 사업을 하는 사람이면 사업이 순조롭지 못하다는 것을 판단할 수 있다.

(16)승장(承漿) 부위에서는 병자라면 약을 잘못 쓴 것에 대하여, 건강한 사람이면 식중독에 대하여 판단한다. 승장에 나쁜 빛이 나와 있는 경우 그 사람이 병자인 경우에는 약을 잘못 쓴 것을 의미하고, 건강한 사람이면 식중독에 걸린 상이다. 여기에 좋은 빛이 있으면 지금까지 식사를 하지 않던 병자는 반드시 식사를 하게 되고, 건강한 사람이면 대단히 진귀한 것을 먹을 상이다.

(17)지각(地閣) 부위에서는 주택에 대하여 판단한다. 지각에 좋은 빛이 나타날 때는 집안에 기쁜 일이 생기고, 가정내에 경사가 있을 상이다.

그러나 여기에 나쁜 빛이 나올 때는 집 문제로 고생할 것을 암시하며, 가정 안에 정말 괴로운 문제가 일어날 것을 암시하는 것이다.

(18)노복(奴僕) 부위에서는 자기의 부하운이나 손아래의 일을 판단한다. 그러므로 노복에 좋은 빛이 나타날 때는 자기 부하나 손아래의 일로 큰 경사가 있을 상이고 혹은 좋은 부하의 혜택 때문에 이익을 얻을 것을 의미한다.

그러나 노복 부위에 나쁜 색이 나올 때는 부하라든가 손아랫사람들에 대하여 커다란 고민이 생기든가, 또는 자기에게 참다운 심복 부하가 없다는 것을 나타내는 상이다.

⒆인당(印堂) 부위에서는 자기의 희망이 관철되는가 안 되는가를 판단한다. 인당에 나쁜 빛이 나와 있을 때는 자기의 희망이 관철되지 못하는 것을 보여 주는 상이다.

반대로 인당에 좋은 빛이 나타날 때는 자기의 희망이 성취될 것을 보여 주는 상이나, 이 경우에도 참으로 좋은 빛만이고 조금이라도 나쁜 빛이 섞여 있지 않은가를 확인하는 것이 중요하다.

⒇어미(魚尾 : 눈꼬리)와 전택(田宅 : 눈썹과 눈 사이)은 현재 운세의 강약을 판단한다. 그러므로 이 두 부위의 색이 좋으면 현재 운기가 강한 때이고, 어떤 일도 순조롭게 운영되는 것을 보여 주는 것이다.

그러나 어미와 전택의 부위에 나쁜 빛이 나타나 있을 때는 현재 운기가 나쁜 때로서, 그 때문에 아무 일도 순조롭지 못할 상이다.

㉑우신 좌신(右身左身 : 盜賊)의 부위에서는 도난의 일과 분실물에 대하여 판단한다. 이 부위에 빛이 나올 때는 도적을 맞거나 혹은 물건을 분실하든가 할 것이므로 주의해야 한다.

이 우신 좌신에 좋은 빛이 나오면 도난당했거나 잃어버린 물건도 다시 자기에게로 되돌아올 상이다.

㉒남녀의 부위에 나쁜 색이 나올 때는 자기의 자녀나 아랫사람과 이별할 수이다. 그렇지만 언제나 남녀 부위가 검은 사람이 있으므로 이런 사람을 말하는 것이 아니라, 보통 색의 한가운데에 검은 빛이 떠 있는 경우에 위와 같은 판단을 한다.

㉓관골(顴骨)에 윤기가 없는 빨간 기가 있는 사람은 사회나 타인으로부터 재해를 받는다고 하는데, 이 경우도 원래 관골이 빨간 사람이 많으므로 다음의 경우에 한해서 판단하는 것이다.

관골에 빠끔하게 바늘로 찌른 것 같은 빨간 점이 나오는데, 이 빨간 점으로 판단한다.

그러나 이 같은 빨간 점이 많을 경우에는 판단하지 않는다. 또 이런 빨간빛은 여드름이나 부스럼은 아니다.

(24) 간문(奸門)에 윤기가 없는 빨간빛이 나올 때는 불륜의 여자 일로 자기에게 재앙이 있을 상이다. 이 경우도 간문이 언제나 빨간 사람이 있는데, 이런 것을 말하는 것이 아니라 간문 부위에 달라붙은 것같이 적흑색(赤黑色)이 나온 경우를 말한다.

(25) 승장 부위에 윤기가 없는 빨강이 나올 때는 식중독이나 약을 잘 못 쓴 것으로 판단하는데, 이 경우에도 비장(脾臟)에 열이 있으면 승장 부위가 빨개진다. 그러므로 이와 같이 보지 않도록 주의해서 판단해야 한다.

(26) 처첩 부위에 나쁜 빛이 나타날 때는 여자에 대한 고통이 있다고 판단하는데, 이 경우도 결혼하고서 오랜 세월을 함께 지낸 부부라면 자연 처첩 부위가 나빠지는 사람도 있다. 이 점도 주의할 필요가 있다.

(27) 신광(神光) 부위에 좋은 빛이 나와 있는 사람은 마음이 강한 사람이라고 판단하는데, 이 경우에 이마 좌우에 검은 빛이 나와 있을 것이다. 신심(信心) 깊은 사람은 이 검은 빛 속에 자연히 좋은 빛이 나와 있다.

(28) 역마(驛馬) 부위에 검은 색이 있는 사람은 가정에 대한 문제가 많은 상인데, 이 부위가 언제나 적흑색(赤黑色)인 사람도 있다. 그러므로 이것은 말하지 말아야 하는데, 흐린 것같이 보이며 잘 보면 없어지는 것이다.

그러나 이 색도 두서너 자 떨어져서 보면 잘 보인다.

(29) 간문 부위에 좋은 색이 나타나 있는 사람은 불륜의 여자 일로 기쁨이 있다고 하는데, 대체로 색정(色情)의 일은 화려한 것이고 즐거운 것이다. 그러므로 그늘에 여자가 생기는 것은 하나의 색난(色難)이지만, 자연 윤기가 있고 깨끗한 색이 나오는 것이다. 이에 대한 판단은

역자의 인격이 좌우하는 것이다.

⑶ 토성 부위에 윤기가 없는 빨간빛이 나온 사람은 자기 신분상의 문제로 재난이 생길 상이다. 그러나 언제든지 코 끝이 빨간 사람도 많이 있으므로, 그럼 사람들은 판단하지 말고 다음과 같은 경우에만 판단한다.

토성에 나온 윤기가 없는 빨강을 판단하자면 빨간점이나 여드름 자국을 보는 것이 아닌, 토성에 있는 좁쌀알이나 보리알 만한 크기의 빨강을 보는 것이다.

이것도 많이 있을 경우에는 판단하지 않는다. 다만 하나만 나와 있을 때에 한하여 전기한 바와 같이 판단한다.

⑶ 혈색은 전부 간장·심장·비장·폐장·신장의 오장에 관계가 있고, 이것은 한방 의학과도 커다란 관계가 있다.

앞에서 색의 좋고 나쁜 것을 대강 설명했는데, 조금 중복될는지 모르지만 이번에는 각 부위에 나타나는 혈색에 대하여 전항보다 좀더 자세히 설명하려 한다.

각 부위의 혈색 보는 법

천중(天中)·천양(天陽)·고광(高廣)

천중·천양·고광 부위에 평상시엔 볼 수 없는 빛이 나오면 그 사람은 생각지도 않은 일이 일어난다. 그러므로 이 부분에서 판단할 때는 그 사람이 조금도 모르는 사실을 판단하게 된다.〔그림 107〕

천중·천양·고광(이마의 머리털이 난 끝)에 청백자(靑白紫:몽색)의 3색이 섞여서 나타난 경우에는 조금도 생각한 바 없는 걱정거리나 대단히 고통스런 일이 생긴다.〔그림 107〕그러므로 충분한 대책을 세울 필요가 있다.

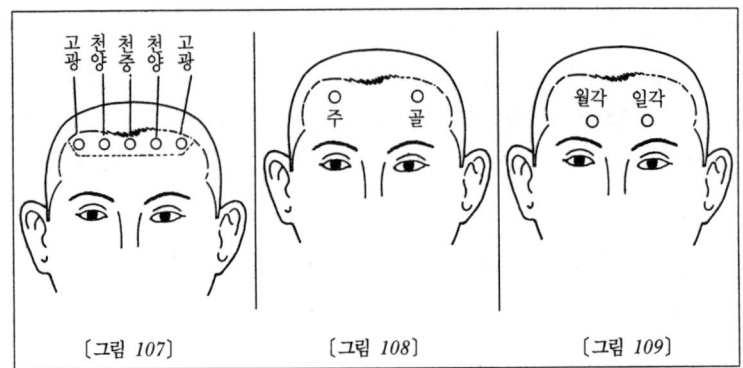

〔그림 107〕 〔그림 108〕 〔그림 109〕

이 부분에 탁한 빨간빛이 나올 때는 전혀 예기치 못한 재앙이 일어난다. 또 이 부분에 검은 색(몽색이 심히 탁한 빛)이 나온 경우에는 뜻밖의 손실이나 실패가 일어난다.

윤기 있는 깨끗한 빛(黃潤色, 紅美色)이 나올 때는 자신이 미처 예기치 못한 경사가 생긴다.

주골(主骨)

주골 부위에서는 자기 주인이나 윗사람의 일에 대하여 판단한다. 그러므로 주골에 몽색(청·백·자의 3색)이 나올 때는 주인이나 윗사람에 대한 근심사나 고통이 생겨난다.

또 윤기 없는 빨간빛이 나올 때는 자기의 주인이나 윗사람에게 고통이 생기거나 혹은 주인이나 윗사람으로부터 자기에게 재난이 돌아올 것이다.〔그림 108〕

주골에 검은 빛이 생겼을 때는 자기와 현재의 주인이나 윗사람과의 이별이나 혹은 주인이나 윗사람에게 손실이 있을 상이다.

다음에 주골에 황윤색(黃潤色, 紅美色)이 나올 때는 자기 주인이나 윗사람에게 길사가 있는 경우라든가 혹은 윗사람으로부터 기쁜 일을 받을 상이다.

일각 월각(日角月角)

일각 월각 부위에서는 자기의 양친이나 자기가 친하게 지내는 윗사람에 대해 판단한다. 그러므로 이 부위에 몽색이 나올 때는 양친이나 윗사람에게 걱정거리가 있는 경우라든가 혹은 양친이나 손윗사람의 일로 고생이 많을 때이다.[그림 109]

또 일월[日角月角]에 윤기가 없는 빨간빛이 나올 때는 어버이나 손위에 대해서 재난이 일어날 경우거나 혹은 윗사람으로부터 자기에게 재난이 올 상이다.

일월에 흑빛이 나올 때는 양친이나 윗사람과 이별을 하거나 혹은 윗사람에게 실패가 있거나 사업 관계로 손실이 있을 때이다.

일월에 황미색(黃美色)이 나올 때는 윗사람에게 경사가 있거나 윗사람으로부터 자기에게 좋은 일이 있을 경우를 보여 주는 상이다.

형제(兄弟)

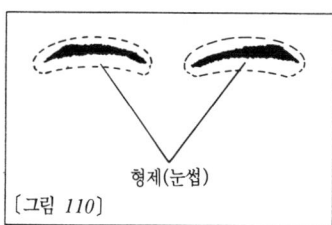
[그림 110]

형제(눈썹)의 부위에서는 친족의 일에 대하여 그 좋고 나쁜 것을 판단하는 것이다. 그러므로 형제에 몽색이 나올 때는 친족에 대한 걱정거리나 고생이 있다.[그림 110]

또 형제에 윤기가 없는 빨간빛이 나올 때는 친척에 관하여 재난이 일어났을 경우거나 혹은 친척의 나쁜 일이 자기에게까지 영향이 있을 것을 보이고 있다.

형제에 흑색(黑色)이 나올 때는 자기와 친척간의 교제가 끊어지거나 혹은 친척의 신상에 사업상 실패가 있거나 손실이 있을 경우이다.

그러나 형제에 황미색이 나올 때는 친척의 일로 기쁜 소식이 있든가 혹은 대단히 좋은 친척이 있어서, 그 때문에 자기가 이익을 얻을 경우를 암시하는 상이다.

교우(交友)

교우(눈썹의 윗부분) 부위에서는 친구와 자기와의 사이에 생기는 일의 길흉에 대해 판단한다.〔그림 111〕

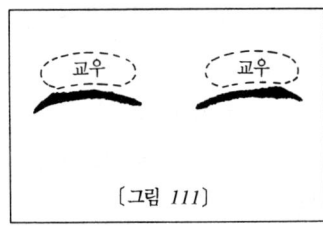

〔그림 111〕

그러므로 교우 부분에 몽색이 나올 때는 친한 친구에 대하여 걱정거리나 고통을 보여 주는 것이고, 여기에 윤기가 없는 빨간빛이 나올 경우에는 자기와 친한 친구의 일로 재난이 있다거나, 친한 친구의 재난이 자기에게까지 관계할 것을 보여 주는 것이다.

교우에 검은 빛이 나타날 때는 친한 친구와 절교 상태가 되든가, 또는 친한 친구의 일로 자기가 손실을 받을 상이다.

이 부위에 황미색이 나타날 때는 자기의 친한 친구에게 경사가 있는 경우든가 또는 자기에게 있어서 대단한 힘이 되어 줄 친구를 얻을 상이고, 이 상이 나타나는 사람은 크게 성공할 것이다.

친구라는 존재가 얼마나 소중한 것인지, 옛날 촉나라 유현덕의 예를 들 것까지도 없어 여러분이 충분히 알고 있을 것이다. 오늘의 실업계나 정계는 친구에 의해 좌우된다고 해도 과언이 아니다.

산림(山林)

산림(山林 : 사공에서 손가락 일곱 개를 펼쳐 놓았을 때 일곱째 손가락이 닿는 부분)에서는 어버이의 뒤를 계승하는 것에 대하여 좋고 나쁜 것을 판단한다.〔그림 112〕

그러므로 산림에 몽색이 나타날 때는 어버이의 뒤를 계승하기 어렵고, 상속을 받는 데 걱정이나 고생이 있을 것을 나타내고 있다.

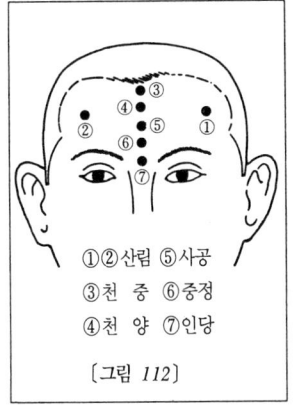

①②산림 ⑤사공
③천 중 ⑥중정
④천 양 ⑦인당
〔그림 112〕

윤기가 없는 빨간빛이 나올 때는 어버이의 뒤를 잇는 데 방해나 문제가 생기거나 한다.

산림에 흑색이 나올 경우에는 자기가 계승하기를 싫어하든가, 어버이에게서 물려받을 재산이 만족한 상태가 아닌 것을 나타내고 있는 것이다.

그러나 산림 부위에 황미색이 있을 때는 상속을 원만히 받을 상이고 혹은 재산이 많아서 자기로서도 대단히 즐거울 것을 나타내고 있다.

복당(福堂)

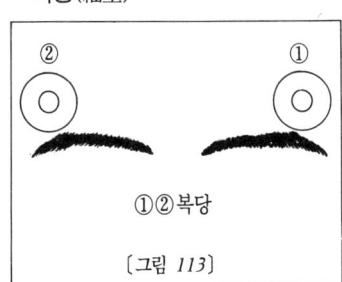

①②복당
〔그림 113〕

복당(눈썹꼬리 위) 부위에서는 현재의 재산 상태를 판단한다.〔그림 113〕

그러므로 복당에 몽색이 나타나 있을 때는 현재 돈에 대해서 고생이 많은 것을 보여 주고 있으며, 복당에 윤기가 없는 빨간빛이 나타나 있을 때는 실비(失費)가 많은 상 혹은 돈에 대하여 재난이 일어날 상이라고 판단한다.

복당에 검정 빛이 나와 있을 때는 크게 손해를 보든가 돈 문제로 크게 실패가 있었던 것을 나타내고 있으며, 복당에 황미색이 나타났을 때는 대단히 큰 돈을 벌거나 돈이 들어온다는 등의 기쁨을 암시하고 있다.

필자가 어떤 손님을 감정하고 있을 때, 이 복당이 깨끗한 상을 볼 수 있었다. 필자는, "당신은 상당히 큰 회사의 사원이고, 곧 상당한 보너스가 나오겠군요. 금액은 한 백만 원쯤 될까요?" 하고 판단했더니 무척이나 놀라는 것이었다.

독자도 자기 얼굴의 각 부위를 확실히 외워 두고, 여러 가지로 변화하는 혈색을 보고 있으면 이제부터 곧 일어날 사건에 대하여 확실한 마음의 준비를 할 수 있다. 그리고 이것이 당신의 인생을 행복하게 해 줄 것이다.

변지(邊地)

변지(관자놀이의 윗부분, 머리털 맨 끝)의 부분에서는 여행의 좋고 나쁜 것과, 먼 거래 관계의 좋고 나쁜 것을 판단한다.〔그림 114〕그러므로 변지 부분에 몽색이 나와 있을 때는 여행 가서 걱정거리가 생기든가, 먼 곳 일로 걱정이 생기든가, 먼 곳과의 거래에서 큰 고통이 수반되는 것을 의미하는 상이다.

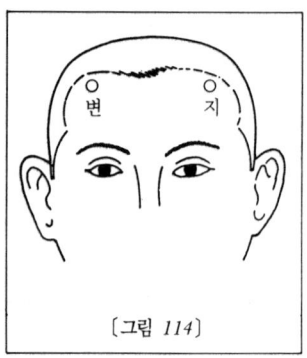

〔그림 114〕

변지에 윤기가 없는 빨간빛이 나타날 때는 여행하거나 먼 곳과의 거래를 하는데 재난이 생긴다는 것을 보인 상이고, 검정빛이 변지에 나왔을 때는 여행이나 먼 곳과의 거래에 의해서 손해가 있을 것을 보여 주는 상이다.

그러나 변지에 황미색이 나타날 때는 여행에 의하여 좋은 일이 생기거나, 먼 곳과의 거래로 좋은 일이 일어날 것을 나타낸 상인 동시에 먼 곳에서 좋은 소식이 올 상이기도 하다.

산근(山根)

산근(눈과 눈 사이)의 부분에서는 병에 걸릴까를 보는 동시에 가정

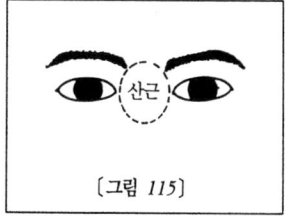
〔그림 115〕

안의 일에 대해서도 판단한다.

그러므로 산근 부분에 몽색이 나타날 때는 자기가 병이 걸리는 경우와 집안에 걱정거리가 생기는 경우의 어느 한쪽을 가리킨 상이다.

윤기 없는 빨간빛이 산근에 나타날 때는 자기가 부상을 당하든가 병에 걸리든가 하는 재앙과, 집안에 싸움이 있어 그 때문에 고민하는 등 나쁜 일이 생길 상이다.〔그림 115〕

산근에 검정빛이 나올 때는 오래 앓던 사람이면 반드시 죽는다. 또 자기가 집을 나갈 경우와 집안이 구순치 못하여 집안이 가닥가닥이 되는 것 등 어느 한쪽을 나타낸 상이다.

그러나 산근 부위에 황미색이 나타날 경우에는 오래 앓던 사람은 반드시 완쾌될 것이고, 집안에 대단히 즐거운 일이 일어날 것을 보이는 상이다.

토성(土星)

토성(코)의 부분은 자기 자신으로서, 그 때문에 이 부위에서는 자기의 신분에 관계되는 것을 판단한다.

그러므로 토성 부분에 몽색이 나올 때는 자기의 지위 문제 등으로 대단히 고통이 많은 것을 나타내고, 그 때문에 아무래도 안정되지 못하는 상태가 나타난다.

토성에 윤기가 없는 빨간빛이 나타날 때는 자기 신분에 관한 나쁜 일이 생길 것을 보이는 상이고, 언제든지 토성에 이러한 상이 나와 있는 사람은 자기 스스로 자기의 발전을 가로막고 있는 상이다.

검정빛이 토성에 나타나 있을 때는 자기 일신상의 일로 파멸에 가까울 만큼의 타격을 받을 상이고, 언제나 토성에 이 같은 상이 있는 사람은 사업을 할 경우에나 다른 일을 했을 경우 큰 손실을 당할 상이다.

그러나 토성에 황미색이 나타날 경우에는 일신상의 일로 크게 기쁨이 있을 때이고, 대단히 안정된, 그리고 즐거운 생활이 약속된 상이다.

처첩(妻妾)

처첩(눈꼬리의 뒷부분) 부위에서는 아내나 아내 이외의 여자 일에 관하여 판단한다.〔그림 116〕

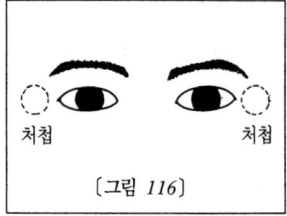
〔그림 116〕

그러므로 처첩 부분에 몽색이 나올 때에는 처라든가 혹은 처 이외의 자기와 관계가 있는 여자 일로 걱정거리가 생기든가, 기타 대단히 고통스러운 일을 보여 주는 상이다.

또 처첩 부위에 윤기가 없는 빨간빛이 나타나면 처나 처 이외의 여자 일로 대단한 재난을 받을 상이고, 처첩 부위에 검은 빛이 나올 때는 처와 이혼하든가, 처 이외의 여자와 헤어질 상이고, 또 여자 때문에 손실을 입을 상이다.

이와 반대로 처첩 부위에 황미색이 나타날 때는 처를 얻을 기쁨(결혼)이 있다든가 처 이외의 여자가 생길 경우, 또는 여자에 관해서 기쁨이 있을 상이다.

이 상도 적령기의 남자를 조금 주의하여 보든가 결혼식장에서 식을 올리는 신랑을 주의하여 보면 알 수 있다. 그러나 부인이 있는 사람의 이 부분은 가르쳐 주지 말아야 한다.

남녀(男女)

남녀(아래 눈꺼풀)의 부위에서는 자손의 일과 손아래에 관계되는 일

을 판단한다.〔그림 117〕

그러므로 남녀에 몽색이 나올 때는 자기 자손의 일로 걱정이 생기거나 혹은 자기의 손아래 일로 고통이 많을 것을 나타내고 있으며, 여기에 윤기가 없는 빨간빛이 나타날 때는 자손이나 손아래에 흉사가 일어날 것이다.

남녀에 검은 빛이 나올 때는 자기 자식이나 손아래와 헤어지지 않으면 안 된다거나, 어린애나 손아래 때문에 손실을 당할 것이다. 이와 반대로 남녀에 황미색이 나타나면 어린애나 손아랫사람으로 인하여 큰 기쁨이 생길 것이다.

부부 생활에서 무엇 하나 부러운 것이 없는데, 다만 아기가 없어서 대단히 고민하고 있는 부인이 있었다. 그런데 필자를 찾아왔을 때 남녀에 좋은 색이 있었으므로 그것을 말했더니 꿈인가 하고 기뻐하면서 참인지 거짓인지 반신반의하며 돌아갔다. 그러나 약 8개월 뒤에 이름을 지어 달라고 찾아왔었다.

관골(顴骨)

관골(광대뼈) 부위에서는 사회에 관한 일이나 친한 사이의 일을 판단한다.〔그림 118〕

그러므로 관골에 몽색이 나타날 때에는 남의 일로 걱정이 있거나, 남의 심한 고통을 자기가 맡아서 괴로워하는 상태이다. 관골 부분에 윤기가 없는 빨간빛이 나올 때는 자기가 사회에서 재난을 당하거나

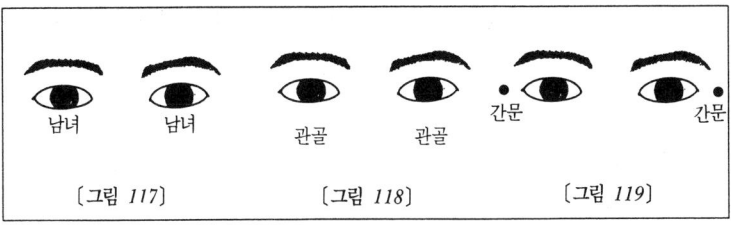

〔그림 117〕   〔그림 118〕   〔그림 119〕

혹은 남의 재난이 자기에게까지 영향이 미칠 것을 의미하는 상이다.

또 관골에 검은 빛이 나올 때는 세상을 좁게 만든 때문에 자신의 생활방침이 서지 못하고 자기 사업이 망하고 만다.

그러나 이와는 반대로 관골에 황미색이 나타날 경우에는 사회와의 관계가 대단히 원만한 때여서, 세상 사람들이 자기를 대하는 평판도 좋고, 자연 인기가 있을 때이므로 자신이 생각하고 있는 일이 잘될 것을 암시하는 상이다.

간문(奸門)

간문(奸門 : 눈꼬리의 뒤로 털이 난 끝에 가까운 부분)의 부위에서는 여자(아내 이외의 여자)의 일을 판단한다. 그러므로 간문의 부위에 몽색이 나타날 때는 불륜의 여자 때문에 고통이 많을 상이고 혹은 여자의 원망을 사고 있는 상이다.〔그림 119〕

간문에 윤기가 없는 빨간빛이 나타날 때는 불륜의 여자에 관하여 재난이 생긴다. 즉 이제까지 알려지지 않았던 내연의 처의 존재로 인해 가정불화가 생기고, 사장이 인격자로서 이런 일을 대단히 싫어하는 사람이기 때문에 직장 문제에까지 발전할 상이다.

간문에 검은 빛이 나타날 때는 불륜의 여자와 불유쾌한 상태로 인연이 끊어지고 혹은 자기가 상당히 편의를 보아 준 여자에게 배신을 당하든지 할 것이다.

그러나 간문에 황미색이 나타날 때는 불륜의 여자의 일로 큰 기쁨이 있을 상이다. 이 상은 대체로 내연의 처가 생긴 경우에 많이 나타난다.

식록(食祿)

식록(윗입술의 윗부분, 인중의 양쪽)의 부위에서는 상속에 대한 것을

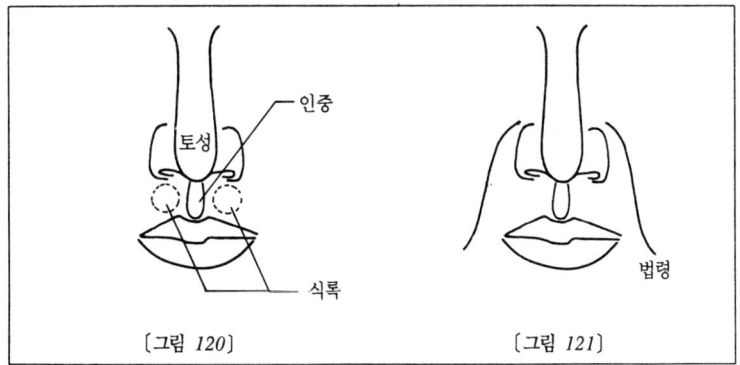

[그림 120]   [그림 121]

판단한다.〔그림 120〕

 그러므로 식록 부위에 몽색이 나타날 때는 어버이의 대를 잇는 데에 고통이 있거나, 또는 어버이의 재산이 적은 것을 보이는 상이다. 이 부위에 윤기가 없는 빨간빛이 나타날 때는 어버이의 뒤를 잇는 것 때문에 재난이 생기고, 무슨 문제라도 일어날 상이다.

 이 식록 부위에 검은 빛이 나타날 때는 스스로 어버이의 뒤를 잇는 것을 포기하거나 혹은 어버이의 재산 때문에 문제가 생긴다는 것을 암시하는 상이다. 그러나 식록 부위에 황미색이 나올 때는 집의 뒤를 잇는 데 있어서 커다란 즐거움이 있는 것을 안시하거나 상속이 큰 문제 없이 끝날 것을 보이는 상이다.

법령(法令)

 법령(코의 양 옆에서 입 주위를 싸고 있는 금)에서는 현재의 직업에 대해 좋으냐 나쁘냐를 판단한다.〔그림 121〕

 그러므로 법령 부위에 몽색이 나올 때는 현재의 직업에 대하여 고민이 많은 것을 암시하고 있으며 혹은 사업이 순조롭지 못한 것을 암시한다.

 법령 부위에 윤기가 없는 빨간빛이 나올 때는 현재의 직업 때문에 반드시 재난이 따른다. 이것도 다른 부위의 혈색과 아울러 생각하기 바란다. 또 법령에 검은 빛이 나타날 때는 현재의 직업에서 떠나거나 혹은 현재의 사업에서 큰 손실을 당할 상이다.

그러나 법령 부위에 황미색이 나타날 때는 지금의 사업이 순조롭게 운영될 상이다.

이 상은 부위를 여러 가지 색으로 둘러싸서 뚜렷하게 나타나므로 쉽게 알 수 있다.

승장(承漿)

승장(아랫입술의 아래턱) 부위에서는 식중독이나 약을 잘못 쓴 것을 판단한다.[그림 122] 그러므로 승장 부위에 몽색이 나타날 때는 먹는 것에 의한 중독이 일어날 것을 보이거나 혹은 병자에게 나온 경우는 약이 틀려서 맞지 않은 것을 보이는 것이다. 또 이 부위에 윤기가 없는 빨간빛이 나올 때도 마찬가지 상이다.

승장 부위에 검은 빛이 나올 때는 먹을 것을 못 먹게 되거나 오랫동안 누워 있던 병자라면 죽을 상이며, 보통 건강한 사람에게 이런 상이 나타나면 독을 마시고 자살할 상이다.

그러나 승장에 황미색이 나타날 때는, 병자이면 먹을 것을 먹게 되고 보통 건강한 사람에게 나올 때는 대단히 진귀한 것을 먹을 상이다.

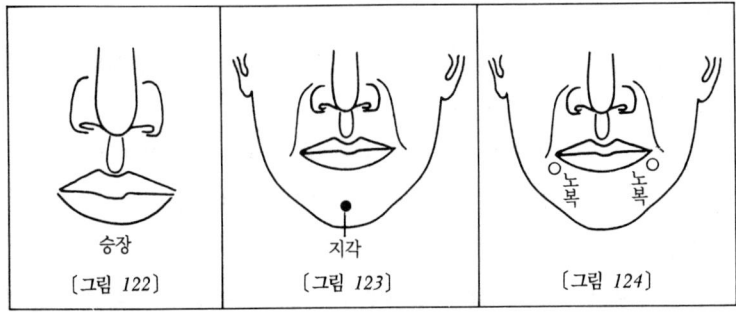

지각(地閣)

지각(地閣 : 턱) 부위에서는 주거(住居)에 관한 문제를 판단한다.〔그림 123〕

그러므로 지각 부위에 몽색이 나타날 때는 살 집의 일로 고통이 생기거나 혹은 집안에 걱정이 생긴다.

또 지각에 윤기 없는 빨간빛이 나오면 주택에 관하여 나쁜 일이 있거나, 집안에 흉사가 생길 상이다. 검은 빛이 나타날 때는 현재의 집에서 불유쾌한 원인으로 이사하게 되거나, 또 집의 일로 손해를 보게 된다.

그러나 지각에 황미색이 나올 때는 집 문제로 좋은 일이 생기든가, 또는 집안에 대단히 좋은 일이 생긴다.

노복(奴僕)

노복(승장과 지각의 양쪽) 부위에서는 부하나 아랫사람의 일에 대해 판단한다.〔그림 124〕

그러므로 노복 부위에 몽색이 나타날 때는 자기 부하나 손아랫사람의 일로 근심사나 고통이 많을 것을 암시하고, 여기에 윤기가 없는 빨간빛이 나올 때는 부하나 손아랫사람으로부터 나쁜 일을 가져올 상이다.

또 노복에 검은 빛이 나올 때는 부하나 손아랫사람과 불유쾌한 일로 이별하게 되거나, 부하나 손아랫사람의 손실이 자기에게 관련되어 올 상이다.

그러나 노복에 황미색이 나타날 때는 자기의 부하나 손아래에 기쁜 일이 생기거나, 부하나 손아랫사람에게 좋은 일이 있다.

신광(神光)

신광 부위에서는 그 사람의 신앙심의 유무를 판단한다.

좋은 빛이면 신앙심이 강한 사람이고, 보통 색이면 신앙심이 없는 상이다.〔그림 125〕

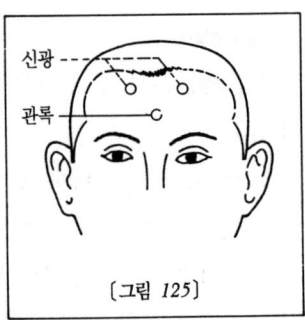

관록(官祿)

관록(이마의 중앙) 부위에서는 현재의 여러 가지 일의 좋고 나쁜 것을 판단한다.

관록에 좋은 빛이 나와 있으면 현재가 좋은 것이고, 나쁜 빛이 있으면 현재의 형편이 좋지 않은 것이다.〔그림 125〕

인당(印堂)

인당(눈썹과 눈썹 사이)에서는 자기의 희망이 성취되느냐 못 되느냐를 판단한다.

좋은 빛이면 희망의 실현을 의미하고, 나쁜 빛이면 희망이 이루어지지 못할 것을 암시하는 상이다.

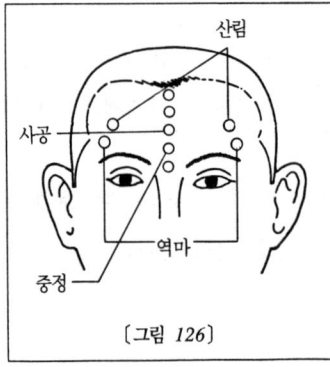

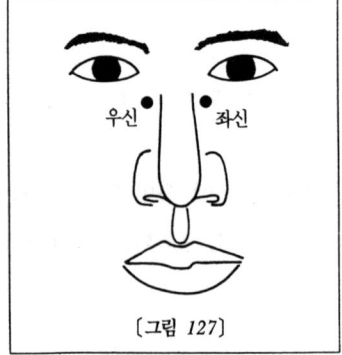

역마(驛馬)

역마(중정으로부터 왼쪽으로 손가락 아홉개째의 손가락이 닿는 부분, 산림의 비스듬히 아래)에서는 집을 짓거나 이사할 수를 본다.〔그림 126〕

이 역마 부위에 검은 빛이 나타날 때는 집의 파손이 있을 것을 의미한다. 그러나 이 부위가 항상 검붉은 사람이 있으니 혼동하지 말아야 한다.

어미(魚尾)

어미(눈꼬리)나 전택(田宅 : 눈썹과 눈 사이)에서는 현재 운기의 좋고 나쁜 것을 본다.

좋은 빛이 나타나 있을 때는 마음과 몸이 건강한 상태라는 것을 보이고 있으며, 나쁜 빛이 나타날 때는 운기의 쇠퇴를 의미한다.

우신 좌신(右身左身)

우신 좌신(코의 양편) 부위에서는 도둑맞은 물건이나 분실물에 대한 판단을 한다.〔그림 127〕

나쁜 빛일 때는 도난이 있거나 실물수가 있거나 한다. 좋은 빛이면 도난이나 분실을 당하더라도 도로 찾을 수 있다.

제5장 얼굴 혈색을 종합적으로 보는 법

이마의 혈색에 대하여

이마에 윤기가 있고 대단히 강한 빛이 있을 때(반짝반짝 빛나는)는 큰 고통이 있을 것이고, 자기의 희망하는 일이 하나도 이루어지지 못하고, 더구나 무엇을 해야 좋을지 자기로서는 판단할 수 없는 때이다.

이마에 전혀 흐린 데가 없고 기름칠을 한 것처럼 반짝반짝 빛나는 상태를 윤광(潤光)이라고 한다. 그러나 이런 상태에서 조금 흐린 기운이 이마에 서렸을 때는 운기도 자연 좋아진다.

이마가 반짝반짝 빛나는 사람은 얼굴 전체에 흐린 데가 없고 대단히 좋은 빛을 하고 있다. 이것은 이마는 하늘이므로 적당한 상태를 가장 좋은 것으로 보는데, 전혀 흐린 데가 없고 반짝반짝하듯 하늘의 혜택이 희박한 것을 암시하는 상이다.

하늘의 혜택이 없는 사람이 어떻게 모든 일을 완수할 수 있을 것인가? 손위〔官祿〕나 친구〔交友〕, 형제(눈썹)까지도 하늘의 부분에 포함되어 있다. 사회 생활을 하는 데 있어 타인과의 어울림이 없이 혼자서도 잘살 수 있다고 생각하는 것은 큰 오산이다.

이마의 좌우가 검은 사람이 반드시 나쁘다는 것이 아니고, 이런 사람은 노력에 알맞은 성공은 거두나 남의 시중을 들기에 대단히 고통스럽다. 이 검다는 것은 이마의 좌우 부분이 눌러붙은 것처럼 진한 다색을 하고 있다. 그러나 이 검은 빛 속에 자연 윤기가 있고, 그 위에 이마 중앙〔官祿〕은 대단히 좋은 빛을 하고 있으며, 조금도 검지 않다.

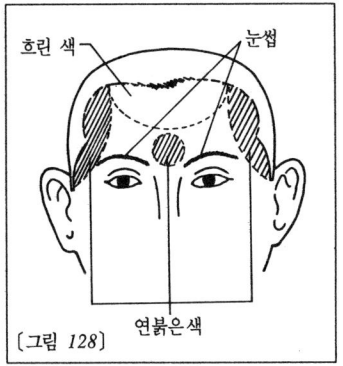

〔그림 128〕

또 큰 고통이 있는 사람이나 아무래도 현재 대단한 곤경 속에 있는 사람도 이마의 좌우가 검은 빛을 하고 있다. 그러나 이 사람들의 검은 빛은 조금도 윤기가 없고, 대단히 쓸쓸한 빛을 보이고 자줏빛을 띠고 있다.

이마가 흐리고, 이마 좌우에 윤기가 없는 빨간빛이 나오고, 인당에 윤기 없는 빨간빛이 산근에서부터 올라올 때는 반드시 나쁜 일이 있을 상이다.

이 이마의 흐린 빛은 물건의 시든 빛이고, 산림과 변지 및 복당 부분에 연붉은 빛이 비로 쓴 듯이 보인다. 또 인당(눈썹과 눈의 사이)에도 연붉은 빛이 흩어진 것처럼 나와 있다.〔그림 128〕

이 혈색은 불에 놀랄 때도 나타난다. 그러나 정말 화재를 당했을 때

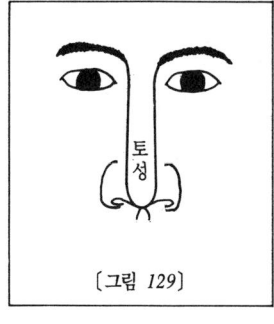

〔그림 129〕

는 집도 타버려서 어디론가 이사를 해야 하므로 반드시 지각(地閣)에도 나쁜 빛이 나오고, 기타 신분상의 변화도 있을 것이므로 토성이나 기타 부위에도 나쁜 혈색이 나오는 것이다. 이런 것을 잊지 말고 주의 깊게 판단해야 한다.〔그림 129〕

이 화재의 상은 화재를 당하기 4, 50일

전에는 여간 숙달되지 않으면 판단할 수 없으나, 화재를 당할 시기가 가까워지면 그만큼 또렷하게 보인다.

그러나 이 상은 공습 같은 것이 없는 평상시에는 좀체로 볼 수 없다.

이마나 턱에 윤기가 없어지고 그 위에 코나 관골이 연기가 낀 것처럼 흐려진 상은 재산을 전부 잃어버리고 말든가 혹은 세상을 대단히 놀라게 할 만한 큰 재난을 당할 상이다.

이 이마나 턱의 윤기가 없는 빛은 몽색이고, 연기처럼 흐린 빛은 몽색보다 좀더 어두운 암색이다.

이마 좌우에 황색의 윤기가 없는 빛(푸른 빛처럼 보인다.)이 있는 상은 반드시 근심사가 있을 것을 보여 주는 것이다. 이 경우의 황색은 이마 좌우의 산림·변지·역마에 나타난다.

근심사가 있는 상은 산림·변지·역마의 부근부터 옆얼굴에 걸쳐서 쓸쓸한 황야처럼 메마른 빛으로 나오든가 혹은 추운 겨울날에 소름이 끼친 것처럼 보이는 것으로서, 황색의 윤기 없는 빛이란 황색과 몽색이 섞여서 나타나는 것을 말한다. 그러므로 이 빛은 푸른 빛같이 보이나 원래는 황색이다.

오랫동안 병으로 고생하는 병자는 이마가 어두운 것처럼 흐려 있다.

그러나 오랫동안 누워 있는데도 불구하고 갑자기 이 흐림이 가시고 이마가 밝게 되는 일이 있으면 이 병자는 반드시 살아난다.

그리고 오랫동안 누워 있는 병자가 점점 차도가 있음에 따라서 이마도 밝아지는 것이라면, 그것은 건강의 회복을 가리키는 상이다. 그러므로 병자의 이마가 흐려 있으면 완쾌까지에는 시간이 걸리는 것이다.

복당(福堂)의 혈색에 대하여

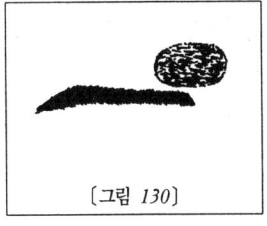

〔그림 130〕

복당(눈썹꼬리의 윗부분) 부위에 〔그림 130〕과 같이 빨간빛이 있을 때는 큰 고통이 있고, 아무 일도 자기 생각대로 안 되고, 아무래도 재미 없는 매일이 계속된다. 그림과 같은 빨간빛은 이마의 좌우 복당 부분을 손가락으로 가죽을 잡아당기듯이 하면 또렷하게 볼 수 있다. 이 상은 가죽의 안쪽에 있는 빨간빛이므로 상당히 세게 가죽을 잡아당기지 않으면 확실히 볼 수 없다.

복당에 흑색이 나타나 있는 사람은 상당히 많던 재산을 잃어버린 것이다. 이 흑색은 손가락으로 누른 만큼의 넓이에 엷게 나타나는 것이다. 또 재산을 잃기 전에는 복당 부위의 빛이 시든 것처럼 자연히 흐려지고, 재산을 잃은 다음에는 전기와 같이 흑색이 되는 것이다.

그러나 이 흑색도 8개월쯤 뒤에 일어날 걱정을 나타낸 상의 흑색과 틀리는 일이 있다. 이 8개월 후에 나타날 근심사는 그 종류에 따라 나오지 않는 것도 있다.

관골(顴骨)의 혈색에 대하여

관골의 뒤로부터 지고(地庫) 부근까지 미색(반들반들하게 윤이 있는 상태)이 나와 있는 사람은 누군가의 후견인(後見人)이 되거나 회사의 고문을 할 상이다.〔그림 131〕

관골의 뒤로부터 지고의 변까지는 얼굴 전체에서 보면 그늘이 된다. 그리고 후견인이나 고문은 사람의 뒤에 있어서 표면에 나타나지 않고 여러 가지를 돌봐 주는 것을 말한다. 꼭 이와 같은 이치로 생각

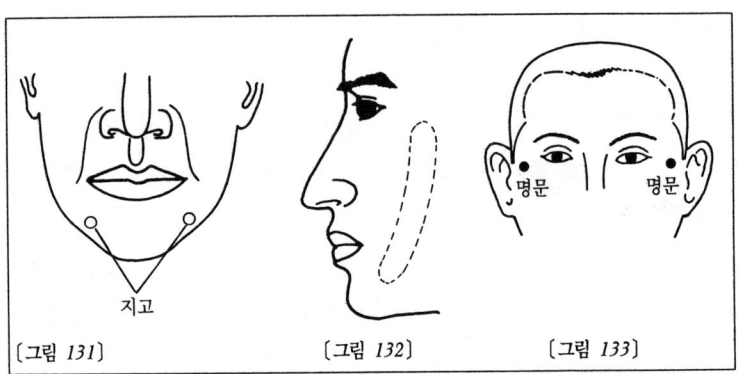

[그림 131]   [그림 132]   [그림 133]

하여 판단하면 좋을 것이다.

후견인이나 회사의 고문을 하고 있으면서, 비록 자기 재산은 없다 해도 자기가 돌봐 주고 있는 사람이나 회사 등의 상태가 좋을 때는 그 부위의 혈색도 좋고, 그 사람이나 회사 상태가 나쁠 때는 혈색이 나빠진다.〔그림 132〕

이런 상의 사람이라도 후견인이나 고문 같은 일을 하지 않는 사람도 있다.

이런 사람의 경우에 이런 상이 나올 때는 본업 이외의 일, 즉 숨은 일로 기쁨이 있는 것을 나타낸 상이다.

관골 뒤에서 지고 부근까지 암색이 나와 있을 때는 세상 체면만 지키고, 사람들에게는 알리지 않으나 큰 고통이 있는 것을 나타내는 상이다.

이 암색은 연기가 낀 것처럼 보이든가 혹은 몽색과 같이 보이는 일이 있다. 때로는 쓸쓸한 황야에서 거칠어진 땅처럼 보이는 색으로도 보인다.

이 경우에 후견인인가, 고문을 하는 사람인가를 잘 보아서 판단해야 한다.

관골의 뒤에 윤이 없는 적색이 있는 사람은, 그 사람의 마음속에 많은 고통이 있는 사람으로서, 만사가 그 사람의 뜻대로 되지 않는 상이다.

이 혈색은 적색과 암색이 섞여서 나온 것은 검붉게 보이며, 또 명문(구레나룻)의 수염이 난 끝에 나타나는 것으로서 대체로 30cm 정도 세로로 흩어진 것처럼 진하게 나온다.〔그림 133〕

관골 위에 흑색이 있으면 처와의 연이 희박한 상으로서 좀처럼 결혼할 수 없는 상이며, 이미 결혼한 사람이라면 처와 의견이 맞지 않아 언제나 부부 싸움이 그치지 않을 상으로서, 이것은 여자에 대한 고통이 많은 상이라고 한다.

이 흑색은 관골 위에서부터 눈꼬리 밑 사이에 나타나는데, 언제든지 좌우가 함께 나타나는 것이다.

또 눈의 아래서부터 계속해서 꺼멓게 나오는 일이 있지만, 이 경우는 대체로 관골이 높은 사람에게 나타나는 상이다.

눈의 아래가 검은 사람은 음란하다고들 하는데, 반드시 음란하다고만 말할 수 없다.

이것은 성격적으로 성급한 사람으로서, 이 사람이 마음의 안정을 잃어 불안할 때에는 당장 눈 아래가 검게 되는 것으로서, 이 경우는 신장의 활동이 약화된 것을 나타내고 있다.

매춘부의 경우 장사가 번창할 때는 관골과 명문의 색이 대단히 좋으나, 이 사람들이 결혼할 때는 관골이나 명문의 혈색이 자연 쇠퇴하여 쓸쓸해 보인다.

이 혈색이 쇠퇴한다는 것은 윤기가 없어져서 쓸쓸하게 보이는 것을 말하는 것이다.

따라서 관골과 명문의 혈색이 좋다는 것은 이 부위가 대단히 깨끗하게 윤기를 가지고 있는 것을 말한다.

산근(山根)의 혈색에 대하여

산근의 좌우에 푸른 빛이 세로로 나타날 때는 이사를 하거나 집안 일로 마음이 불안한 상태를 나타내는 것이다. 또 조용한 곳으로 은퇴할 것을 희망하는 의미를 포함하고 있다.〔그림 134〕

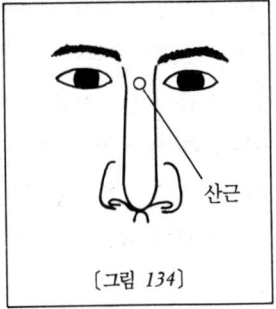

〔그림 134〕

이 푸른 빛은 좌우의 눈 구석에 푸른 힘줄같이 나타난다. 그러나 어린이의 산근 부분에 옆으로 푸른 힘줄이 나와 있는 것과 혼동해서는 안 된다.

산근에 적색이 나와 있는 사람은 집 때문에 재난이 있든가 혹은 가정이 원만치 못해서 재미가 없든가, 또는 그 사람의 기분에 큰 불평이 있든가 그 어느 것일 터이니 충분히 고려해 두어야 한다.

이 적색을 잘 보면 좁쌀을 뿌려 놓은 것처럼 보이는데, 어쩐지 적색이 섞여서 나타나 있는 것이다. 그러므로 집안에 문제가 많은 것이라고 판단한다.

산근에 미색이 나올 때는 집안에 기쁜 일이 있든가 혹은 병자에게 이것이 나올 때는 병이 나을 것이다.

이 미색이라는 것은 연분홍 윤기가 있는 색을 말하는 것으로서, 가령 병자에게서 나올 때에 이 미색이 연분홍 기가 없고 다만 윤만을 가지고 있으며, 윤이 없는 적색이 나오면 급변을 나타내는 것이다.

산근에 암색이 나타날 때는 이사 문제가 생긴다. 이 암색이란 것은 연기가 낀 것처럼 보이는 것으로서 몽색의 조금 진한 것을 말함이다.

또 이 암색을 이사 문제라고 판단한 경우에도 사람에 따라서는 가까운 시일 안에 병에 걸릴 것을 예고하는 경우가 있고, 집안에 큰 문제가 생겨서 그 때문에 대단한 고통을 당할 때도 산근에 암색이 나오는 것이다.

산근이나 명문에 미색이 나온 경우에는 대체로 집안에 경사가 있든 가 혹은 독신자라면 결혼한 상이다.

명문에 나온 미색에 대해서는 이 가운데 빨간 점이 있거나, 그 밖에 이것을 지워 버리는 것 같은 빛이 보이는 때에는 결혼 이야기가 타결되었어도 사고가 생겨서 결혼을 못 하게 된다.

이 적점(赤點)이란 바늘로 찌른 듯이 송송이 솟아난 것 같은 적색인데 결코 부스럼은 아니다.

코의 혈색에 대하여

우신 좌신(右身左身)부터 몽색이 섞인 황색이 나타나서 콧방울 부근까지 나와 있을 때는 반드시 산재(散財)가 있든가 손해가 있을 것이다.

이 황색이란 앞에 적은 대로 몽색과 섞여 푸른 빛깔이 보이는 것이다. 그러나 이 혈색이 산재의 상이라고는 하지만 돈을 내서 주권을 살 경우에도 나타나는 것이므로 주의해서 판단해야 한다.

콧방울을 둘러싸고 암색이 콧구멍까지 들어가고, 또 암색이 입 주위에 있고, 그 위에까지 들어가 있을 때는 반드시 수재를 당한다.

이 암색은 어두컴컴한 것으로서 흐릿하게 나타난다. 이 혈색이 있는 위에 천중에서 지각까지(얼굴의 중앙으로 이마의 털 난 끝부터 턱까지 전부를 말한다) 확실히 힘이 없는 상이면 이것은 반드시 물에 빠져 죽을 수이다.

또 물에 빠지진 않더라도, 수난(水難)의 상이 있다는 것은 물로 손해를 당한다는 것이다. 그 때문에 수난의 상이 있을 때는 반드시 손실의 혈색도 나타나는 것이므로 충분히 주의해서 판단해야 한다.

콧구멍 언저리에 황윤색(黃潤色)이 나타났을 때는 반드시 상당한 돈이 들어온다. 돈이 안 들어올 경우라도 상당한 물건을 입수할 수 있다.

이 황색이란 것은 나뭇잎에 진딧물이 앉은 것처럼 코 언저리에 나온다. 또 콧구멍의 가상이 전면에 나타날 때도 있다. 대체로 이 황색은 콧구멍의 안쪽부터 밖으로 나타나서 나온 혈색으로서 윤이 있는 것이 특징이다.

그러나 이 경우에도 임질이 있는 사람은 흰 광택이 있는 색이 나오므로 그 점에 유의하여 판단해야 한다. 그럼 임질이 있는 상에 대해 말해 보겠다.

콧구멍 언저리에 백색이 나타난 경우에는 반드시 임질에 걸린 상이다. 이 백색은 콧구멍 언저리 일면에 엷게 나타나는 것으로서, 그 사람의 병상에 따라 진하게 나오는 경우도 있다. 또 백색의 윤이 있을 경우도 있고, 이것은 아무래도 생식기의 병으로서 이 혈색과 앞의 돈이 들어올 혈색을 충분히 주의하여 틀리지 않도록 판단해야 한다.

코 주위에 백기(白氣)가 나올 때는 매독에 걸린 상이다. 이 백기는 암기(暗氣 : 허연 몽색)로서, 콧방울 조금 위에서 법령의 근원 쪽으로 흩어진 듯이 나타나 이것이 코 밑 쪽으로 나오는데, 사람에 따라서는 코 밑으로 나온 백색은 좀처럼 발견하기 힘들다.

이것은 가운뎃손가락으로 콧방울을 중심으로 둥굴게 원을 그린 것처럼 코의 양쪽 옆으로 나오는 것이다. 이 혈색은 산재가 있을 경우에도 이 장소에 이와 같은 상태로 나오는 일이 있으므로 판단하는 데 혼동하지 말아야 한다.

코 끝이 빨간 사람은 자손운이 나쁘고, 일해도 좀처럼 만족한 상태를 이루지 못하는 상이다.

이 코 끝이 빨갛다는 것에는 코 전체가 빨간 사람도 포함된다.

코가 빨간 것은(코는 토성으로서 흙으로 본다.) 적빈(赤貧)의 색이라고 본다. 그러나 빨간 것은 불[火]로서 그 불로 자기의 몸을 태워 버리는 것 같아서, 흙이 까맣게 그을렸을 때는 모든 것이 생기지도 않고 자라지도 못한다. 그러므로 일생 동안 부지런히 일만 하여도 만족한 상태가 되지 못하는 것이고, 자기 몸이 불타 버릴 양이면 자손과의 인연도 희박하게 되는 것이다.

설혹 있다고 해도 그 자식은 힘이 못 된다. 토성에 화기가 있을 때는 불은 흙을 낳는다는 이치에서 좋을 듯도 한데, 이 적색에 한해서는 좋다고 판단하지 않는 것이다.

코 끝이 마른 것처럼 흐려 있는 사람은 큰 고생이 있는 사람으로서, 현재는 무엇을 해도 희망대로 성취할 수 없다.

이것은 코의 가운데 허리부터 그 아래 콧방울 부분까지 연기가 낀 것처럼 나타나는 암흑색이다. 이 혈색은 본래 윤이 없고, 흑색에 암색이 섞인 것 같은 빛을 하고 있다. 그러므로 뿌연 흑색으로 보이는 것이다.

코는 중앙에 있어서 자기의 몸으로 본다. 그것이 건조한 것처럼 윤이 없을 때는 마치 자기의 몸이 쇠약해 있는 것과 같아서 그 때문에 크게 고생이 있을 상으로 보는 것이며, 코가 흙이라면 이것은 흙이 윤기를 상실하여 만물을 생육하기 힘든 상태에 있다고 보는 까닭에 사물의 부조(不調)를 암시하고 있다.

코와 귀가 시든 것처럼 흐려 있고, 콧방울도 똑같이 흐리고, 더욱이 산근이 흐리고 눈의 광채가 엷은 사람은 반드시 죽을 상이다.

이 코나 귀가 시든 것처럼 흐리다는 것은 몽색이 나온 것을 말한다. 특히 콧방울이 흐려 있다는 것은 콧방울에 암몽색이 섞여 나온 것을 말하며, 산근이 흐려 있다는 것은 윤이 없고 몽기(蒙氣 : 몽색과 같이 보인다. 너무 어렵게 생각할 필요없다.)가 나와 있는 것을 말한다.

이 상은 45일 내에 사망할 사람의 눈을 보고 생각할 때는 자연 알 수 있는 것이다. 대체로 사람에겐 인연이 있어, 세상에 태어나서 49일간은 눈 속에 자기 의지라는 것이 조금밖에 나타나지 않고 탁한 것처럼 흐려 있다. 또 사람이 사망하기 49일 전부터는 눈에 힘이 없어져서 자연 흐려지는 것이다.

병으로 사망할 사람의 7일 전의 안광(眼光)과 생후 49일째의 안광(眼光)은 똑같다. 또 이제 곧 숨을 거둘 사람의 안광과 갓난아이가 뜨는 안광은 똑같다.

더욱 자세히 알고 싶은 분은, 이제 막 죽어 가는 사람과 갓난아이의 안광을 비교 연구해 보기 바란다. 또 병자가 숨을 거두고 사망한 것처럼 보이는 경우에도 눈·귀·코가 죽지 않았을 때는 진짜 사망한 것이라고 말하지 않는다.

눈·귀·코는 심장·신장·비장의 활동을 나타내는 부위로서, 심장·신장·비장의 활동을 보이는 부위가 죽지 않았을 때는 정말 사망했다고는 할 수 없다.

그리고 이와 반대의 말도 할 수 있다. 그러므로 신체가 건강하고 매일의 소관사에 열중하고 있는 사람이라도 심장·신장·비장의 활동을 보여 주는 눈·귀·코의 부위가 죽어 있을 때는 편작(扁鵲 : 중국의 명의)이 되살아온다 해도 살릴 수 없다. 그러므로 사상(死相)의 연구는 충분한 수련을 쌓은 다음에 활용해야 한다. 이 사상에 대하여는 이 책 전부에 쓴다 해도 다 쓸 수가 없다.

법령(法令)의 혈색에 대하여

법령의 금에 미색이 나타나 있을 때는 현재의 사업이 대단히 순조롭다는 상이다. 또 이 같은 상이 있을 때에는 사업을 확대해도 좋을 것이다.
 법령의 금에 미색이 나타난다는 것은, 법령의 바깥쪽의 경우와 법령의 금에 걸쳐서 나오는 것이 있어서 윤이 있는 황색인데, 비로 쓴 듯이 희미하게 보이는 일도 있다. 또 법령이 많은 사람이 있는데, 이 경우에는 코의 근원에서 흘러나온 것이 진짜 법령이므로 틀리지 않도록 하라.
 법령의 바깥쪽에 지저분한 빛이 나타나는 사람은 현재의 사업이 순조롭지 못해서 혹시 사업 관계로 손해를 볼지도 모를 상이다.
 이 지저분하게 보이는 빛이 몽색이라고 생각하면 된다. 대체로 이 암색은 혈색이 되기 전의 암기(暗氣 : 거무스름한 것)가 날이 갈수록 지저분한 빛으로 변하는 것이다.
 사람에 따라서는 암기만이 나타나고 지저분한 빛은 나타나지 않는데, 판단하는 사람에 따라서는 암기가 보이지 않는 일도 있다. 그러나 암기든 지저분한 빛이든 그 판단은 조금도 다를 바 없고, 법령의 금을 따라서 나오는 혈색이다.
 법령의 바깥쪽에 미색이 있고 안쪽에 암색이 나온 사람이 있다. 이 같은 상의 경우에는 남이 보면 사업이 대단히 순조롭게 운영되는 것처럼 보이면서 조금도 이익이 없다는 것을 나타내 주는 상이다.
 법령 바깥쪽의 미색(美色)은 윤이 있는 빛이고, 법령 안쪽의 암색이란 것은 암기와 같이 희미하게 나오는 것이다. 이 상을 판단할 때는 바깥쪽의 미색에만 마음이 쏠리기 쉬운 것이므로 주의를 요한다.
 우신 좌신(右身左身 : 도적, 코의 양 옆)에서 미색이 나와 입 부근까지 나타난 경우에는, 가까운 시일 안에 길사(吉事)가 있든가 사업상 이익을 얻든가 어쨌든 좋은 상이다.
 우신 좌신에서 나와 법령의 금에 걸쳐 입 부근까지 미색이 내려오기도 하는데, 이 미색은 목욕하고 난 다음과 같이 불그레한 윤이 있는 것이므로 분홍빛 윤기와 혼동하지 말아야 한다.

　법령 부근부터 입 부근까지 미색이 나와 있는 사람은 새로운 사업을 시작하려는 사람, 또 사업을 하고 있는 사람이면 사업상 이익이 있을 것을 보여 주는 상이다. 이 미색은 법령 부근부터 시작하여 법령을 따라 입 부근까지 내려와서 나타난다. 그러나 이 빛이 법령의 바깥쪽에 나타날 때와 법령 안쪽에 나올 때, 또 법령의 금에 나타나는 경우가 있다.

　이 미색의 폭은 갓난아기의 손가락 끝으로 쭉 그은 정도의 넓이로서, 이 미색은 황색에 약간 붉은 기가 섞인 것 같은 윤이 있는 아름다운 혈색이다.

　법령 부근부터 입 부근까지 암색이 나와 있는 사람이 있는데, 이런 사람은 현재 사업이 순조롭지 못한 사람이거나, 또는 사업 관계로 손해를 보았거나, 아무래도 현재의 사업으로 이익을 보지 못한다는 것을 보여 주는 상이다.

　이 암색도 전과 같이 갓난아기의 손가락으로 훑을 정도의 폭이 있고, 이 암색은 법령 가운데로 그늘이 비치는 것처럼 보이기도 한다. 또 법령의 바깥으로 나오거나, 법령에 따라서 안쪽에 나타나는 일도 있다.〔그림 136〕

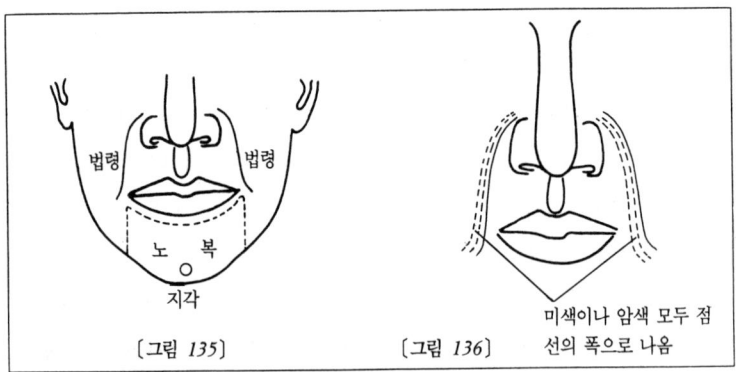

법령에 토색(土色)이 있고, 지각(地閣)이나 노복(奴僕) 부위에 암색이 있는 상은 사업에 실패하든가 현재의 사업이 순조롭지 못한 것을 말하며, 큰 고통이 있는 것을 말해 주는 상이다.〔그림 135〕

법령에 있는 토색(土色)이란 것은 황색에 암색이 섞여 나오는 혈색이다. 그러므로 지저분하게 보이고, 그 혈색이 법령을 따라 입가에까지 나타나는 것이다.

또 법령 부근부터 입 부근까지 지저분하게 보이기도 하고, 지각이나 노복 주위의 암색은 암색과 몽색이 섞여서 나오는 것을 말하는 것이며, 이것을 해가 진 다음의 모색(暮色)이 박두한 색으로 본다.

그리고 이것은 대단히 나쁜 색으로서, 이 혈색이 나타난 사람에게는 상당히 가혹한 판단을 할 수 있는 것이다. 그것은 사업의 실패 위에 파산까지도 당할 상이라고 판단할 수 있다.

법령이 확실치 못한 사람은 자기 직업이 안정되지 못한 상이다. 대체로 사회 일반 도덕에 배치되는 일을 하는 사람은 특히 법령이 확실하지 않으며, 자연 쓸쓸해 보인다.(법령 보는 법 참조)

직업(사업)이 확실한데 법령이 확실치 않은 사람은 사업이 순조롭지 못하거나, 현재의 사업을 그만두려고 하기 때문이다.

법령의 금 가운데 흙탕 빛이 있는 사람은 직업 혹은 집의 재산을 전부 없애 버릴 사람이다. 이 흙탕 빛이란 것은 꼭 때가 낀 것처럼 보이는 것으로서, 사업이 순조롭게 운영되지 못할 때에 큰 고생이 있는 사람에게 이 상이 나타난다.

식록(食祿)의 혈색에 대하여

식록에 미색이 있는 사람은 마음 가운데 즐거움이 있는 사람이고, 또 사업이나 어버이의 재산을 상속받을 행운이 있다.

아무래도 집의 일로 큰 기쁨이 있다.

이 미색은 식록의 부위에 쫙 흩어진 것처럼 넓게 나타난다. 특히 콧구멍 부근에는 강하게 나온다. 이 혈색은 연분홍에 엷은 광채가 포함된 미색인데, 기쁜 일이 현실화되기 전에는 홍윤색(紅潤色)이 아닌 다만 엷은 광채만이 있고, 실제로 좋은 일이 생겼을 때는 분홍빛을 띤다. 그러므로 이 광채와 분홍빛을 내포한 광채에 의해서 판단하기 바란다.

식록 부위에 미색이 있고, 그 혈색이 법령의 밖에까지 나타날 때는 자기의 기쁨이 세상에까지 알려지는 것이다. 〔그림 137〕

이 미상은 앞의 빛과 같고, 그 혈색이 식록의 부위에만 나와 있는 동안은 자기의 마음속에만 기쁜 일이 있고 아직 그 일이 구체화되지 않았고, 구체화됨에 따라 자연 법령 밖에까지 나타나는 것이다.

식록에 더러운 빛이 있는 사람은 사업이나 재산 상속에 고통이 있는 것으로서 대단히 나쁜 상이다. 이 더러운 빛이란 뿌옇게 안개가 낀 것처럼 보이는 것으로서, 식록 부위 전체에 나타난다.

이 더러운 빛의 혈색이 나타날 때는 모든 일이 다 순조롭게 되지 않고, 자기의 마음도 불안정하다.

식록의 부위에 지저분한 빛이 있고, 이 혈색이 법령 밖에까지 나와

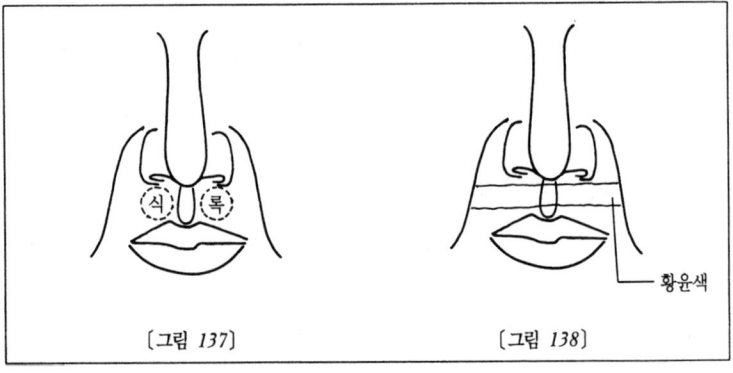

〔그림 137〕　　　　　〔그림 138〕

있을 때는 현재의 사업이나 상속에서 제외될 상이고, 그 위에 자기 고생이 세상에까지 알려지고 마는 것이다.

　식록에서 황색이 나와 입 언저리를 둘러쌀 때는 반드시 좋은 일이 가까운 시일 안에 있을 것이다. 이것은 사업상의 기쁨이거나 상속을 받을 기쁨이거나 둘 중의 하나이다.

　이 황색은 입 주위에서 전체로 나온다. 이 황색은 마치 맑은 날의 동이 틀 때와 같이 처음에는 흐린 황색으로 보이나, 좀 보고 있는 동안에 황색의 윤기가 있는 선명한 빛으로 보여진다.

　식록은 상속과 밀접한 관계가 있고 입은 신체를 기르는 입구로서, 여기에 모든 기쁨과 번영을 나타내는 황색이 보이는 것이므로 전기와 같은 판단을 한다. 현재 상당한 지위에 있는 사람이나 가난한 사람에게도 황색에 대해서는 이 같은 판단을 한다.

　식록에 은은한 광채가 있고 그 혈색이 입 속으로 들어간 것처럼 보이는 때는 가까운 시일 안에 기쁜 일이 있을 상이다.

　이 혈색은 식록의 좌우에 쫙 뿌려 놓은 것처럼 나타나서 입 속으로 들어간 것처럼 보인다. 또 식록의 왼쪽에서 나와서 입으로 들어간 경우와 오른쪽 식록에서 나와 입속으로 들어간 경우가 있다. 이 혈색이 나오면 무슨 일이든 가까운 시일 안에 좋은 일이 생긴다.

　식록에 황윤색이 옆으로 나타날 때는 집이나 혹은 재산 상속을 받을 수 있는 기쁨이 있다〔그림 138〕

　이 혈색은 식록의 위쪽에서 콧구멍의 아래에 나타나는 것으로, 마치 손가락 끝으로 그은 것같이 나타나는 것과 혹은 쫙 흩어진 것처럼 옆으로 나오는 경우가 있다. 또 이 혈색이 법령의 금 밖에까지 나와 있을 때는 좋은 일이 빨리 올 것이고, 아무래도 좋은 일이 있을 것이다.

　식록에 윤기가 없는 빨간빛이 나타날 때는 현재의 자기 직업에서 이탈할 암시가 있고, 또 호주의 지위에서 떠날 상을 나타내고 있다.

이 윤기 없는 적색은 적색이되 적색과 암색이 섞여서 나타나는 것으로 검붉은 빛으로 보인다. 또 호주의 지위에서 떠나기 전에는 검붉은 빛이 아니고 다만 암색만이 나타나는 것으로서, 호주의 지위를 떠난 다음에라야 검붉은 빛이 점점 진하게 나타난다.

이 혈색은 식록의 부위에 가득히 나타난다. 대체로 이 나쁜 빛의 경우에는 시들어서 그 때문에 생기를 잃고 윤이 없는 것이다. 그러므로 이 나쁜 혈색이 식록 부위에 나올 때는 자기의 식록이 시들어 쇠퇴한 것과 같다. 그러므로 직업의 쇠약 상태라고 본다. 또 어떤 부위에 나쁜 혈색이 나와 있을 경우라도 우신 좌신에서 미색이 나와서 그것이 콧방울을 통해서 더 아래쪽으로 내려간 경우에는 이 나쁜 혈색은 판단하지 않는다.

우신 좌신의 미색 때문에 대체의 나쁜 것은 어떤 도움이 있어서 그 때문에 자연 피하게 되고, 설혹 피하지 못할 만한 나쁜 일이 있은 경우라도 그 다음에는 반드시 상당히 좋은 일이 올 것이다.

지저분한 빛이 식록에서 나와 입을 둘러싸고, 똑같이 입술에까지 지저분한 빛이 있고, 또 아랫입술의 안에 검푸른 빛이 점점이 나타난 상은 가까운 장래에 거지가 될 상이다.

이 지저분한 빛(더러운 빛)은 시든 것처럼 쓸쓸하고, 그 위에 더럽고 흐린 빛을 말한다.

거지의 상은 자기가 하늘에서 부여받은 식록이 전부 시들어 버려서 그 활동력을 상실한 것이고, 그 때문에 식록이 부족한 것이다.

그러나 이 혈색도 거지가 되어서 14, 5일이 지나면 보이지 않는다. 또 거지가 되어 버리면 자연히 그 혈색도 없어져서 보통 사람과 다름없는 상이 된다.

이것은 자기의 신분이 거지로 결정되어 버리면, 거지는 거지대로 먹을 것을 얻을 수 있으므로 식록에서 이 혈색은 사라져 버리는 것이다. 가령 이 혈색이 나타나 있으면서 거지가 안 되는 경우에는 반드시 먹을 것을 남에게 빌릴 정도로 대단히 곤란한 상태가 되는 것이다.

또 재산도 많이 있고 상당한 지위에 있는 사람에게 이런 상이 나타날 때는 대단히 큰 재난이 생겨서, 그 때문에 호주의 지위에서도 쫓겨나서 사업도 못 하게 되고, 자연 먹을 것을 빌릴 정도로 지독한 고생을 할 것이다.

그러므로 돈이 있고 없는 것이 문제가 아니니 잘 생각해서 판단하기 바란다.

거지상이라는 상이 특별히 있는 것이 아니라 자기 행동의 선악에 따라서 나오는 것이고, 이것은 혈색과 기색(氣色)에 나타나는 것이다.

처첩(妻妾)의 혈색에 대하여

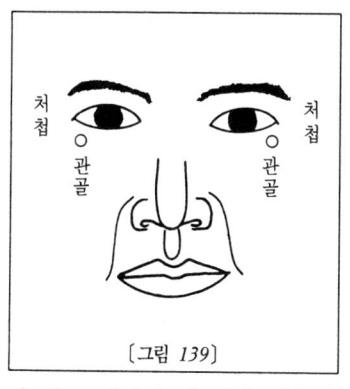

〔그림 139〕

처첩의 부위에 청색이 나타난 상은 이혼할 생각이 있는 사람이다.〔그림 139〕 그 청색은 처첩의 부위에서 나와 눈썹꼬리 부분까지 나타나는 일이 있다. 또 처첩의 부위에서 나와 관골 쪽으로 조금 흩어지는 일도 있다.

그러나 이 청색이라는 것은 푸른 힘줄은 아니다. 그 위에 청색이 나타날 때는 남녀가 다 같이 이혼할 생각이 있는 것이고, 다시 그 색이 강하게 나온 경우에는 마지막으로 이혼하기로 결정한 상이다.

왼쪽의 처첩 부위에 미색이 나와 있고, 오른쪽의 처첩 부위에 수색(收色)이 나와 있는 상은, 아내의 기분은 안정되어 있으나 남편의 기분은 아직 흔들흔들하는 외도기가 있는 불안정한 상태이다.
 수색(收色)이라는 색은 미색과 같이 깨끗한 색이 아니고, 다만 조용하고 가라앉은 혈색을 말한다.
 또 왼편의 처첩 부위에 수색이 나와 있고 오른편 처첩 부위에 미색이 있을 때는, 남편의 기분은 안정되었으나 아내의 기분이 현재의 결혼 생활에 완전히 익숙해지지 못한 상이다.
 처첩 부위가 은은한 윤택이 있는 상은 미혼자의 상이다. 이 혈색은 연분홍과 같이 화려한 빛으로 보이고, 더구나 그 빛은 어쩐지 안정되지 못한 느낌으로 보인다.
 처첩 부위에 언제나 수색이 나와 있는 사람은 이미 결혼한 사람이다. 이 수색도 전기의 경우와 같이 조용하고 가라앉은 혈색이며, 한참 보면 힘이 있는 빛이다.
 인상이란 것은 대단히 편리한 것이어서, 현재 부인인지 처녀인지 알 수 없을 때에도 처첩 부위를 자세히 살펴봄으로써 창피를 모면할 수 있다. 남의 부인인 줄도 모르고서 구혼이라도 하면 큰일날 일이니 말이다. 또 남의 부인이라고 생각하고 사양하고 있는데, 웬걸, 후보자를 열심히 찾고 있는 처녀이거나 하는 경우가 있다.
 모처럼 이 책을 여기까지 읽은 독자는, 당신이 미혼이건 기혼이건 전혀 알 바는 아니지만 꼭 실험해 보기 바란다. 백문이 불여일견으로, 당신이 인상을 보는 기술이 숙달됨에 따라서 뜻밖에도 행운이 닥쳐올지도 모른다.
 아내가 있는 사람으로서 처첩 부위에 연분홍 빛의 윤기가 나는 사람은 이혼할 생각을 가진 사람이고, 더구나 그 사람은 이혼한 다음 곧 다른 여자와 결혼할 사람이다. 또 불륜의 관계를 맺고 있는 여자가 있는 경우에도 이 혈색이 나타나는 일이 있다.
 결혼한 남자의 경우 오른편 처첩 부위에 청색이 나타날 때는 아내편에서 남편에게 이혼을 요청해 올 상이다. 또 왼편의 처첩 부위에 청색이 있을 때는 남편 쪽에서 아내에게 헤어지자고 꺼낼 것이다. 그리고 이 혈색은 처첩 부위에 쫙 흩어진 것처럼 나타난다.

관골 쪽에 조금 퍼진 처첩은 양(陽)이고 남편이며, 오른편 처첩은 음으로서 아내이다. 또 청색은 간장의 기(氣)의 움직임이고 분노의 빛이며 그 때문에 노해서 가정을 파괴하는 것이다. 또 이것은 남자나 여자나 같은 판단을 한다. 처첩 부위에 청몽색(靑蒙色)이 있고 토성(코)의 좌우에 황색이 있으면 반드시 황달이 걸려 있다. 청몽색이란 연파랑이고 흐린 상태이다.

명문(命門)의 혈색에 대하여

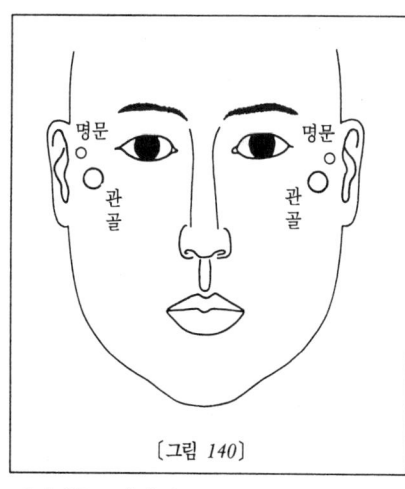

〔그림 140〕

명문에 미색이 나와 있는 사람은 반드시 첩이 있는 사람이다. 이 명문의 미색이나 혹은 연분홍같이 보이면서 그것이 반짝이는 때에는 반드시 첩 때문에 싸움이 있고, 고통을 겪고 있다.〔그림 140〕

대체로 명문 부위에 연분홍 기미 같은 빛이 있을 때는 여자 때문에 고생이 많은 것을 나타내는 상이다.

명문 부위에 윤이 있고, 관골 뒤에 빨갛게 보이는 것이 있으면 이것은 반드시 여자 때문에 고생이 있을 상이다. 이 빨갛게 보이는 것은 관골 뒤에서 명문 부위 쪽으로 흩어진 것처럼 나와 있고, 또 윤이 없는 적색이 나와 있기 때문이다.

첩도 없고 더구나 여자에 대한 고생이 없는 사람이 명문 부위에 미색이 나타날 때는 그 사람의 부인이 반드시 다른 곳에 가 있는 것이다.

이 미색은 여자에 대한 고통이 있는 사람에게 나타나는 것이다. 그러나 젊은 사람으로서 색욕(色慾)을 좋아하는 사람의 경우에도 많이 나오는 혈색으로서, 결혼한 사람이면 부부 관계가 없기 때문에 나오는 색이다.

이것은 부부 관계가 없을 때에는 자연히 신장의 활동이 강화되어서 그 상태가 이 혈색이 되어 나오는 것이고, 아내가 돌아와서 정상적인 부부 관계로 돌아가 14, 5일 지나면 자연 이 혈색도 사라져 버린다.

명문의 살이 통통하고 힘이 있는 사람이면 반드시 신장도 튼튼하고, 따라서 건강하기 때문에 장수를 한다. 그러나 명문 부위의 살이 오목하게 보이고, 더구나 감정적인 사람은 신장의 활동이 약한 사람으로서 필요 이상 몸을 아끼지 않으면 반드시 단명한다.

병자가 명문 부위에 살이 엷고 어두운 빛이 떠돌 때는 완쾌할 희망이 없다.

눈과 남녀의 혈색에 대하여

눈 가운데 흰 부분이 파란 빛을 띠고 있는 사람은 스스로 만사를 망쳐 버린다. 그 때문에 자기 희망이나 발전할 힘을 잃어버리는 것도 모르는 사람이다.

이런 상의 사람은 여간 자기 행동에 주의하지 않으면 반드시 그 사람의 일생은 짧은 것이 되고 만다. 또 정신이상에 걸려 뜻밖의 죽음을 맞을지도 모르므로, 주의를 거듭해서 생활하는 것이 가장 중요한 일이다.

 여자의 눈이 파란 사람은 대단히 나쁜 상으로서, 그 사람의 마음은 대단히 불안정한 상태이다.

 이런 상의 여자는 어떤 경우에도 남편을 물리치고 자기가 나서서 참견하는 성격이고, 결혼도 초혼으로서는 가라앉기 힘들어 몇 번이나 인연이 바뀐다. 더구나 자손의 인연도 희박하므로 여간 주의깊게 매일의 생활을 하지 않으면 만년운이 대단히 나쁠 것이다.

 또 정신이상으로 뜻밖에 죽을지도 모르니 주의해야 한다.

 눈 속에 빨간 점이 있는 사람은 자기가 의지할 사람이 있는 상이다. 또 이 상은 자기가 의지할 손아랫사람이 있든가 혹은 빨간 점이 나타난 다음에 의지할 손아랫사람을 얻을 수도 있어서, 어느 편으로 보나 자기로서는 이익이 되는 상이다.

 가령 자기가 의지하고 있는 사람이 운기가 나쁘게 될 때는 이 눈 속의 빨간 점도 자연 힘없이 보이고, 의지할 사람의 운기가 왕성하면 눈 속의 빨간 점에 힘도 있고 윤도 난다.

 이 빨간 점이란 것은 빨간 사마귀 같은 것으로서, 반드시 눈 가장자리에 난 것은 아니다.

 남녀의 부위에 청윤색이 나타날 때는 반드시 임신한 상으로서, 부부 관계를 맺은 남성과 여성 양쪽에 나타난다.

 이 청윤색이라는 빛은 원래 파란빛 속에 분홍빛이 조금 섞여서 나타나는 것이고, 그 때문에 은은한 윤기를 내포하고 깨끗한 청색으로 보이는데, 때로는 엷은 자줏빛으로 보이는 경우도 있다. 또 이 혈색이 깨끗이 보일 때의 해산은 순산이 되고, 이 혈색이 탁할 때는 난산이다. 그러나 깨끗하게 보이는 혈색이라도 그 밖에 조금이라도 나쁜 빛이 나올 때는 난산을 의미한다.

 깨끗한 혈색에 나쁜 색이 섞여 있을 때는 다만 난산뿐 아니라 사산

일 경우도 있고, 설혹 출산했다 해도 그 어린이가 건강하고 장생한다고는 말할 수 없다.

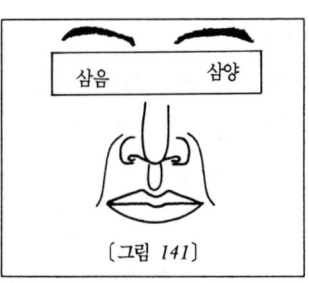
〔그림 141〕

남녀의 부위에 나타난 청윤색이 좌측의 남녀 부위에 강하게 보일 때는 태아가 사내이고, 우측 남녀의 부위에 강하게 나올 때는 여아를 낳을 것이다.

그러나 남녀의 부위에 나타나는 청윤색이 유별나게 선명할 경우에는 순산이 아니고 난산이다. 그리고 가령 출산한 경우라도 그 아이는 오래 살지 못한다. 그러나 사람에 따라서는 그 혈색이 대단히 진하게 나타나는데, 이 사람의 얼굴은 하얀 경우이다.

임신했을 때 눈을 중심으로 한 상하(三陽과 三陰, 즉 전택과 눈과 남녀의 부위.〔그림 141〕)에 새벽녘의 뿌연 빛같이 은은한 빛이 있으면 태어날 아이는 수재로서, 반드시 저명한 인물이 될 것이다.

눈초리와 간문(奸門)의 혈색에 대하여

눈초리〔魚尾 : 어미〕에 윤이 없는 빨간빛이 나와 있는 사람은, 그 사람의 부인이 병으로 앓고 있다든가 혹은 부부 사이에 싸움이 그치지 않을 상이다. 그리고 이 윤이 없는 적색은 대체로 1, 2푼의 폭으로서, 이 넓이로 쭉 나와 있다.〔그림 142〕

이 혈색은 눈을 감았을 때는 보이지 않고 눈을 떴을 때 보이는 것으로서, 눈초리에서부터 눈 속으로 들어간 부위에 나타나는 것이다.

어미(魚尾)에 나오는 적색은 적색이라고는 하지만 조금 검은 빛이 섞여 있는 것으로, 그 때문에 검붉게 보인다.

또 이 혈색은 윤이 없는 연분홍 빛으로 보이는 일도 있고, 결혼하지

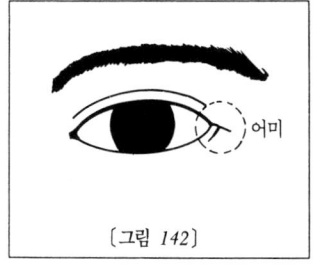
〔그림 142〕

않은 사람은 여자에 대해서도 고생이 많을 상이다.

어미에 흑색(黑色)이 나온 사람은 부부 싸움이 그칠 날이 없고, 아내의 인연도 희박하여 좀처럼 초혼으로서는 그치지 않을 상이다. 그러나 어미에 흑색이 있고 부부 인연이 불편할 때는 반드시 그 사람의 아내는 병신이든가, 아니면 여성 때문에 문제가 많을 사람이다. 물론 이 검은 빛도 눈초리부터 눈 속으로 들어가는 부위에 나타나는 것으로서 마치 타붙은 것처럼 보이는 것이고, 이 흑색도 눈을 꼭 감았을 때는 볼 수 없고 눈을 떴을 경우에는 확실히 보인다.

어미에 적색 점이 나오거나 하는 사람은 이사 문제 혹은 집에 대한 고통이 많은 상이라고 한다. 이 적색 점이라고 하는 것은 마치 좁쌀알 정도 크기의 적색으로서, 빨간 것도 아니고 물론 부스럼도 아니다.

이 적색의 점이 많이 있는 경우에는 이런 판단은 하지 않고 단 하나만 있을 때만 한다. 또 이 적색 점은 어미의 끝이든가 혹은 어미의 위나 아래에 나는 것이다.

간문에 윤이 없는 적색이 나와 있는 사람은 큰 고생을 할 사람이든가 혹은 여성 때문에 고통이 많은 상이다. 이 윤이 없는 적색은 간문의 머리털 난 끝 부위에 진하게 나오는 것이고, 그것이 타붙는 것같이 검붉은 빛으로 나타나는 것이다. 이 검붉은 빛을 붉은 불〔火〕로 하고 검정을 물〔水〕로 하기 때문에, 불과 물이 다투는 상태로 생각해서 좋은 판단을 하지 않는다.

간문에 윤이 없는 적색의 점이 나와 있는 사람은 여성에 대한 고통이 있든가 혹은 지독한 다툼이 있을 상이다.

이 적색 점이란 것은 좁쌀알 정도나 혹은 조금 더 큰 정도의 빨간

빛이다.

하지만 이 적색이 많을 경우에는 판단하지 않고, 물론 부스럼도 보이지 않는다.

다만 한 개 있는 경우에만 전기의 판단을 하는 것이고, 이 혈색은 간문의 머리털 속에 조금 걸려서 나온다.

또 간문은 처첩의 부위의 뒤에 있어서 불륜의 여자로 본다. 더구나 적색은 재산을 나타낸다. 그러므로 불륜의 여성 때문에 재난이 있을 것을 의미하고, 머리털은 자기의 피의 나머지이므로 이것을 친척으로 보면, 그 재난의 영향이 친척에까지 미치는 것이다.

천중(天中)·관록(官祿)의 혈색에 대하여

천중에서부터 관록의 부위에 파란 색이 내려올 때는 윗사람으로부터 질책을 받을 상이다. 〔그림 143〕

이 파란빛은 천중의 부위에서 관록의 부위까지 두 줄로 내려온 것을 말한다. 이것은 마치 갓난아기 손가락 끝으로 훑은 정도의 넓이로 나오는데, 이것도

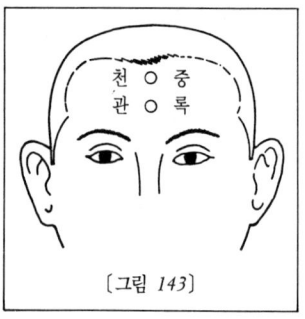

〔그림 143〕

확실히 나오는 것이 아니고 또 결코 파란 힘줄이 아니고, 파란 혈색이라고밖에 표현할 수가 없다.

천중의 부위에서 관록의 부위에 윤이 없는 적색이 내려져 있을 때는 반드시 윗사람으로부터 재난이 올 상이다.

이 적색도 천중의 부위로부터 관록의 부위까지 쫙 흐트러 놓은 것 같이 나타나든가, 앞서와 같이 갓난아이의 손가락 끝으로 잡아당긴 정도의 넓이로 나오거나 혹은 노끈의 꼬부라진 모양으로 나타나 있

다.

또 이 혈색도 관록 부위 부근에 와서 끝이 가늘어져 있으면 그것은 커다란 재난이 올 것을 나타내는 것이며, 그 재난이 오는 시기도 빠를 것이다.

관록의 혈색에 힘이 없고 쓸쓸해 보일 때는, 현재의 운기가 대단히 나쁘고 고생이 막심한 것을 나타내는 것이다.

또 이럴 때는 어떤 일을 생각해도 하나도 되는 일이 없고, 전기한 힘이 없고, 쓸쓸해 보이는 혈색이란 암몽색이 나와 있는 것을 의미한다.

이 상이 나와 있는 사람은 반드시 사업에 실패하고 그 지위를 잃거나 혹은 세상에 얼굴을 들 수 없는 상태로 몰락할 수 있다.

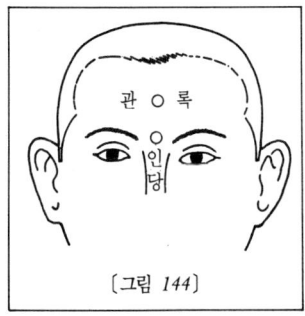
〔그림 144〕

여성으로서 관록의 혈색이 나쁘고 윤이 없는 사람은 주인이 없는 상이고, 주인이 있는 여성의 혈색은 자연 윤이 나고 깨끗한 것이다.

그러나 이 혈색은 매춘부이거나 난봉기가 있고 품행이 좋지 않은 여성에게는 전혀 나타나지 않고, 또 첩으로 들어간 사람이나 결혼 전의 사람에게도 나오지 않는다.

관록 부위에서 인당 부위까지 파란 색이 나와 있는 사람은 근심사가 있거나 혹은 깜짝 놀랄 일이 있는 상이다.〔그림 144〕

이 파란 색은 관록 부위에서 인당 부위까지 흩어진 듯이 엷게 나타난다.

그러나 이 색도 흐린 몽색과 같이 보이기도 하는데, 이 파란 색은 근심사나 놀랄 일을 나타내는 색이다.

일각(日角)·월각(月角)·인당(印堂)의 혈색에 대하여

단 한 명뿐인 독자가 사망할 때는 일각과 월각의 혈색이 나빠지고, 더욱 일월 부위의 살도 빠진 것처럼 보인다. 〔그림 145〕 그 이유는 나중에 설명하겠다.

일각과 월각에 은은한 윤기가 있는 사람은 자기를 도와줄 윗사람이 있는

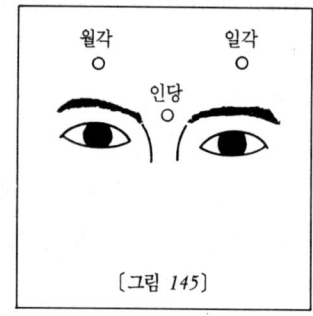

〔그림 145〕

상이고, 또 어버이가 있는 사람은 자기가 상당한 나이가 되었어도 양친에게 재산이나 지위가 있어 세력이 강한 것을 나타내는 상이다.

이 혈색은 일각과 월각 부위에 동전 크기만큼의 엷고 희미하게 나타나며, 확실히 나타나지는 않지만 그 부위는 어쩐지 안정되게 윤이 있다. 그러나 사람에 따라서는 간혹 진하게 나오는 경우도 있다.

인당에 빨간색이 오른 사람은 반드시 공난(公難)이 있을 상이다. 이 빨간색에는 두 가지가 있어서, 쫙 흩어진 것처럼 올라오는 것과 희미하게 올라오는 것처럼 보이는 경우가 있다.

그러나 이 혈색도 사람에 따라서는 조금 진하게 나타나는 일도 있으나, 만약 이 혈색이 빨간빛같이 특히 진하게 나타나는 경우에는 전기와 같은 판단을 하지 않으므로 주의하기 바란다.

또 전기와 같은 혈색이 있고, 그 위에 크게 실패한 혈색이나 혹은 세상에 고개를 들지 못할 일이 있을 혈색이 나와 있을 때는 그 공난(公難)은 작은 것이 아니고 반드시 큰 것을 의미한다.

인당의 부위에 탄력성이 없고 분홍빛같이 언제나 빨갛게 보이는 사람은 성격이 우둔한 사람이다. 그러나 이 분홍의 혈색에도 두 가지가 있어서, 성격이 강하기 때문에 고생하는 사람은 자연 이와 같은 혈색

이 나타난다. 그러나 이런 사람은 안색도 하얗지 않고, 그리고 인당의 폭도 결코 넓은 편이 아니다.

인당 부위에서 관록 부위까지 미색이 나타나 있는 사람은 현재의 운세가 대단히 좋은 사람으로서 무엇을 하든지 순조롭다.

이 사람은 반드시 자기의 마음에도 힘이 있어서, 자기로서도 지금은 내가 무엇을 해도 괜찮다는 생각이 강한 사람이다. 이 미색이라는 것은 분홍빛인데 윤기가 있다.

그러나 이 혈색에는 두 가지가 있어서, 은덕을 베푼 사람의 경우를 잘못 보아서는 안 되므로 주의를 요한다.

인당에 적색의 점이 있는 사람은 반드시 싸울 일이 있든가 혹은 나쁜 일이 있다. 이 적색 점이라는 것은 좁쌀알 정도나 혹은 양귀비 씨 정도의 것으로, 부위의 조금 위에 나타나거나 또는 조금 아래에 나타난다.

이 적색 점도 많이 있는 것은 판단하지 않고, 꼭 하나 있는 것만을 판단한다. 확실히 보이지 않을 만큼 희미하고, 보기 힘든 경우도 있으므로 주의해야 한다.

인당 부위에서 파란 색이 나와서 그 색이 변지까지 달리고 있을 때는 이것저것 다 버리고 정처 없이 멀리 가버리고 싶은 상이다. 그러나 이 상으로는 생각뿐이고 이 일을 실행하지는 못한다. 이 혈색은 발전하려는 원기가 없어졌을 때 나타나는 것으로, '아! 이 세상은 박정하구나' 하고 생각하고 훌쩍 먼 곳으로 떠나 버릴까 하는 자포자기가 되었을 때 나타나는 것이다.

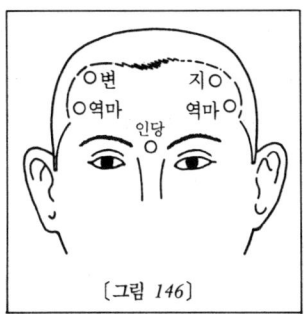

[그림 146]

그러므로 이 정도로 주저앉을 것이냐, 하고 기운을 냈을 경우에는 이 혈색이 당장 사라져 버린다. 그 때문에 이 혈색은 대단히 움직임이 빠르고, 좀처럼 확인하기가 어렵다.

가령 현재의 토지를 버리고 먼 곳으로 가버릴까 하고 생각했을 경우에는, 이 혈색은 인당에 나타나지 않고 반드시 변지와 역마에 나오는 것이니, 이 점도 아울러 생각하여 신중한 판단을 해야 한다.

입술과 승장(承漿)의 혈색에 대하여

입술 빛이 검붉은 사람은 운세도 강하고, 노력에 따른 성공을 거두며, 한걸음 더 나아가 신장의 활동도 강한 사람이다. 이 색은 마치 적동색 모양으로 검붉으며, 색도 은은한 점이 있고, 또 아랫입술의 안쪽은 정말 분홍빛을 띠고 있다.

이 상의 사람은 얼굴빛은 흰 편이 아니며, 조금 검붉은 빛을 띠고 있다. 그런데 입술빛은 검붉은데 얼굴빛이 흰 사람은 대단한 흉한 상이다. 또 입술빛이 루주를 칠한 것처럼 적색을 띠는 사람은 길상인데, 이 색이 나빠짐에 따라서 자연 운도 나빠진다.

이 입술빛이 나빠졌을 경우에는 무슨 일을 해봐도 사고가 생겨서 순조롭지 못하다. 또 노인의 입술빛은 자연히 나쁜 것인데, 이것은 노인의 평상시의 색이고, 젊은 사람은 기분도 몸도 힘이 있는 것으로서 입술의 색도 좋은 것이다. 그러므로 이 이치로 생각할 것이다.

입술이 안개 낀 듯한 빛이 되고, 더구나 쌀알 정도의 검푸른 것이 입술 여기저기에 나타나는 사람은 운세가 쇠퇴한 사람으로서, 나쁜 일이 겹쳐서 닥쳐와 자기가 희망한 일은 하나도 이루어지지 못할 상이다.

또 이 쌀알 정도의 검푸른 색도 경우에 따라서는 싸라기 정도의 크기의 빛으로서, 그것이 때묻은 것처럼 나타나는 경우도 있고, 이들 검푸른 빛이 점점 엷어짐에 따라서 운세도 자연 좋아진다.

입술빛이 하얀 사람은 비장(脾臟)이 약한 사람으로 기분도 명랑해질 수 없는 상이고, 조그만 일에도 머리를 싸매고 걱정하며, 그 때문에 병이 생겨 운세도 정지해 버린다. 또 병에 걸리지 않더라도 이런 기분이면 아무 일도 순조롭게 운영이 안 되므로 자연 운세가 나빠진다.

병자의 승장(承漿) 부위에 나쁜 색이 나와 있으면, 그것은 반드시 약을 잘못 쓴 것을 나타낸 상이다.〔그림 147〕

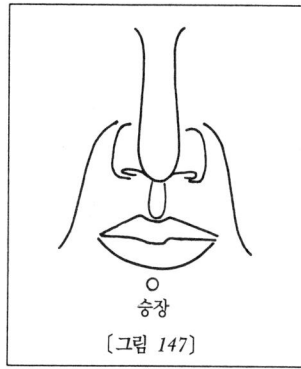
〔그림 147〕

이 나쁜 색이라는 것은 어쩐지 검은 빛이 있고, 또 병에 따라서는 자줏빛 같고 혹은 검푸르며 혹은 진한 감색같이 나타나는 일도 있고, 그 나쁜 색은 승장 부위 전체에 나타난다.

보통 건강한 사람이면서 승장 부위에 이같이 나쁜 색이 나타날 때는 식중독이고, 가령 식중독이라고 여겨지는 때에도 승장 부위에 나쁜 색이 나타나지 않으면 그것은 결코 식중독이 아니다. 그러므로 전기와 같이 약을 잘못 쓴 것으로 생각한 경우라도 승장 부위에 나쁜 색이 안 나올 때는 이것도 결코 약을 잘못 쓴 것이 아니라는 증거이다.

역마(驛馬)의 혈색에 대하여

역마 부위에서 변지 부위까지 미색이 나타나 있는 사람은 집을 건축하거나 혹은 다른 곳으로 이사하려는 사람이며, 집 문제에 대해 경사가 있을 때는 흔히 이 혈색이 나오는 것이다.〔그림 148〕

이 미색(美色)이라는 색은 분홍빛이 은은히 윤이 나는 것으로서, 역마 부위로부터 변지 쪽으로 쭉 흩어진 것처럼 펼쳐 있는 혈색을 말한다.

역마 부위에 어두컴컴한 혈색이 있는 사람은 집에 대한 문제나 혹은 가정 내에 있어서 큰 근심이 있는 상이다.

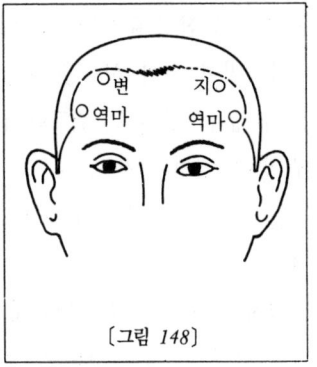

[그림 148]

어두컴컴한 빛이란 것은 흐린 것처럼 보이고, 마치 태양이 지고 조용히 어두워지기 시작한 것 같은 색으로서 좀 보기 힘든 색이나, 두서너 자 떨어져서 볼 때에는 금방 눈에 들어온다. 또 이 경우에도 확실한 암색으로 나타날 때가 있고, 이것은 누구나 간단히 구별할 수 있다. 역마 부위에서 산림 부위까지 어두컴컴한 색이 나와 있는 사람은 사업에 실패하고 재산도 전부 잃어버리거나 가정내에 시끄러운 문제가 생기는 경우가 많다.

얼굴 전체의 혈색에 대하여

안색이 적동색같이 검붉은 사람은 운세도 강하고, 따라서 노력한 만큼의 성공을 할 수 있다. 이 안색은 철면이라고 하여 상당한 지위에 있는 사람에게 나오는데, 천한 사람에게 나온 경우에도 좋은 상이다. 이 상의 사람은 심장의 활동도 튼튼하고, 더욱이 신장도 튼튼해서 현재는 가난해도 반드시 성공할 수 있고, 어린애가 없는 경우에는 반드시 어린애가 생길 것이다.

또 이 상의 사람은 친척 중에서도 의지하려 드는 사람이 있어 여러 가지로 일이 많은 사람이다. 이것을 검붉은 색이라고는 하지만, 그 색 가운데는 자연 안정된 윤기가 있는 것으로서 더러운 빛이나 지저분한 빛과는 전혀 틀리다. 전기의 지저분한 빛이나 더러운 빛의 경우에는 안색에 전혀 윤이 없어서 더러운 느낌이거나 연기가 낀 것 같은 색으로 보인다. 얼굴이 대단히 좋은 상을 하고 있는 사람이라도 더러운 색이나 지저분한 색이 언제나 나타나는 사람은 평생 가난하고 발전하지 못한다.

그 안색은 전기와 같이 더러운 색 위에 어쩐지 지저분한 느낌이 있는 것으로 얼굴 전체에 나타난다. 그러나 이 색은 지금 나타난 혈색이 아니고 날 때부터의 안색이다.

이 상의 사람은 집 때문에 안정이 못 되고, 대체로 고생만 많고, 얻는 것도 적을 상이다. 그러나 이 상이 있는 사람이라도 힘써 은덕을 베풀면 반드시 나쁜 상태에서 벗어날 수 있다.

얼굴 전체에 지저분한 색이 나타났을 때는 반드시 죽을 정도의 큰 재난을 당할 것이다. 이 지저분한 색이란 위에 연기가 낀 것같이 보이는 빛으로서 사업에 실패하든가 아무래도 좋지 않은 상이지만, 또 다른 부위도 잘 보아서 그 다음에 신중히 판단해야 한다. 이 상이 병자에게 나타나면 대단히 중대한 시기이다.

비록 소년이라 하더라도 그 집의 중추적 존재가 되면 정면의 안색은 어쩐지 긴장감이 감도는 법이다. 그러므로 한 집의 주인이라도 집안 식구 전부를 양육하지 않는 사람은 반드시 정면의 혈색이 나쁜 것이다.

안색을 잠시 보고 있어도 전혀 처음과 같은 상태로 변하지 않는 사람은 마음도 확고하게 되어 있고, 운도 강하며, 반드시 발전할 수 있을 것이며, 비록 남의 밑에서 근무하는 사람이라도 성공할 것이다.

그러나 처음 보았을 때는 대단히 좋게 보이더니 잠시 있으면 어쩐지 생채(生彩)를 잃는 사람은 기분도 약하고, 또 끈기도 없고, 자연 크게 발전도 되지 않는 사람이다. 또 마음은 확고한 사람이라도 건강하지 못한 사람은 정면의 혈색을 잠시 보고 있는 동안에 자연 그 혈색이 생채를 잃는다. 그러나 어디라고 꼬집어 설명할 수는 없지만 그 혈색 가운데는 힘이 있다. 이와는 반대로 마음이 약한 사람이라도 마음속에 즐거운 일이 있을 경우에는 그 사람의 혈색은 얼마를 보고 있어도 생채를 잃지 않는다. 그러나 그 혈색 가운데에는 힘이 없는 것 같다. 이것은 마음이 강한 것처럼 보이면서도, 그러나 훌륭한 성의 대장이 될 사람이 없는 것과 같다.

얼굴 전체에 파란빛이 씌워진 것 같은 때는 반드시 이혼할 상이다. 이것은 마치 안색이 창백해진 것처럼 보이는 것으로서, 원래는 몽색이나 이것을 파랗다고 설명하는 것은 보기 쉽게 하기 위한 것이다. 그러나 성격이 과격하고 곧잘 신경질을 내는 사람도 안색은 창백하게 보이므로 이 점을 충분히 주의하기 바란다. 또 이 혈색을 보는 법은 남자나 여자나 똑같은 식이다.

안색에 힘이 없고 대단히 나쁜 혈색이라도 법령에 은은한 윤이 있을 때는 반드시 자기의 사업이 순조로운 때이니, 다만 안색만으로 판단하면 그 판단을 그르치기 쉽다. 이 점을 주의해야 한다.

이현(耳弦)·지고(地庫)·턱·가슴·우신 좌신

귓구멍을 덮고 있는 혹과 같은 것〔耳弦〕에 은은한 윤이 있으면, 이것은 반드시 가까운 시일내에 좋은 일이 생길 것을 뜻한다.〔그림 149〕

이 이현에 나오는 혈색이 강한 윤이 있을 때는 벌써 좋은 소식을 들은 다음이고, 이 좋은 색에 조금이라도 나쁜 색이 섞여 있으면 좋은 소식을 들어도 무슨 사고가 생겨서 모처럼 들은 좋은 일이 갖추어지지 못하고, 또 이현에 나쁜 색이 있으면 나쁜 일을 들을 것이다.

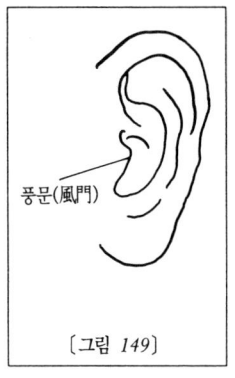
[그림 149]

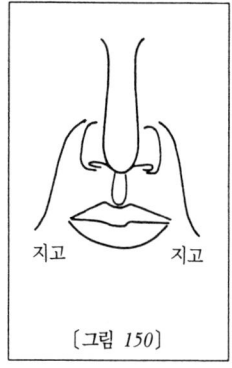
[그림 150]

지고(地庫)에 우중충한 색이 나타날 때는 친척에게 재화가 미치거나, 또는 친척이 대단히 곤란을 겪고 있든가 혹은 자기 손아랫사람에게 공난이 생기는 경우가 많다.〔그림 150〕

 이 우중충한 빛이란 것은 어떤 빛의 경우든지 이러한 느낌의 경우를 말하며, 어두컴컴한 빛이라든가 몽색 혹은 윤이 없는 적색이 나타나는 일도 있고, 또 어쩐지 흐린 것처럼 나온다. 여하간 변한 색이 우중충하게 지고(地庫)에 나타날 때는 친척이든가 자기의 손아랫사람에게 나쁜 일이 있을 때라고 본다. 또 이 혈색은 근변(近邊)에 쫙 뿌린 것처럼 나타난다.

 오랫동안 병을 앓고 있는 사람은 턱이 흐려 있고, 병이 차차 나아감에 따라 턱의 흐린 것도 자연 엷어지는 것이며, 또 습기가 많은 곳에 살고 있는 사람들의 턱은 흐려 있다.

 가슴이 연분홍 빛을 하고 있는 사람은 운세도 강하고, 자기가 노력한 만큼의 성공도 거둘 수 있다. 또 이 연분홍 빛에 은은한 윤이 날 때는 돈이나 혹은 다른 일에도 모두 순조로운 경우가 많다. 그러나 가슴 부분이 진흙칠을 한 것처럼 강한 적색을 띠고 있는 사람이 있는데 이것은 그다지 좋지 않다.

 또 여성의 경우에 가슴이 적색인 사람은 반드시 악처로서, 남편에게 아무 소용이 없는 아내이다.

 우신 좌신(右信左身 : 도적) 부위에 암점(暗點)이 나와 있는 사람은 도적에게 물건을 도적맞든가 혹은 물건을 분실할 수이다. 이 암점이란 것은 쌀알 정도의 어두운 빛이다. 그러나 때때로 바늘로 찌른 정도의 적색[赤點]이 나타나는 일도 있다.

　이 같은 도적 부위에 이상한 색이 있든지 혹은 좋지 않은 것이 있으면, 이것은 반드시 도적을 맞거나 물건을 잃어버릴 수이니 주의가 필요하다. 그러나 이 암점도 도난을 당할 때까지는 관골 부위에서 어두컴컴한 색이 도적 부위까지 나타고, 이것이 도난을 맞고 난 다음이거나 물건을 잃어버린 다음에는 암점으로 되어서 도적 부위에 남아 있다. 또 관골 부위에 나와 있는 어두컴컴한 빛은 얼른 보아서는 알 수 없으니, 앞에 상세히 설명한 도난상을 잘 연구하기 바란다.

　관골 부위는 세상(사회)의 일이나 남의 일에 대하여 설명하는 곳이고, 코는 몸을 대표한다. 그러므로 코의 좌우는 자기 성곽으로서, 여기에 암색이 나오면 마치 세간에서 자기 성곽을 침범한 것과 같기 때문에 이것을 도난으로 본다.

기타의 혈색에 대하여

　남녀(男女) 부위에 자줏빛이 나타날 때는 곧 아기를 낳을 것이다. [그림 151] 그러나 자색(紫色)에도 두 가지가 있어서, 청색과 적색이 섞인 것처럼 보이는 자색은 순산할 상이고 적색과 흑색이 섞여 보일 때는 난산의 상이다.

　이것을 간단히 설명하면, 청색과 적색이 섞인 것은 청색은 나무이고 적색은 불이므로, 나무가 불과 닿는다는 이치[木生火]에서 순산할 상의 자색으로 본다. 그러나 적색과 흑색이란 적색은 불[火]이고, 흑색은 물[水]이며, 그 때

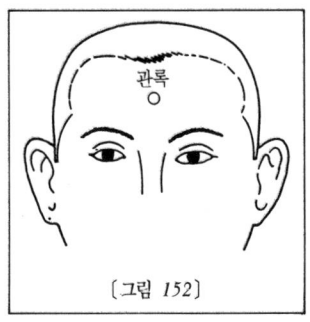
〔그림 152〕

문에 물이 불을 이기는 이치〔水剋火〕에서 이 자색의 상은 난산의 상으로 보는 것이다. 다음에는 가난해도 이미 결혼한 여자는 관록 부위의 혈색이 좋고, 돈이 있고 호화로운 생활을 하는 여성이라도 결혼하지 않은 사람은 관록 부위의 혈색이 좋지 않다.〔그림 152〕

관록 부위는 이마〔天帝〕의 중앙에 있어서 여성에게는 남편의 일을 나타내는 부위이며, 이미 결혼한 여성은 남편이 정해진 것을 나타내는 상으로서 관록의 부위가 은은한 윤기를 띠고 있으며, 이것은 마치 남편의 광채를 머리에 이고 있는 것 같다.

그러나 결혼은 하였어도 남편에게 정숙하지 못한 사람은 남편을 남편으로 생각하지 않기 때문에 남편의 광채가 있는 것을 모르며, 자기만이 잘난 것처럼 생각하고 있으며, 이것은 새벽에 암탉이 울려고 하는 것과 같아서 무슨 일에나 앞장 서서 참견하는 여성이라고 보아 틀림없다. 이러한 여성과 결혼할 때는 자기의 발전력을 막는 것이고, 이것은 마치 불에 물을 끼얹어 끄는 것과 같아서, 그 때문에 집안에는 싸움이 그칠 사이가 없고, 나쁜 일이 차례차례로 일어난다.

또 여자의 행복인 의식주의 세 가지는 전부가 남편의 노력의 결정이며, 이 때문에 여성의 상이 아무리 좋아도 그런 것은 큰 문제가 되지 않는다.

그러나 남편을 정말 남편답게 존경하며 항상 자기의 머리에 이고 있는 것처럼 생각하고, 마음속으로부터 정숙하게 봉사하는 여성은 설사 남편의 운이 나쁜 경우라도 직접 간접적으로 여성의 노력에 의해서 남편을 도울 수 있으며, 이것이 내조(內助)의 공이 되어서 그 집은 크게 번영한다. 현대 여성이 이 책을 읽으면, 이 책의 저자는 봉건주의 사상이 매우 강한 사람이라고 생각하겠지만, 어버이에게 효도하고, 남편에게 정숙하게 봉사하는 것이 가장 빨리 당신의 생활을 즐겁고 편안하게 해준다는 것을 체험해야 이해가 갈 것이다.

명랑한 생활이란 것은 정신적 뒷받침이 있는 동시에 경제적 뒷받침도 필요한 것으로서, 남편의 운세가 나빠서 경제적으로 혜택받지 못한 부부도 여성의 내조에 의해서 반드시 경제적 뒷받침을 얻을 수 있다. 그러므로 가정에 있어서 주부의 위치를 지키는 여성이 어떻게 남편을 즐겁게 활동시키냐에 전념한다면 그것이 반드시 내일부터의 생활을 명랑하게 해주는 것으로서, 주부이거나 장차 주부가 될 여성이거나 간에 정숙한 길 이외에는 개운(開運)의 길은 없는 것이다. 비록 매춘부라고 하더라도 정말 정숙한 마음을 가지고 결혼생활에 들어갔을 때는 반드시 관록 부위에 또렷한 윤이 있는 혈색이 나타난다.

대단히 좋은 운세를 가진 사람이라도 관록의 혈색이 나쁜 때에는 사업도 성립되지 않는다. 관록의 부위는 천제(天帝 : 이마)의 중앙에 있어 군주로 본다. 때문에 모든 일의 좋고 나쁜 것은 전부 이 부위에 나타나는 것으로 되어 있다. 이것을 바꾸어 말하면, 세상이 안정되어 있느냐 아니냐 하는 것은 전부 위정자의 책임으로서, 그 때문에 관록 부위의 혈색이 나쁜 것은 마치 위정자의 힘이 없는 것과 같아서 사회를 안정시킬 수가 없는 것이다.

그러므로 관록 부위의 혈색이 나쁜 사람은 아무 일도 성사되지 않는다.

이마의 좌우에 윤이 없는 황색이 나타날 때는 반드시 친척에 걱정이 있을 상이다. 대여황색(大餘黃色)이라는 색은 기쁨의 색인데, 사람에게도 좋은 경우와 나쁜 경우가 있는 것처럼 색에도 같은 경우가 있다. 그런 셈으로 보기 바란다.

일각 월각(日角月角) 부위에 흑색이 나타날 때는 반드시 외아들이

제5장 얼굴 혈색을 종합적으로 보는 법 173

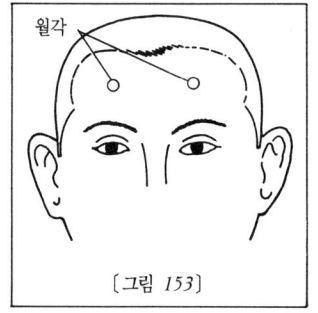
〔그림 153〕

사망할 상이다. 〔그림 153〕 이 일각 월각 부위는 부모나 선조의 일을 보는 부위로서, 자기가 부모의 자식이라면 부모에게서 피를 받은, 마치 한 가닥의 실과 같은 것이다.

그러므로 자기의 자식이 사망할 때는 그 피가 서로 불러일으켜 자기의 일각 월각에 흑색이 나오는 것이고, 그 흑색은 망하는 색이다. 그러나 자식이 많은 사람의 경우, 그 가운데 하나가 사망할 경우에는 일각 월각 부위에 나타나지 않는다.

이마에 몽색이 나타나서 그 이마에 머리털과 같은 빨간 줄이 나올 경우에는 반드시 칼(비수)에 의한 재난이 있다. 이 빨간 줄은 적색이고, 이 색들은 화근의 색으로 보며, 이 빨간 줄은 이마의 살에 파고드는 것처럼 나타나는 것으로서, 더구나 일각 월각 부위의 혈색도 나쁜 색이 된다.

얼굴 전체의 혈색이 나쁜 경우라도 나쁘다는 판단을 해서는 안 된다. 현재의 사업이 대단히 번창하고 정신을 써야 할 일이 많을 때도 안색은 자연 나빠져서 몽색과 같이 흐려지기도 하기 때문이다.

인상으로 그 사람의 운세를 판단할 때는 법령의 혈색을 충분히 주의해 봐야 한다.

그 까닭은, 사업이 크면 클수록 책임자는 마음의 고통이 큰 것으로, 그 때문에 아무래도 혈색은 나빠지는데, 이 경우에는 법령 부위에 혈색만은 좋은 색을 하고 있는 것이 보통이다.

해가 지고 난 다음과 같은〔暗色〕 혈색이 있는 사람은 공난(公難)의 상인데, 이마에서는 그 혈색을 보기 어렵기 때문에 관골 부위의 혈색으로 이 판단을 한다.

그것은 관골의 부위에 대하여는 이제까지 여러 번 설명을 가한 바와 같이 세상사(社會와의 관계되는 일)를 판단한다. 그러므로 관골에 암색이 나타날 때는 세상에 얼굴을 들 수 없는 의미가 있는 데서 이상을 공난(公難)이라고 한다.

오랫동안 가난으로 고생하던 사람으로서, 얼굴 전체에 엷게 어두운 빛이 덮여 있던 경우에 이 빛이 흑색으로 변할 때는 대단히 좋은 것이다.

이것은 태양이 동쪽에서 떠오르기 직전에는 천지가 뚜렷하지 못할 정도의 어둠이 되는데, 이것은 마치 음(陰)의 밤이 끝나고 이제 막 양(陽)이 떠오르는 직전이며, 음이 양으로 복구되는 것이다.

그러므로 이제부터는 점점 양기가 되어가는 상이다.

눈 속이 충혈되고 눈에 힘이 없는 몽롱한 눈을 가진 사람은 반드시 자상(刺傷)을 당하고 목숨을 잃을 상이다.〔그림 154〕자상을 당하고 목숨을 잃을 사람에게는 사상(死相)이 나타나지 않는다.

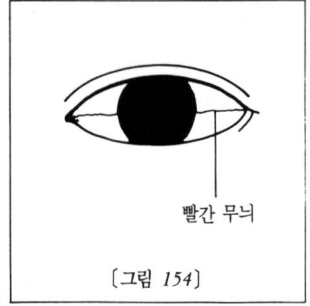

빨간 무늬

〔그림 154〕

이마 좌우가 검은 사람은 운세가 나쁜 사람이 아니고, 반드시 노력한 만큼 성공할 수 있는 사람이다.

또 젊은 사람은 그 사람의 직업이 확실하지 않기 때문에 세상 일에 대하여 고생도 적고, 사람에게 눈치볼 필요도 없으며, 멋대로 지내고 있기 때문에 이마에 흐림이 없는 것이다. 그러나 이와는 반대로 확실한 직업도 있고 상당한 나이에 달한 사람은 사람의 눈치도 살펴야 하고, 모든 일에 마음을 써야 하므로 이 마음과 근심이 이마에 나타나서 검은빛이 된다. 또 이 같은 상은 대체로 성급한 사람에게 많이 나오는 상이다.

고서에는 이마의 좌우에 흑색이 있는 상은 큰 화가 있을 상이라고 적혀 있는데, 이 흑색이란 같은 것이 아니고, 전기한 흑색은 이마에 타붙은 것처럼 보이는 색이고, 이것에는 은은한 윤도 있고 좋은 상이라고 되어 있다.

오랫동안 병을 앓고 있던 사람은 이마에 몽색이 나와 있는데, 앓고 있는 동안에 이 몽색이 별안간 밝은 색으로 변할 때는 반드시 사망할 상이다.

또 오랫동안 병석에 누워 있지는 않았어도 사람이 사망할 때는 이마가 밝아지는 것이다.

산림(山林) 부위의 살이 거칠어진 것처럼 되고, 대단히 힘을 잃어서 있는지 없는지 분간하기 힘든 정도의 황색이 나타날 때는 반드시 산림(山林)을 개척하여 밭으로 만드는 것이다.〔그림 155〕

산림의 부위는 이마에 있고, 부모에게서 이어받은 산림의 일을 보는 경우이며, 산림을 개척하여 밭으로 만들자면 반드시 흙을 움직이지 않으면 안 되기 때문에 산림 부위의 살이 자연 움직여서 있는 등 마는 등 할 정도의 황색을 나타낸다.

또 밭의 일은 지고(地庫)의 부위에서 보기 때문에, 산림의 개척이 끝나고 밭이 된 경우에는 자연히 지고 부위에 은은한 윤이 나고 살도 붙어 온다.〔그림 156〕 이것은 마치 지고가 풍부하게 된 것을 나타내

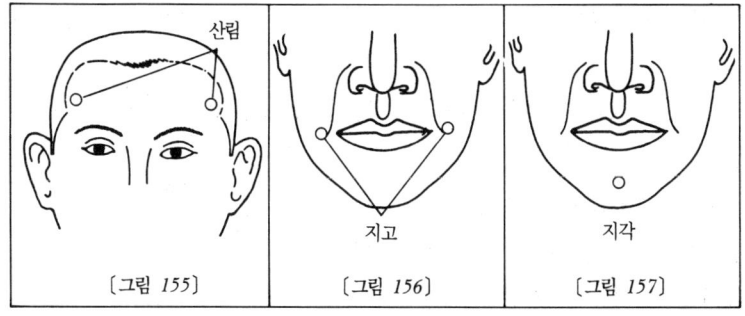

〔그림 155〕 〔그림 156〕 〔그림 157〕

는 것과 같다.

　지각에 황미색이 나타나서 그것이 좌우로 나누어져 보일 때는 반드시 좋은 일로 집이 두 채가 될 것이다. 이 지각은 집의 일을 보는 것이고, 황미색은 기쁜 빛이다.

　또 청색은 분노를 나타내는 빛이므로, 이 청색이 지각에 나타나서 그 끝이 둘로 나누어져 있을 때는 반드시 집안에 다툼이 생겨서, 그 때문에 집이 두 채가 되는 것이다. 〔그림 157〕

　혹은 지각에 암색이 나와서 그 끝이 좌우 두 갈래로 쪼개진 경우는 가정생활이 파탄되고, 그 때문에 집이 두 채로 갈라질 것을 나타내는 상이다. 암색은 사물의 파괴나 멸망을 나타내는 색이다.

　형제(눈썹)의 부위에서 몽색이 나와 관록의 부위를 덮고 있을 때는 자기의 친척들에게 자기의 어버이로부터 물려받은 재산을 사취당하는 일이 있다.

　또 상정(上停:이마)에서 볼 때는 관록의 부위가 자기이고, 중정(中停:눈썹 밑에서부터 코의 아래까지)에서 볼 때는 코가 자기의 일을 나타내고 있으며, 하정(下停:코 밑에서 턱까지)에 있어서는 입에 의하여 자기의 일을 본다. 〔그림 158〕

　관골 부위에 예민하고 자잘한 적색이 나타나서 그 끝이 산근으로 향하고 있으며, 더구나 산근 부위에도 예리한 영탈(穎脫)의 적색(赤色)이 나와 있을 경우에는 집 안으로 트럭이 뛰어들거나, 사람과 다툰 사람이 도망쳐 들어오든가 한다. 〔그림 159〕

　이 영탈(穎脫)이란 말은 주머니 속의 송곳이 삐죽 솟아나는 상태를 말하는 것이므로 대단히 예민한 것을 뜻하는

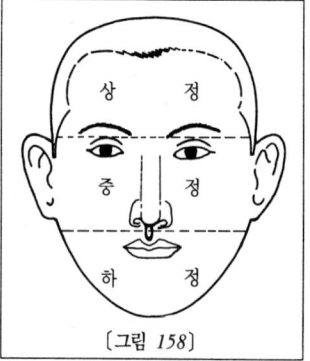

〔그림 158〕

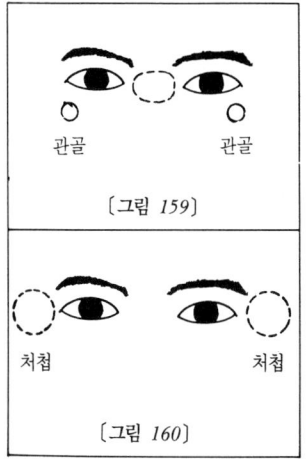

〔그림 159〕

〔그림 160〕

것이고, 전기한 적색도 예민하고 격렬한 색이다. 그러나 관골에 머리카락같이 가느다란 적색이 나타나 있는 것이 아닌, 가늘고 희미한 줄이면서 대단히 뚜렷하게 말할 수 없는 적색으로 나타난다.

처첩 부위에 연분홍의 은은한 윤이 있는 사람은 아직 결혼하지 않은 사람으로서, 결혼한 사람의 경우에는 이 연분홍의 깨끗한 빛은 없어지고 보통 색으로 가라앉는다. 그러나 결혼하지 않은 사람이면 노인이 되어도 이 부위의 빛은 사라지지 않는다.

왼쪽의 처첩 부위에 연분홍 윤이 나고 오른쪽 처첩 부위에 이 색이 없는 경우는, 현재 아내의 기분은 안정이 되어 있어도 남편의 기분은 불안정 상태라는 것을 나타내는 상이다.

이는 왼쪽은 양으로서 남편의 부위로 보는데, 거기에 연분홍 윤이 있는 색이 나오면 남편의 마음속에 아내에 대한 불만이 있는 것을 나타내는 것이고, 그 때문에 이 같은 색이 나타나는 것이다.

또 오른쪽 부위는 음으로서 아내의 부위로 본다. 그러나 거기의 색이 가라앉아 있고 연분홍 윤이 있는 빛이 있을 때는 아내가 현재의 남편에 만족하고, 조금도 마음의 동요가 없다는 것을 나타내고 있으며, 여기에 전기와 같은 색이 나와 있으면 아내가 남편에게 만족하지 못하는 것을 나타내는 것이다.

처첩 부위에 푸른 힘줄이 나와 있는 사람은 아내와 전혀 의견이 맞지 않는 상이다. 전기와 같이 처첩 부위는 부부의 금슬을 보는 부위로서, 거기에 분노의 빛인 청색이 나와 있으면 이것은 부부 사이의 원만을 완전히 잃어버리고, 마침내 인연이 변할 상이다. 〔그림 160〕

식록 부위에 암색이 있는 사람은 직업(사업) 때문에 큰 고통이 있는 사람이며, 또 이 부위에 연분홍과 황색이 섞인 윤이 있는 빛이 나타나 있는 사람은 기쁜 일이 있는 사람이다.

사람의 얼굴 가운데는 자연 산과 바다가 있고, 이것은 코가 산이고 바다는 입이다. 그리고 코와 입 사이를 인중(人中)이라고 하며 백성〔民〕이라 보고 있는데, 백성은 세금을 바치는 것으로 생각해서 인중의 좌우를 식록의 부위로 정한 것이다.〔그림 161〕

그러므로 식록에서는 직업, 즉 노동에 의하여 얻는 수입 등의 일을 보는 것으로서, 그 때문에 식록 부위의 나쁜 상태는 직업적으로 순조롭지 못한 경우이고, 사업이 순조로워서 기쁜 일이 있을 때는 식록 부위에 좋은 혈색이 나오는 것이다.

또 법령 안쪽을 식록 부위로 보고, 법령의 안쪽에서는 가정내의 일을 판단한다. 그러므로 식록에서 법령 바깥으로 혈색이 나와 있을 때는 이 일이 좋은 일이건 나뿐 일이건 세상에 알려져 버린다. 검은 빛이 콧방울 주위를 둘러싸고, 입 부근에도 흑색이 있고, 그 흑색이 입 속으로 들어가 있는 것처럼 보일 때는 반드시 수재가 있다. 이 흑색을 물이라고 본 경우에 코는 흙[土]이므로 물이 흙을 극(剋)하는 이치〔水剋土〕에서 이 같은 판단을 하는 것이다.

왼편 주골(主骨)에 몽색이 있고 오른편 주골에 은은히 윤이 나는

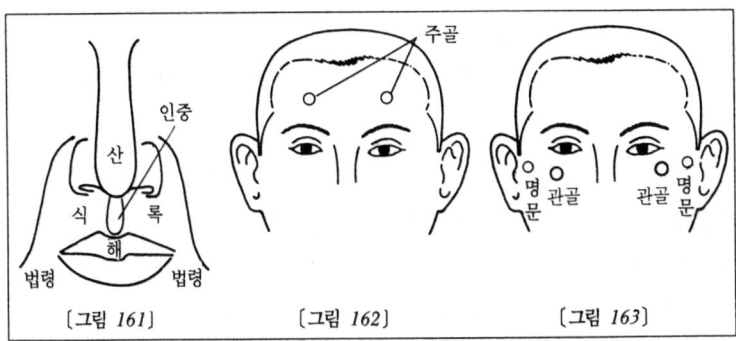

〔그림 161〕 〔그림 162〕 〔그림 163〕

상이 있는데, 이것은 직업 전환을 생각하는 상이고, 비록 이런 상이 있어도 색이 강하게 나와 있을 때는 직업 전환을 해도 좋지가 않다. 그것은 마치 지나침이 부족한 것만 못 하다는 이치와 같아서, 이 윤이 엷을 때는 순조로운 것이다. 또 이 윤 가운데 다른 빛이 섞여 있을 때는 훼방이 있어서 직업을 바꿀 수가 없는 것이다. 왼쪽 주골을 양으로 하고 기존에 있던 직장으로 생각하며, 오른편 주골을 음으로 하여 앞으로의 직장으로 본다.〔그림 162〕

그렇지만 현재의 직장에 불만이 있고 이전의 직장에 미련이 있는 사람도 왼쪽은 몽색이고 우측에 은은한 윤기를 가지고 있으나, 이 윤 속에 엷은 몽색이 나타나 있을 것이니 주의하여 관찰하기 바란다.

대단히 잘 팔리는 매춘부의 관골과 명문에는 깨끗하고 은은한 윤이 있다. 이것은 관골이 세상 일을 보는 부위이고, 명문에는 신장의 활동이 나타나기 때문이다.〔그림 163〕때문에 이 직업에 종사하는 여성은 어려서부터 손님을 받아서 신애(腎愛)를 파는 사람들이고, 그러므로 바쁘게 일하는 여성은 관골에서 명문 부위에 은은한 윤이 나타난다.

그러나 이같이 바쁘게 일하던 여성이라도 결혼하거나 첩으로 들어가거나 하여 신분이 굳어진 경우에는, 여러 손님이 없기 때문에 관골이나 명문 부위의 혈색이 자연 윤을 잃어버린다.

보통 이상으로 정력이 강한 여성은 명문 부위의 혈색이 언제까지나 은은한 윤을 상실하지 않고, 이것은 또다른 의미로는 활동의 강력함을 나타내고 있다. 이것이 속된말로 색골 여성의 상이다.

입 부근에 파(巴)와 같은 검은 색이 나타날 경우에는 물에 빠질 상이다. 이 파(巴)라고 하는 것은 물이 소용돌이치는 상태와 아주 흡사해서, 얼굴에 나올 때는 1파(巴)이거나 3파(巴)이거나 하고, 검은 색은 물로 보기 때문이다.

또 입 부근에 빨간 파(巴)나 암색이 나타나 있을 때는 반드시 화재를 당한다. 이것은 마치 불이 활활 타오르는 상태로 보이기 때문에 이러한 무늬가 나타나는 것이다. 또 암색은 불이 나기 전에는 반드시 연기가 뭉게뭉게 나기 때문에 이와 같은 어두운 파형(巴形)을 나타내는 것이고, 검붉은 어두운 파형이 있을 때는 물과 불의 양쪽 재난이 있을 것이므로 충분한 주의를 요한다.

얼굴의 상이 대단히 원만하고 좋은데도 형벌을 받는 사람이 있다. 이것은 사람이 태어날 때는 나쁜 마음도 나쁜 상도 없고, 사람의 마음에는 두 가지가 있어서 처음부터 나쁜 마음이 없는 사람도 점점 커감에 따라서 생각하는 것도 변하기 때문이다. 이 생각하는 방법의 변화가 얼굴의 상을 변화시키는 것이고, 이것은 누구에게나 해당되는 것이나, 대단한 악질은 외면을 가장하여 자기의 마음을 표면에 내보이지 않는다. 그러므로 많은 사람은 그 외모에 속아서 '그런 사람이 형벌을 받다니? 아, 그 사람이!' 하고 의외의 기분이 되지만, 이것은 그 사람의 본질을 참으로 파악하지 못한 때문이다. 그러나 얼굴의 상이 원만치 못한 사람이라도 생각이 바른 사람은 자연히 눈에 보이지 않는 힘에 의해서 충분히 지켜지고 있기 때문에, '저 사람은 이제 곧 고초를 겪겠지.' 하는 뜬소문을 물리치고 복된 여생을 보내는 실례가 많다.

나쁜 일이 있기 때문에 혈색에 나타나느냐, 그렇지 않으면 나쁜 혈색이 나오기 때문에 나쁜 일이 생기느냐 하면, 이것은 물론 나쁜 일이 생겼기 때문에 자연 나쁜 혈색이 나타나는 것이다.

대체 재화나 기쁨이나 길흉지간에 전보가 자기 행동에 원인하는 것으로, 좋은 일을 하면 반드시 좋은 보답이 있을 것이고 나쁜 일을 하면 나쁜 보답이 있는 것은, 아침에 해가 뜨고 밤이 되면 해가 지는 이치와 꼭 같아서, 이것을 전해 내려오는 인과(因果)라고 하는 것이다.

사물에는 모두 원인이 있기 때문에 결과가 있고, 씨가 있기 때문에 꽃이 피고 열매가 여는 것으로서, 아무것도 없는 곳에 물건이 생길 수는 없는 일이며, 바른 생활을 하는 사람들이 복된 삶을 살 수 있다는 것은 당연한 일이다. 개중에는, 자기도 의식하지 못하고 나쁜 짓을 저지르는 사람이 있다. 이 사람은 자기로서는 좋은 일을 하고 있는 셈인데, 그것이 오히려 나쁜 경우가 있고, 눈에 보이지 않는 슈퍼맨이 나쁜 색을 나타내서 충분히 주의하라고 가르쳐 주고 있는데, 그것에는 정신을 차리지 못하고 행동을 개선치 않을 때는 마침내 악한 일이 구체화되는 것이다.

세상에는 아주 드문 일이지만, 전혀 욕심이 없는 사람이 있다. 이 사람을 비유해 보자면 하늘에 전혀 구름이 없는 것과 같으나, 이 하늘조차도 때로는 비가 되고 혹은 바람이 되는 것과 같이 계절의 변화시에는 반드시 있는 것과 같다. 그러므로 무엇인가 나쁜 색이 나온 것 같은 경우라도 완전히 돌변한 일이 생기는 것은 아니다. 사람에게는 반드시 계루(係累)가 있어서 축의(祝儀)나 불축의(不祝儀)를 겸할 수는 없는 일이나, 그러한 일이 직접 이 사람에게 있어서는 큰 문제가 되는 것이다.

그러나 전혀 욕심이 없는 사람으로서 안정되고 평온한 생활을 보내고 있는 사람이라도 무엇인가 나쁜 일을 생각하고 실행할 경우에는, 이것은 당장 나쁜 색으로 나타나서 나쁜 보답이 있는 것이다. 그러므로 남은 어떻든지 자기만은 좋은 일을 하도록 괘념해 두어야 하겠다.

대체로 인상을 본다는 것은 그때 그때 상황에 따라서 판단하는 것이다.

다음에는 미즈노 나보쿠옹의 젊었을 때의 판단을 적어 보겠다.

미즈노 나보쿠옹이 젊었을 때의 일이다. 한 사람의 인상을 보았는데, 이마의 변지 부위에 팥알 만한 살이 부풀어올라 있고, 그 부어오른 살 위로 희미하게 빨간색의 실 같은 것이 아래로 처져 있고, 그 처진 부분이 쫙 흩어진 것처럼 퍼져 있어서 그 퍼진 모양이 참말 피처럼 보였다.

그리하여 미즈노 나보쿠옹은, "당신은 먼 곳에 가서 반드시 높은 곳에서 떨어져, 그 때문에 큰 부상을 입을 수입니다." 하고 판단하니까 상대방은, "나는 먼 곳에 갈 일이라곤 절대로 없고, 가지 않으면 부상도 당하지 않겠지요." 하고 비꼬는 말을 남겨 놓고 돌아갔다. 그런데 2, 3일 지나서, 미즈노 나보쿠옹은 요전의 그 젊은 사람이 지붕 위에서 떨어져 큰 부상을 당했다는 소문을 들었다. 그래서 미즈노 나보쿠옹이 젊은 사람의 직업을 물었더니, 그는 기와장이로서, 먼 곳에 갈 일이 없다는 것을 알았다.

그 후에 미즈노 나보쿠만한 명인이라도 사람의 인상을 판단할 때는 직업이라든가 그 밖의 일을 충분히 확인하고서 판단을 했던 것이고 앞에서의 판단만 하더라도 다만 부상을 당할 것이라고만 설명했던들 상대도 충분히 주의했을 것이다.

이에 대해서 미즈노 나보쿠옹은 다음과 같이 말하고 있다.

"자기 판단에 지나치게 자신을 가져서, 인상을 볼 때에 어떻게 해서든지 세상 사람들을 깜짝 놀라게 해주려는 야심을 가진 경우에는 반드시 마음의 안정을 상실하기 때문에 어딘가 중요한 것을 빠뜨리고 큰 실패를 한다. 그러므로 인상에 의해서 사람의 길흉을 판단할 때는 자기라는 것으로부터 떠나서 무아지경(無我之境)의 상태에서 볼 것이며, 그런 때라야 자기 판단의 확실성은 돼지를 치는 것이나 마찬가지이다."

라고 설명했다. 또 여기에 덧붙여서 입 끝으로만 인상을 말하는 사람들은 그것으로 사람을 현혹시켜 이익을 얻으려는 사람이고, 이러한 인상가는 참다운 의미의 관상가로서는 인정받을 수 없는 인간이라고 말하였다.

 인상이라는 것은 단순한 성격 판단만이 아니라, 그 사람의 현재의 길흉에 중점을 두고 재화를 돌려서 복으로 만드는 방술인 이상, 이것을 판단하는 사람들이 깊은 통찰력과 고도의 교양을 필요로 하는 것은 당연 이상의 당연한 일이다.

 신체 안에는 눈 외에 또 다른 세 개의 눈이 있어서 이것을 삼단전(三丹田)이라고 부른다.

 양미간(印堂)에 상단전(上丹田)이라고 하여, 사람이 사물을 생각할 때는 반드시 눈을 감고 인당에 전 신경을 집중하고, 그 다음에 이제부터 장래의 일을, 또는 사업의 전망 등을 잡으려고 하는 것이다. 그러므로 이것이 일안(一眼)이다.

 또 가슴을 중단전(中丹田)이라 하고, 사람은 눈을 감고 생각한 다음에는 가슴에 팔짱을 끼고 여러 가지 계획을 수립하고, 거기에 따라 자기의 장래나 또는 사업의 일을 판단한다. 이것이 이안(二眼)이다.

 셋째는 배꼽 아래 한 치쯤에 하단전(下丹田)이라고 하여, 사람이 여러 가지로 생각한 뒤 '그러면 좋다, 반드시 어떻게든지 되겠지.' 하고 큰 결심을 하였을 때 가장 힘이 가해지는 이른바 배짱이라는 것이 그 삼안(三眼)이다.

 이상은 인상을 보는 데 있어서는 직접 관계가 없는 것이나, 이러한 생각으로 인당이나 가슴 등을 보면 자연히 그 사람의 마음속까지 알 수 있는 것이고, 다만 인당에 이런 혈색이 있으니까 이것이다, 하고 알기만 해서는 백 년을 가도 올바른 판단은 어렵다. 즉 인상을 본다는 방술이 얼마나 그 사람의 인격과 깊은 연관성이 있는지, 인상을 보기 위해서는 단순히 얼굴만이 문제가 아니고, 얼굴에 연결된 몸에 붙은 것도 옷 입혀 놓고 생각하고, 그리고 일체의 사념을 끊고 판단하지 않으면 진정한 인상을 볼 수 없다는 결론에 도달한다.

◇ 인상과 도장의 관계

옛날에 관상의 대가인 임문령(林文嶺)이라는 노인은, 종종 안면 부위 가운데 자기가 새로 발견한 부위와 그 보는 법을 발표한 일이 있었다. 그 중에서 그 사람의 실인(實印 : 인감 도장)의 길흉이 인상에 나타나는 부위가 있다고 하여 마음 부위를 설명하고 있는데, 즉 명궁과 승장 부위이다. 만약 그 사람이 길상의 실인을 가지고 있으면 승장 부위가 좋고, 흉상의 실인을 가지고 있는 사람은 그 부위가 나쁘다고 하는 것이다. (명궁(命宮)은 인인(認印)으로 사사로이 쓰는 도장을 일컫는다.)

필자도 가끔 실험해 본 결과 실로 잘 적중했는데, 그러면 길상의 실인을 그 사람들에게 가지게 하면 어떻게 될까? 그리고 마침내 필자는 길상의 도장을 가짐으로써 개운하여 간다는 것을 알았다. 현재 운명학 가운데서 최고의 이 인상학(印相學)이 있는데, 인간은 자기의 대표인 실인을 길상으로 개량함으로써 그날부터 이 부위가 좋은 상이 되고 개운되어 간다고 말할 수 있다. 필자는 그때부터 필사적으로 전각(篆刻)을 배우고 '행운의 도장'이라고 이름붙여서 좋은 상의 도장을 발표하고 있는데, 도장과 인상이 관계있는 것은 재미있는 현상이다.

제6장 얼굴 이외 부위의 길흉(吉凶)

주름과 사마귀 보는 법

얼굴에 있는 흠이나 사마귀가 희미하게 보이는 것은 판단하지 않는다. 그럼 어떤 흠이나 사마귀를 판단하느냐, 이들 중에 작으면서 눈에 띄는 것을 본다. 또 커다랗게 벤 자국(칼 같은 것으로) 등은 상황에 따라서 판단하거나 하지 않는다. 그러나 지나치게 판단하지 않는 것이 보통이며, 곰보 자국 등의 자국이 심한 사람이나 여드름 자국도 보지 않는다. 그러나 이것이 두서너 개쯤 있는 사람은 판단의 자료로 이용한다. 사마귀에 대하여는 상모(相貌) 끝에 조금 써 있으니 참고하기 바란다.

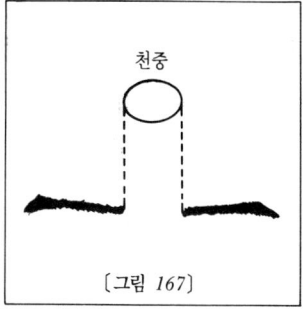
〔그림 167〕

천양(天陽)에 사마귀나 흠이 있는 사람은 뜻밖의 일로 재난을 당한다. 천양은 천중을 중심으로 왼쪽 네 번째 손가락이 닿는 곳을 가리킨다.〔그림 164〕

천중은 이마의 털이 난 끝 부분으로서, 폭은 눈썹과 눈썹 사이의 넓이가 된다. 그리고 엄지손가락의 바닥쯤의 부

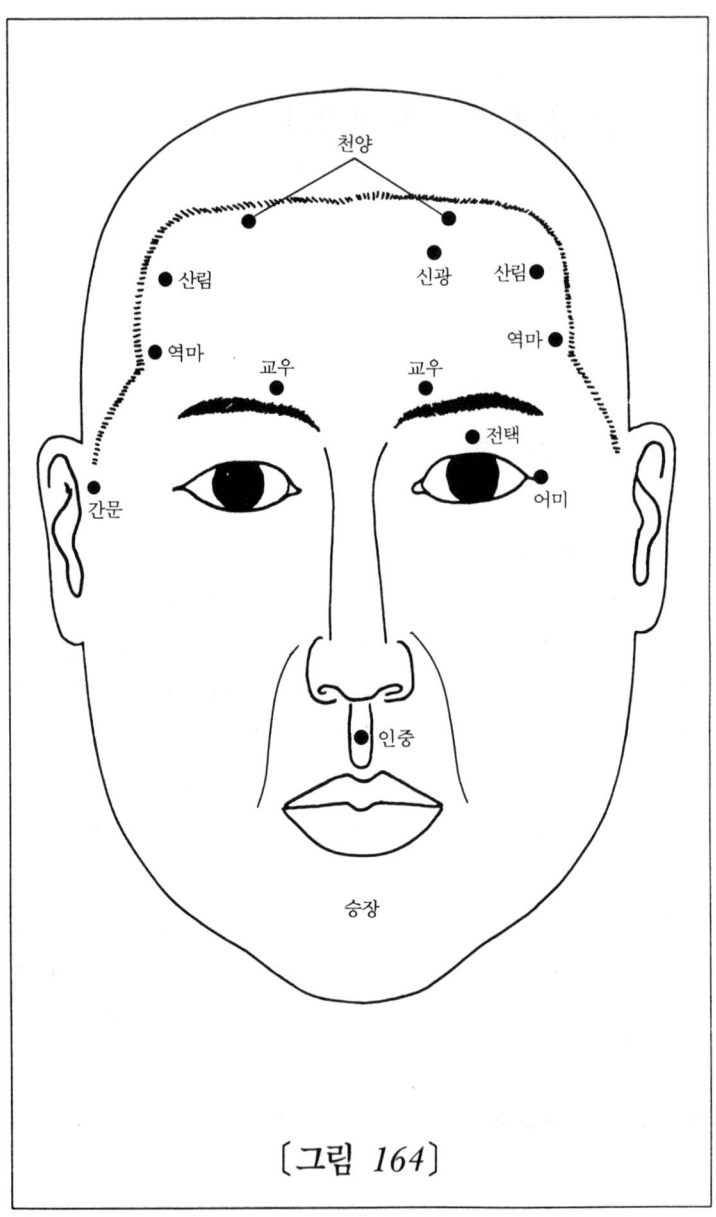

〔그림 164〕

제6장 얼굴 이외 부위의 길흉(吉凶) 187

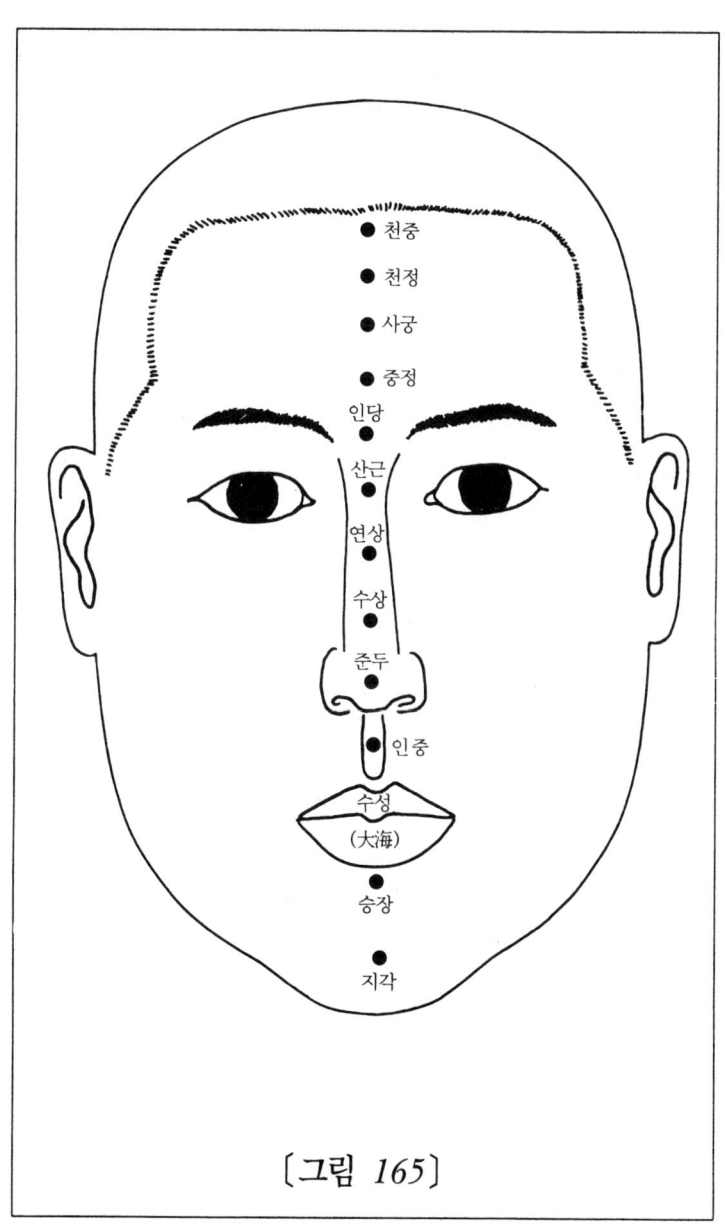

〔그림 165〕

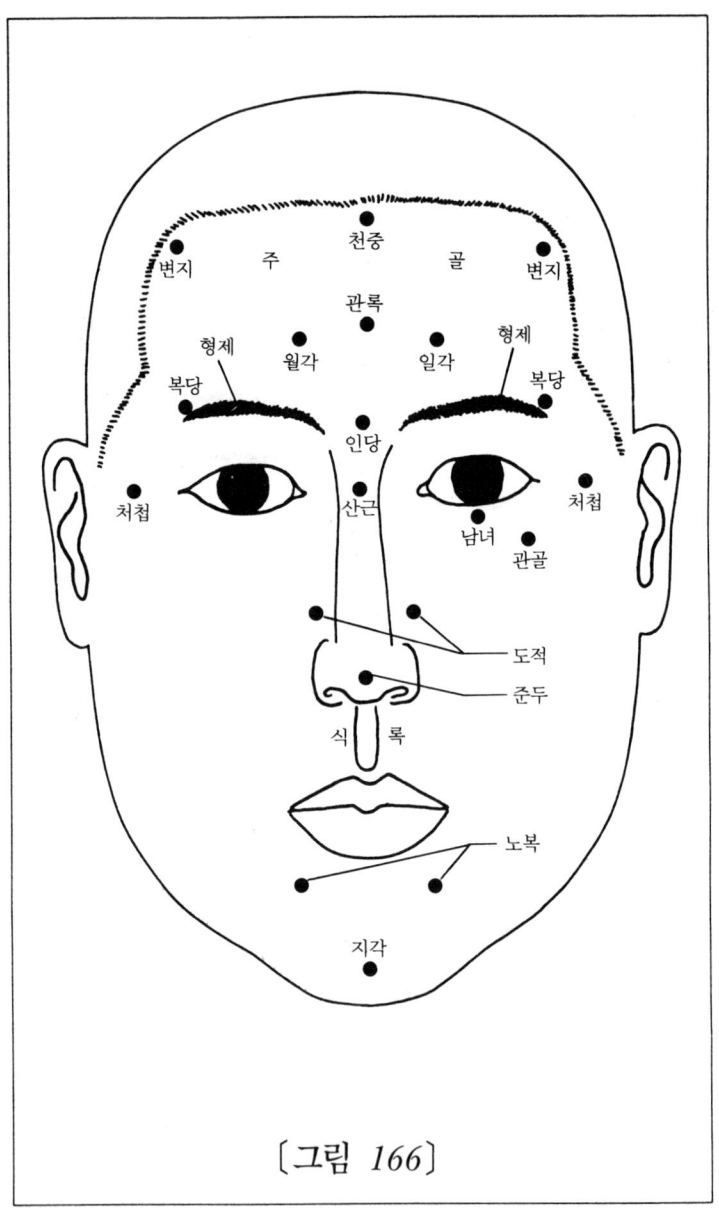

[그림 166]

분으로 기억해 둔다. 〔그림 167〕

 신광(神光)에 사마귀나 홈이 있는 사람은 사업에 실패한다. 그 때문에 가정적으로도 문제가 생긴다. 신광은 천정(天庭)에서 왼쪽으로 다섯 개의 손가락을 나란히 놓고, 그 다섯 번째의 손가락이 닿는 곳이다. 이것은 오른편도 같다. 〔그림 164〕

 천정(天庭)은 천중(天中)에서 엄지손가락 하나만큼 내려온 부분을 말한다.

 역마(驛馬)에 사마귀나 홈이 있으면 가정을 갖는 것이 늦고, 집에 대해 고생이 많다.

 역마의 부위는 중정(中正)에서 왼쪽으로 아홉 개의 손가락을 놓고, 그 아홉 번째의 손가락이 닿는 부분을 말한다. 또 중정(中正)이란 천정(天庭)에서 엄지손가락으로 재어서 두 개만큼 아래 부분이다. 〔그림 164〕

 교우(交友)에 사마귀나 홈이 있는 사람은 어버이로부터 물려받은 재산을 자기 자식에게 물려줄 수 없고 산재도 많다.

 교우의 부위는 중정으로부터 왼쪽으로 세 개의 손가락을 놓고, 그 세 개째 손가락이 닿는 부분이다. 〔그림 164〕

 눈과 눈썹 사이(전택 : 田宅)에 사마귀나 홈이 있는 사람은 어버이의 재산이 있어도 받지 못할 사람이고, 또 사업에도 실패할 사람이다. 〔그림 164〕

 눈초리〔魚尾〕에 사마귀나 홈이 있는 사람은 초혼으로 낙착되지 못한다. 또 결혼한 경우에는 부부 사이가 나쁘고, 부부 사이가 좋은 경우에는 아내 쪽이 병약해질 경우가 많다. 〔그림 164〕

 눈초리의 뒤쪽 간문에 사마귀나 홈이 있는 사람은 여성 때문에 대단한 고통을 받을 것이고, 이것이 바로 여난(女難)의 상(相)이다. 또 이 상이 있는 사람은 살아 있는 한 다른 사람으로부터 원한을 살 것

이다. [그림 164]

코와 입 사이에 있는 홈(인중)에 사마귀나 홈이 있는 사람은 자기 마음을 자기가 어쩔 수 없기 때문에 무엇을 해야 좋을지 모르는 것이다. 이것은 정신적으로 불안정한 상이다. [그림 164]

아랫입술[承漿]에 사마귀나 홈이 있는 사람은 식사에 대한 문제가 많은 사람이다. 예를 들면 부처님에게 공양을 드리기 위하여 식사량을 줄이거나 단식할 상이다. [그림 164] 이들의 좋고 나쁜 것은 혈색 부분을 참고하기 바란다.

머리털이 난 끝[天中]에 사마귀나 홈이 있는 사람은 윗사람과 좀처럼 의견이 맞지 않는다. 그 때문에 윗사람과 충돌하는 경우도 있어서 윗사람의 도움이 적고, 아주 고생 많은 인생을 보내지 않으면 안 된다. [그림 166]

이마의 중앙[官祿]에 사마귀나 홈이 있는 사람은 모처럼 운세가 좋아지려 하면 반드시 뜻밖의 곳에서 훼방이 들어와, 그 때문에 생각대로 발전이 안 되는 상이다. [그림 166]

눈썹과 눈썹 사이[印堂]에 사마귀나 홈이 있는 사람은 자기의 희망하는 일이 8, 9부까지 성취된 경우에도 희망대로 성취되지 않는다. 무언지 모르게 운나쁜 인생을 보내기 쉬운 상이다. [그림 166]

눈과 눈 사이[山根]에 사마귀나 홈이 있는 사람은 아주 건강하지 못하고, 언제나 튼튼하지 못한 몸이므로 회색 인생을 보내기 쉽다. 또 이 상을 가진 사람은 사업에도 실패하기 쉽다. [그림 166]

콧마루[準頭, 土星]에 사마귀나 홈이 있는 사람은 자기가 생각한 것이 좀처럼 순조롭게 나가지 못하고 고생 많은 인생을 보내기 쉽

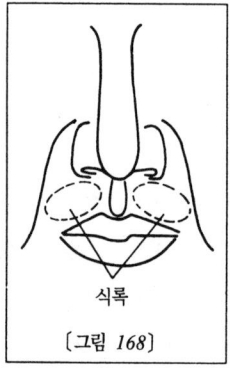

식록

[그림 168]

다.〔그림 166〕

　코와 윗입술 사이(식록(食祿), 그림 168)에 사마귀나 흠이 있는 사람은 가정을 가지는 것이 늦으며, 가난한 사람은 몇 차례나 집을 옮길 상이다.〔그림 166〕

　눈썹꼬리 위〔福堂〕에 사마귀나 흠이 있는 사람은 아무래도 돈쓰는 것이 헤프고, 자기 재산이 좀처럼 모아지지 않는다. 또한 이런 상을 가진 사람은 사업에도 실패하기가 쉬우니 항상 조심하는 태도를 가져야 한다.〔그림 166〕

　눈썹〔兄弟〕에 사마귀나 흠이 있는 사람은 자기의 육친이나 친척과의 인연이 희박한 상이다.

　이 상을 가진 사람이 고향을 떠나서 생활할 경우에는 크게 성공할 수 있다.〔그림 166〕

　눈초리의 뒤쪽〔妻妾〕에 사마귀나 흠이 있는 사람은 좀처럼 초혼으로 끝나지 않는다. 또 육친이나 친척과도 인연이 희박한 상이다.〔그림 166〕

　눈꺼풀의 아래〔男女〕에 사마귀나 흠이 있는 사람은 아이가 있어도 그 아이가 좀처럼 만족하게 자라지 못한다.

　설혹 잘 키운다 해도 불량하거나 불구가 되고 혹은 생활 능력이 없기 때문에 평생 어버이의 신세를 질 것이다.〔그림 166〕

　광대뼈〔顴骨〕에 사마귀나 흠이 있는 사람은 자기 일이 아니고 남의 일로 고생이 많으며, 또 남에게서 재난을 당하기 쉬운 상이다.〔그림 166〕

　코의 양쪽〔盜賊〕에 사마귀나 흠이 있는 사람은 물건을 아끼는 사람이라도 일생 동안 물건을 잃는 수가 많은 상이다.〔그림 166〕

　코에서 입에 걸쳐 있는 주름〔法令〕에 사마귀나 흠이 있는 사람은 어버이에게서 직업을 물려받아도 제대로 성공하지 못한다.

혹은 어버이의 직업이 자기 개성에 맞지 않아 자기가 어버이와 다른 직업에 취업할 상이다. [그림 166]

턱의 양쪽[奴僕]에 사마귀나 흠이 있는 사람은 자기가 아무리 돌봐 준 경우라도 믿을 수 있는 부하가 없다. 혹은 돌봐 준 부하에게 배신을 당하는 등 여하간 부하에 대해서는 손실이 많은 상이다. [그림 166]

관자놀이 위[邊地]에 사마귀나 흠이 있는 사람은 자기가 태어난 곳에서는 상당한 생활을 할 수가 있으나, 고향을 떠나서는 여러 가지 고생이 많고, 이것은 타국에 가서는 손을 볼 상이다. [그림 166]

인상을 보는 마음가짐의 하나로서 다음 사상이 독자에게 조금이라도 참고가 되었으면 해서 써본다.

남자와 여자가 성교를 할 때는 즐겁게 하면서도 그러나 웃는다는 일은 없다.

이것은 어째서냐 하면, 자기 정력이 감퇴하기 때문에 아무래도 얼굴에 그것을 우려하는 상태가 나타나기 때문이다. 하지만 이것이 진정한 의미의 '자연'인 것이다.

수목도 약목일 동안은 화려한 꽃이 피고 맛있는 열매가 달리고 맛도 좋다.

이것이 노목이 되면 열매도 잘아지고 맛도 나빠진다.

이러한 것은 전부 천지자연의 이치이고, 또 천지자연의 상인 것이며, 인상을 보는 사람이 천지 자연의 이치를 몰라 가지고서는 자기의 일조차 모르고 만다.

그러므로 먼저 자신을 잘 알고 그 다음에 남의 인상을 보아야 한다고 생각한다.

모발(毛髮) 보는 법

머리털에 대하여

　머리털이 빨간빛을 하고 있는 사람은 사물에 대하여 끈기가 없고 상속도 못 받는다. 또 머리털이 곱슬곱슬한 사람은 신장의 활동이 좀 약한 사람으로서, 그 때문에 자손운이 나쁘고 사업에 대한 끈기가 없어서 좀처럼 성공하지 못하는 상이다.

　머리털이 가늘고 끈기가 있는 것처럼 보드라운 털을 가지고 있는 사람은 자손운도 좋고, 또 사업에 대한 끈기도 있으며, 수명도 길고 이상도 크다.

　그 사람의 나이에 맞지 않게 숱이 많은 사람은 윗사람과 의견이 맞지 않고, 사업에도 실패하기 쉽고, 운세도 약하다. 이와는 반대로 나이에 따라서 숱이 알맞게 적은 사람은 운도 강해서 재미있는 생활을 보낼 수 있다.

　젊었을 동안에 이마가 적당히 벗겨져 올라가는 사람은 운세도 강하여 젊은 동안에 어느 정도의 성공을 한다. 또 머리 난 곳이 듬성듬성 벗겨져 올라간 사람은 윗사람과 의견이 맞지 않아서 자연 운세도 약한 것으로 본다.

　하상(下相)이라고 하는 것은 머리의 털이 굵고 또 숱도 많은 것이며, 상상(上相)의 사람은 머리털이 가늘고 숱도 적다.

　지위가 낮은 사람이 젊어서 벌써 머리가 벗겨져 올라간 사람은 성공이 빠르고, 설혹 성공을 못 했어도 언제까지나 낮은 지위에 그냥 머물러 있을 사람이 아니다. 이와는 반대로 나이를 먹었으면서도 언제까지나 머리숱이 많고 이마가 벗겨지지 않는 사람은 만년운이 나쁘다.

　나이가 젊으면서 백발이 많은 사람은 상속운은 있으나 자손운이 나쁘고 사물에 대한 끈기도 없다.

　머리털은 피의 나머지이다. 굵은 머리털은 잡아당겼을 때 늘어나지 않고 끊어져 버리는데, 가는 머리털은 잡아당겼을 때 끊어지지 않는다. 이것은 피의 활동과 관계가 있는 것으로, 피는 오장육부(신체)를 기르는 가장 중요한 것이고, 그 사람의 건강에 중요한 위치를 차지하고 있다. 그러므로 잡아당겨도 끊어지지 않는 사람은 피의 활동이 강력하기 때문에 건강하고 일에 대한 끈기도 있으므로 자연 운세도 좋아지나, 이와는 반대로 잡아당기면 끊어져 버리는 사람은 피의 활동이 약해서, 그 때문에 몸에 자신을 가질 수가 없어서 자연 일에도 끈기가 없고 운세도 약해진다.

　이마를 하늘로 볼 경우에 숱이 많은 것은 마치 하늘이 막혀서 흐려 있는 것 같은 것으로서, 그 때문에 이 사람은 운이 열리지 않는다. 또 이마를 윗사람의 부위로 보았을 때, 숱이 많은 것은 의지할 수 있는 윗사람이 없는 상으로서, 그 때문에 일을 해나가는 데 힘이 든다.

　또 이마가 듬성듬성 벗겨지는 경우에는 마치 하늘에 뭉게구름이 있는 것 같은 상이다. 하늘에 뭉게구름이 있을 때는 바람이나 비, 춥고 더운 모든 것이 순조롭지 않는 것과 같아서, 그 때문에 이 사람의 운세도 고르지 못하다.

　이와는 반대로 젊었을 때 이마가 알맞게 벗겨 올라가는 사람은 하늘이 빨리 열리는 것 같아서 자연히 성공하는 것도 빨라 운세가 순조롭게 나아간다. 더하여 나이 들면서 언제까지나 이마가 벗겨지지 않는 사람은 마치 하늘이 열리지 않는 것처럼 운이 돌아오는 것도 자연 느리게 된다.

　젊은 나이에 비하여 백발이 많은 사람은 피의 활동이 약한 사람으로서, 그 때문에 머리가 시든 것 같아서 백발이 된다. 이것은 부모와의 연결이 끊어지는 것을 의미하고, 자연 자손이나 육친과의 인연도 희박하다.

수염에 대하여

빨간 수염이 날 때는 운세도 나쁘고, 자기가 희망하는 것이 달성되기 어려우며, 고생도 대단히 많다. 또 이럴 때는 피의 활동도 약하고 건강 상태도 나쁘다. 그러나 병자의 경우에는 빨간 수염이 났다 해도 이같이 판단하지 않는다.

신장의 활동이 약한 사람이나 피의 활동이 약한 사람은 조금이라도 마음속에 고통이 생긴 경우에 수염이 빨개진다. 그러므로 평소 건강에 자신이 있는 사람으로서 수염이 빨개진 경우에는 큰 재화(災禍)가 생길 것이다. 혹은 커다란 산재수가 생겨서 그 때문에 대단히 고생을 한다.

수염이 가늘고 또 파랗고 빈틈없이 나는 사람은 희망도 크고, 노력한 만큼의 성공도 하고 건강하기도 하다. 그러나 파란 수염이 드문드문 나는 사람은 고생이 많다.

그러면 수염은 많으나 먹과 같이 새까만 사람은 어떨까? 이 사람은 운세도 약하고, 사업에도 실패하기 쉽고, 굴곡이 많은 인생을 보낼 하상이다. 따라서 처연(妻緣)에 대하여도 주의하지 않으면 안 된다.

수염 끝이 꼬부라져 있을 때는 현재 하고 있는 일이 순조롭지 못하며, 현재 대단히 고통을 겪고 있는 상이다. 이와 같은 때는 사업을 적극적으로 하지 말고 슬슬 늦추어 행동하면 나중에 가서 수월해진다.

파란 수염은 길상이고 검은 수염이 나쁜 것은 다음과 같은 점에서 판단한다. 즉 수염은 피의 나머지로서 화성(火性)에 속하고 검은 수염은 수성(水性)에 속해서 수극화(水剋火)의 이치 때문에 나쁘다고 보는 것이고, 파란 수염은 목성(木性)에 속하는 것으로 목생화(木生火)의 이치가 되어서 길상으로 보는 것이다.

또 빨간 수염이 날 때는 수염 그 자체의 빛이 나타난 것과 같아서 이것은 과격한 색이고, 피의 빛으로도 본다. 그러므로 근본은 못 쓰게 되고 끝만이 활동하고 있는 것과 같다는 데서 현재는 고생이 많다는 판단이 나온다.

몸을 보는 법

보통은 인상이라고 하면 얼굴만 보는 것으로 속단하기 쉽다. 그러나 '인간의 상'이라는 참다운 의미는 머리끝부터 발 끝까지, 그 각 부분이나 행동하는 동작 등도 인상의 일부이다. 이 점을 잘 생각하여 얼굴에만 사로잡혀서 실패가 없도록 주의할 것이다. 다음에는 몸을 보는 법에 대하여 써보겠다.

신체의 세 구분

먼저 신체는 머리와 동체, 허리의 셋으로 나눌 수 있다. 그러면 이제부터 머리는 어떤 것이며 동체는 무엇을 의미하는가, 허리에서 아래는 무엇을 나타내고 있는가에 대해 적어 보겠다.

머리는 둥근 것으로서 이것을 하늘로 본다. 그리고 머리에서는 윗사람과의 관계나 유년 시절을 판단한다. 또 동체는 그 사람으로 보고, 빈부(貧富)에 대한 것과 중년 시절을 판단한다. 다음에 허리에서 아래는 땅으로 보고, 집에 관계되는 일이나 손아래의 일 혹은 그 사람의 만년에 대하여 판단한다.

머리가 큰 사람은 소년 시절에 그다지 복된 생활을 하지 못했고, 성장하여서는 윗사람과의 사이에 의견 충돌이 많아서, 그 때문에 자기의 운세도 뜻대로 뻗지 못하고 고생이 많다. 그러면 머리가 작은 사람은 어떠냐 하면, 이 사람 역시 머리가 큰 사람과 같고, 또 육친과의 인연도 희박하다.

　머리는 신체에 알맞은 것이 가장 좋은 상이며, 신체는 크고 머리가 작은 사람이나 신체에 비해서 머리만 큰 사람은 전기와 같은 판단을 한다.

　동체가 크고서 뚱뚱한 몸매의 사람은 육친이나 친척으로부터 의지를 받고 있어 운세가 좋다. 이와 반대로 동체가 작은 사람은 자기에게 덕이 없는 것과 마찬가지로 건강에도 문제가 있고 일에도 끈기가 없다.

　허리부터 아래가 동체에 비하여 가느다란 사람은 일생동안 집 때문에 고생한다. 또 그 사람의 신체도 약한 편이고, 이에 비해 허리에서 아래와 동체의 균형이 잡혀 있는 사람은 가정적으로도 문제가 없고 이상이 높은 사람이다.

　허리부터 아래의 모양이 나쁜 사람은 두령운(頭領運)의 복이 없다. 이것은 허리에서 아래를 땅으로 보아 손아래의 일을 보는 것이므로 여기 모양이 나쁜 사람이 부하복이 없는 것은 당연한 일이라고 할 수 있다. 자기에게 어떤 재능이 있다 해도 손아랫사람(부하)이 없으면 큰 일은 못한다.

　동체는 큰데 머리만이 작은 사람이 윗사람과 의견이 맞지 않는 것은, 동체는 사람으로서 자기로 볼 수 있고 머리는 하늘로서 윗사람으로 보았을 때, 자기의 신체가 윗사람의 머리보다 큰 것 같아서, 이렇다면 자기 주장만 내세우려 하기 때문에 아무래도 윗사람이 싫어한다.

　또 머리가 크고 허리부터 아래도 크고서 동체만이 작은 사람은, 자기의 몸이 머리의 하늘과 허리에서 아래의 땅의 사이에 짓눌린 것과 같아서, 이래서는 동체의 자기가 발전할 수가 없다. 그러므로 자기에게 덕이 없다고 보며, 이와 반대의 생각에서 보면, 바른길을 걷고 있는 사람은 자연히 동체도 늠름하고, 머리와 신체와 허리에서 아래의 균형이 잡혀 있다.

또 자기의 신체가 늠름하면 정신도 확고한 것이며, 동체가 뚱뚱한 사람은 천과 지 사이에 있어서 죽죽 자라나는 것으로 보인다. 그러므로 이와 같은 상의 사람이 운세도 강하고 성공하는 것이라고 판단되어 있다.

허리에서 아래가 동체에 비해 가느다란 사람이 집 문제로 고통이 많다는 것은, 허리에서 아래를 땅으로 보기 때문이다. 그러면 꼭 땅의 이치에 혜택을 못 받는 것과 같아서, 그 때문에 집 문제에서 고생이 많은 것이다. 이와 반대로 허리에서 아래가 동체에 대해 균형이 잡혀 있으면 땅의 이치에 혜택을 받는 것과 같으므로 문제가 없다고 할 수 있다.

뼈와 살에 대하여

뼈는 신체에 있어서 기둥이고, 그 때문에 신체의 강약을 판단함과 동시에 아울러 그 사람의 수명의 장단도 판단한다.

뼈가 굵은 사람은 건강면에서 복을 받고, 따라서 장수한다. 이와는 반대로 뼈가 가는 사람은 신체의 기둥이 가느다란 것과 같아서, 그 때문에 건강에 문제가 많아 자연 장수하지 못한다.

그러나 뼈는 비록 가늘어도 살이 통통한 사람은 건강에 대해서는 걱정할 것 없고, 크게 활약할 수 있는 사람이다. 또 뼈가 굵은 사람이라도 신체가 씨름꾼 모양 마디가 센 사람은 신체를 써서 생활하는 일이 많으나 두령운이 있는 사람이라고는 할 수 없다.

살은 그 사람의 일생을 통한 운세의 강약을 판단하고, 아울러 자손운에 대하여 판단한다. 몸이 말라 있어 살이 얇은 사람은 땅이 수척한 것과 같아서, 그 때문에 많은 것을 낳아 길러 갈 수 없다. 마치 사람도 똑같아서 신체가 마른 사람은 운세도 약하고, 자기가 자진하여 일을 하는 것은 드물고, 자손운도 없다.

이에 비해 살진 사람은, 땅이 비옥해서 그 때문에 모든 사물을 생육할 힘이 강한 것과 같아서 자기의 노력에 응해서 성공할 수 있다.

그러나 살이 돼지 모양으로 털럭털럭 쪄서 탄력성이 없으면 가정을 가지는 것이 늦고, 일을 해도 좀처럼 순조롭지가 못하고, 자손운에 문제가 있는 사람이라고 본다.

살이 신체에 알맞게 조화되고 탄탄한 사람은 노력에 상응하는 성공을 거둘 수가 있다. 그리고 이 같은 몸집의 사람은 다른 사람을 돌봐주는 일이 많다. 이것은 어떤 사람의 경우라도 다소 여유 있는 생활을 하고 있는 사람에게는 곤란한 사람들이 의지해 오기 때문이다.

살이 없고 몸에 여유가 없으며 시든 것과 같은 몸집은 대단히 나쁜 상이다. 이 같은 사람은 무엇을 하든 순조롭게 되지 못해 자기 희망을 성취하지 못한다.

그러나 신체가 말라서 살은 없어도 어쩐지 여유 있는 몸집의 사람은 일을 하고 있는 경우에도 그 일이 순조롭게 진행되고, 그 때문에 자기 기분도 대단히 만족해서 보는 사람도 곧 알 수 있다.

뼈는 가늘어도 단단하게 살진 사람이 건강하다는 것은, 뼈와 가죽이 알맞게 조화된 상태라고 보기 때문이다. 가죽은 밖으로 두껍기 때문에 신하(臣下)로 보고, 뼈는 살에 싸여 있기 때문에 이것은 군주(君主)로 본다. 그러면 신체 중의 군신(君臣)이 대단히 조화가 잘 잡혀서 순조로운 상이고, 그 때문에 건강한 것이다.

이에 비해서 뼈가 굵고 몸 밖에까지 힘줄이 내비쳐 있는 사람은 마치 신체 가운데의 군주가 천한 것과 같아서, 신체를 편안히 가지고 생활할 수가 없어, 아무래도 육체 노동 같은 직업을 구하게 된다.

살은 땅〔地〕과 같은 일을 하는 것으로서, 땅이 두텁고 풍부하면 모든 것이 잘된다. 그러므로 살은 그 사람의 전생애의 운세를 의미한다. 또 자손운에 대하여도 살을 본다.

살이 많아도 돼지같이 비대하고 긴장미가 없는 사람은 직업이 정해지는 것도 더디고 가정을 가지는 것도 늦으니, 이것은 땅에 수분이 너무 많아서 굳어지지 못하는 것과 같은 이치다. 사람의 경우도 같은 이치로, 그 사람의 신분이 좀처럼 정해지지 못하고 무엇을 하여도 순조롭게 되지 못할 상이다.

또 살이 많고 몸집이 통통한 사람의 상을 '생지(生地)의 살'이라고 하는데, 이는 마치 흙에 힘이 있어 윤기가 있는 것과 같고 그 때문에 초목이 나기 쉬운 것이다. 사람의 경우도 이와 같아서 이런 상은 운기도 강하고, 자연 무슨 일이든지 순조롭게 운영된다.

그러면 살이 얄팍하고 몸집이 가냘픈 사람은 어떠냐 하면, 이 같은 살을 '죽음의 살'이라고 하는데, 초목이 싹트기 힘든 것이다. 그러므로 운기도 약하고, 자연 무슨 일이든 순조롭지 못한 결과를 초래한다.

가죽에 대하여

가죽은 신체에 비교해서 설명하면 하늘과 같다.

그 때문에 그 사람의 운기의 좋고 나쁜 것을 판단하고, 아울러 그 사람 일생의 빈부(貧富)를 본다.

가죽이 두껍고 팽팽한 사람은 하늘이 완전한 것과 같고, 그 때문에 이 사람의 운기는 강하고 노력에 상응하는 성공을 할 사람으로 볼 수 있다. 또 이 사람은 건강복도 있으며, 일을 하는 경우에 분투력도 있는 사람으로 보면 틀림없다.

가죽이 얇은 사람은 하늘이 완전치 못한 것과 같이 운기도 약하고, 노력을 해도 노력한 만큼의 성공을 거둘 수가 없는 사람으로서 만사에 끈기가 부족한 사람이다.

가죽에 윤기가 있는 사람은 하늘의 도움을 얻은 것과 같아서, 그 때문에 무슨 일을 하든지 순조롭고 운기도 강해진다. 그러나 가죽에 윤기가 없을 때는 하늘의 도움이 없는 것과 같아서, 그 때문에 무슨 일을 해도 잘되지 않는다.

가죽을 하늘로 보는 것은, 가죽은 신체의 살을 싸고 있고 마찬가지로 하늘도 모든 것을 덮고 있으므로, 몸 전체를 비유해 본다면 하늘로 보는 것으로서 운기의 강약을 판단한다.

또한 사람 일생의 빈부도 생각하는 부분이다. 하늘은 개어 있을 때가 좋고, 땅은 적당한 습기를 가지고 있는 편이 모든 면에서 가장 좋은 상태라는 것을 생각하여 신체 연구를 하기 바란다.

어깨에 대하여

그 사람의 어깨로서 무엇을 보느냐 하면, 그것은 그 사람 일생의 운이나 빈부를 보는 것이다.

어깨는 두텁고 모양 좋은 것이 노력에 따르는 성공도 있게 마련이다. 이 상이면 평생을 통해서, 가령 위험을 당해서도 그것을 피할 수 있다.

이와는 반대로 어깨가 얇고 모양이 나쁜 것은 상당히 고생이 많을 것이며, 운세도 약하다.

또 목덜미에 살이 두툼하게 붙은 사람은 어버이보다 높은 수준의 생활을 할 것이며, 큰 일을 할 수 있는 상이며, 건강하고 장수할 상으로 본다.

언제나 한가하게 지내는 것처럼 보이는 사람이 얼른 보아 어깨에 힘이 있어 보일 때는 현재가 순조로운 때이며, 자기가 하고 있는 일이 잘 운영되는 상이다. 남자로서 어깨가 축 처진 사람은 자손운도 약하고 일을 해도 큰 성공을 할 수 없다.

또 한쪽은 치솟고 한쪽은 축 처진 자세로 걸어다니는 사람이 있는데, 상당히 운이 강한 편이며, 노력에 부수되는 성공을 할 사람이다. 이런 어깨라도 목이 기울이어 걷는 것은 아니다.

어깨의 모양이 곧고 바른 사람은 그 마음도 솔직하고, 그 때문에 고용인이 되면 상당히 성공할 상이다. 또 이런 상을 가진 사람은 윗사람과의 관계도 좋고, 그 때문에 이익을 얻는 일이 많다. 그러나 이 상이라도 어깨에 힘이 없는 느낌인 경우에는 이런 판단을 하지 않는다. 어깨에서 받는 느낌이 쓸쓸하고 몸 전체에 정력이 없는 사람은 자손운도 나쁘고, 일을 해도 머뭇거리는 일이 많은 상이다.

어깨가 떡 벌어지고, 또 어깨에 힘이 있는 사람은 세상 물정에 밝고 대단히 성격도 과격하다. 그러나 어깨에 힘이 없고 쓸쓸한 느낌을 주는 사람은 고생 많은 인생을 보낼 것이다. 더구나 매일의 생활에도 곤궁하여 편안히 지낼 수가 없다.

어깨가 벌어진 사람은 일이 실패한 경우라도 그 실패를 되살려서 더 큰 성공을 할 수 있다. 흔히 선비 생활, 즉 요사이 자유업에 종사하는 사람은 어깨가 벌어진 사람이 드물다.

어깨가 쓸쓸하게 보인다는 것은, 머리는 몸에 있어서 마음[心]으로 보고 또 어깨나 머리는 신체 위에 있어서 언제든지 하늘을 받고 있으며, 그런 까닭에 자기 마음이 안정되지 않을 때는 어깨에 힘이 없고 쓸쓸해 보이는 것이다.

또 자기 마음이 안정되어 있을 때는 자연 운세도 순조로운 까닭에 어깨에 힘이 들어간다. 그러므로 어깨에서 받은 감정이 명랑하면 가장 순조로운 시기로 보아도 틀림없다.

팔목과 팔에 대하여

손은 손아랫사람이 있고 없는 것과, 손아랫사람의 많고 적은 것을 판단한다.

　왼손잡이인 사람은 두령운이 적은 사람으로서, 가령 사람을 많이 쓰는 경우에 부하에게 시키면 될 일까지도 자기가 하지 않으면 만족치 못하는 성질의 사람이다. 그러므로 좋은 상이라고 말할 수는 없다. 또 손(팔)이 길어서 무릎 아래까지 닿는 사람은 대단히 나쁜 상이다. 손(팔)은 그 몸에 균형이 잡혀 있으면서도 길어 보이는 것이 좋은 상이고, 정말 믿을 수 있는 부하복이 있다. 또 고용인이 된 경우에도 언제까지나 아랫자리에 있지 않고, 적당한 시기에 자기의 재능을 인정받아서 승진할 길을 얻는다.

　손(팔)으로 수하 사람의 있고 없는 것을 판단한다는 것은, 손은 양쪽에 있어서 용(龍)과 호랑이 같은 부하이고, 이것은 자기가 용과 호랑이와 같은 부하를 데리고 있다는 것을 뜻하므로 몸이 충분히 일할 수 있고, 손(팔)의 모양이 나쁜 사람은 신체와 손의 조화가 잡히지 않은 사람(즉 몸은 큰데 손은 가느다란 경우 등)으로 용호(龍虎)의 부하가 없는 것이나 같은 것으로서, 자연 부하운의 혜택이 없는 것이 보통이다.

　그러나 이 상의 판단도 그 사람의 마음이 올바른가, 또는 부족(不足)을 좋아하는가를 본 다음에 이용할 것으로 다만 팔만을 보고 판단해서는 안 된다.

　고서(古書)에는 팔을 용호로 나누어서, 손목에서 팔꿈치까지를 용으로 하고 팔꿈치에서 어깨까지를 호(虎)로 하고 있다. 이것은 용은 길고 훤칠한 것이 좋은 상이고, 호는 짧고 용기 있는 것이 상상(上相)이라고 생각한 때문이며, 또 왼쪽 팔을 군주, 오른쪽 팔을 신하로 본다.

　왼손잡이의 사람은 왼손이 군주이기 때문에 임금이 스스로 나아가 신하같이 일하게 되고, 이것은 군주의 지위에서 볼 때 지휘와 행동이 일치하지 못하므로 두령운이 없는 것으로 본다.

　남자는 오른손을 써야 한다는 이치는, 왼손은 군주이고 오른손은 신하이므로, 오른손의 신하가 왼손의 군주를 돕기 위하여 많이 일하는 이치이다. 그러므로 남자는 자연 오른손을 쓰는 사람이 좋은 상이다.

　촉나라의 군주 현덕(玄德)은 팔이 무릎까지 내려갔다고 하는데, 이것은 길다는 것을 의미하는 것이 아니라 팔이 신체에 알맞게 대단히 좋았다는 것을 나타낸 것이다. 또 팔이 그 몸에 알맞고 길게 보이면 좌우 용호의 부하복이 있는 상으로서, 그 때문에 현덕이 많은 부하의 혜택을 받은 것을 당시 상자(相者)가 후세에 이같이 표현해서 전한 것이다.

가슴에 대하여

　가슴은 그 사람의 정신이 있는 곳이다. 또 눈·귀·코·혀·신체와 마음(6근)의 전부가 모여서 일하는 장소로서, 그 때문에 그 사람의 정신이 훌륭한가 혹은 비천한가를 판단한다. 가슴폭이 넓은 사람은 생각하는 바도 훌륭하고 이상도 높으며 운기도 강한 것이다. 이와 반대로 가슴폭이 좁은 사람은 생각도 천하고 성급한 사람이 많다.

　가슴에 살이 없고 뼈가 표면에 불거진 것처럼 보이는 사람은 건강하지도 못하고, 일도 순조롭지 못하고, 또 끈기가 부족한 상이다. 그러나 가슴이 얄팍하다고 해도 노인의 경우에는 이 판단을 하지 않는다. 보통 사람으로 구미(鳩尾 : 가슴의 오목 들어간 곳)가 너무 낮지 않고 굳은 느낌이 있는 사람은 마음의 안정이 없고, 때로 히스테리 증상을 일으키기 쉽다. 그러나 뼈의 조직이 탄탄하고 몸이 튼튼한 사람이나 씨름꾼 혹은 프로 레슬러 등에게는 이 판단을 하지 않는다.

　구미(鳩尾) 있는 곳이 부드러운 사람은 그 사람의 마음도 여유가 있고, 그 때문에 자연 운세도 좋아진다. 마음의 여유가 있는 사람이 운세가 점점 좋아지는 것은 당연한 것으로서, 사람이 초조한 동안에는 좋은 생각도 떠오르지 않는 법이다. 명치가 높은 사람(새가슴)은 배포가 작고, 보통 상태인 사람은 배포가 크다. 이 배포가 큰 사람은 사물이 순조롭게 진행되기 때문에 운세도 거기에 따라서 좋고, 구미가 높은 사람은 좀처럼 운기가 닥치지 않는다. 그러나 이 상(새가슴)의 사람이라도 운이 좋고 나쁜 것은 자기의 마음가짐에 달려 있는 것이다.

가슴폭이 넓고 바른 사람은 마음도 여유가 있는 사람이다. 가슴은 정신이 안정하는 곳이기 때문에 이 부분이 바르면 눈·귀·코·입·신체·마음도 자연 거기에 의해서 바르게 된다.

가슴의 살이 얇기 때문에 뼈가 앙상하게 보이는 상은 운기도 약한 것인데, 이것은 정신이 의지할 곳을 잃은 것 같아서 그 때문에 자연 운기도 약해진다. 인간은 기분이 안정되지 못할 때는 무엇을 해도 잘 되지 않으므로 마음가짐은 정말 중요한 것이다.

유방에 대하여

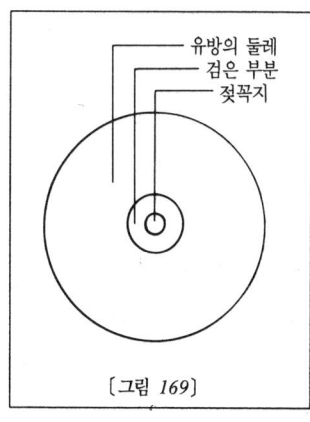

〔그림 169〕

유방은 아기를 낳을 수 있는가 없는가를 보고, 또 아기의 생김새가 좋은가 나쁜가도 판단한다.

유방이 작은 사람은 아기의 인연이 희박한 것으로, 설령 아기가 있다 하더라도 믿을 수 있는 자식은 없다. 왼쪽과 오른쪽 유방이 크고 작은 구별이 있으면 자손운이 좋지 않다.

유방이 위를 향하고 있는 듯한 사람

은 자손운이 있으나 그 반대로 유방이 아래로 향한 듯한 사람은 자손운이 나쁘고, 또 있는 경우에도 자기가 만년까지 일하지 않으면 안 된다.

유방에 아주 작은 사마귀가 있거나 무사마귀가 있는 사람은 자손운이 약한 상이며 혹은 털이 나는 사람도 자손운이 약하다.

유방이 좋은 상은 유두가 있는 주위가 넓은 것이 좋고, 또 윤이 있으면 더욱 좋다. 또 살이 통통하게 탄력성이 있으면 좋은 상이다.

유방으로써 아기가 있고 없는 것을 보는 것은, 유방은 동체에 있어서 태양과 달을 뜻하고 있고, 또 비장의 싹이고 토성에 속해 있어서 모든 생물을 생육하는 성질이 있는 것으로 판단한다. 그 때문에 유방에 의해서 아기의 유무를 판단한다.

유방은 어린애에게 없어서는 안 될 식량이므로 좋고 나쁨에 따라 자손운에 대하여 논하는 것이다. 또 여성은 임신할 경우 금방 유방에 변화가 나타난다. 그만큼 아기와 밀접한 관계가 있는 것이므로, 유방의 상이 나쁜 사람이 자손이 없는 것은 당연한 일이고, 실로 하늘은 무록(無碌)의 사람을 낳지 않는다는 이치에 맞는 것이다.

유방이 작은 사람이 자손운이 나쁘다는 것은, 유방이 작은 것은 아기의 식량이 부족한 것과 같은 것이어서, 그 때문에 자손운이 나쁘다는 판단을 한다.

유방이 위를 향한 듯한 사람이 자손운이 좋다는 것은, 유방이 위를 향하면 하늘에서 아기를 받는 것과 같다는 데서 자손연이 있는 상으로 보는 것이다.

유방에 털이 난 사람이 흔히 양자를 맞이해 들인다는 것은, 털은 피의 나머지로서 혈맥으로 본다. 그런데 그 털이 자손운을 나타내는 유방에 있으므로, 마치 아기가 밖으로부터 와서 자기의 뒤(혈맥)를 잇는 것과 같기 때문에 자손운이 나쁜 상이다.

유두의 빛은 검붉은 것이 가장 좋은 상이다. 검정은 음에 속하고 빨강은 양에 속하기 때문에, 음양의 색이 유방에 나타난 것으로 보기 때문에 자손운이 좋은 상이라고 판단한다.

배에 대하여

배는 그 사람 일생의 건강운의 강약을 보는 동시에, 그 사람 생애에 있어서 돈을 모을 수 있느냐 혹은 가난하게 사느냐를 판단한다.

배가 크고 둥글며 뚱뚱한 감을 주는 사람은 그 사람이 노력한 만큼의 성공을 얻을 수 있다. 또 이 상을 하고 있는 사람은 건강에도 복을 받은 사람이다.

이와는 반대로 배가 작고 착 달라붙은 사람은 건강 문제가 많고, 그 때문에 기분상으로도 안정이 되지 못하기 때문에 운세도 나쁘다. 그러나 이 상을 가진 사람이 상당한 재산을 모은 경우에는 장수하지 못하고, 설령 장수한다 해도 자손운이 나쁘다. 그러므로 이런 상의 사람으로서 재산도 탐나고, 장수도 하고 싶고, 또 자손운도 탐이 나는 경우에는 사람이 알 수 없는 선덕(善德)을 쌓아야 한다. 남에게 음덕을 베풀었을 때에야 비로소 자기의 희망한 것이 충분히 보답될 것이다.

윗대에서 물려받은 재산이 있는데도 배가 찰싹 달라붙은 상을 한 사람은 어버이의 재산을 잃어버릴 것이고, 설령 그 재산을 지킨다고 하더라도 그 사람의 몸은 튼튼한 편이 못 된다. 그러므로 건강하고 재산도 축내고 싶지 않은 사람은 남에게 음덕을 베푸는 것이 가장 중요하다.

배가 작고 달라붙은 사람이 어느 때부터인가 커지고 둥글둥글해져서 좋은 상이 되는 수가 있다, 이것은 그때쯤부터 이 사람의 운세가 좋아질 것을 나타내는 것이며, 오랫동안 병에 시달리던 사람이면 이때쯤부터 점차로 차도가 있을 전조이다.

배의 상이 나쁠 동안에는 아무래도 많은 재산을 얻지 못한다. 또 무슨 일을 해도 순조롭지 못하고 운기도 나쁘며, 그 때문에 자포자기하기가 쉽다.

새가슴이고 배가 작은 동안은 마음의 안정이 없고 좀처럼 자기 계획이 서지 않으나, 어느 시기에 가서 새가슴이 오목해지고 배가 좋은 상이 되는 수가 있다. 그러면 이 사람은 마침 그때쯤부터 자기의 계획도 결정되고 운기도 좋아진다.

배의 가죽이 단단한 사람이 어느 시기부터 부드러워지는 일이 있다. 그 사람은 그때쯤부터 금전적으로 여유가 생기고, 오래 앓던 사람이면 그때쯤부터 병이 차츰 나아진다.

뱃가죽이 단단한 동안은 금전운이 나쁘고, 일도 순조롭지가 못하며, 이 상을 가진 사람이 금전적으로 넉넉하면 오래 살지 못한다. 설령 이 상을 가진 사람이 금전적으로 여유 있고 오래 살았다면 자신의 일신상의 일로 불운이 따라다닌다. 뱃가죽이 단단한 동안은 배도 작고, 배가 커짐에 따라서 배의 가죽이 부드러워지는 것이다.

왜 배를 가지고 신체의 강약을 보는가? 배는 수성(水性)이고, 신체 전체를 보호하는 데 있어서 가장 중요한 부분이다. 그러므로 신체에 있어서 배는 보배이며, 또 복신(福神)과 같은 것이다. 때문에 배로 그 사람의 금운을 판단하고, 배로써 건강운을 보는 것이며, 배가 작은 사람은 신체를 만족하게 보양할 수가 없으므로 건강에 대한 문제가 많고, 배가 큰 사람은 신체를 보양해 나가므로 자연 건강에 혜택을 받는다. 그러므로 배의 상으로써 건강운이나 금운을 보는 것은 당연한 일이다.

배가 작고 달라붙은 사람이 마음의 안정이 없는 것은, 배는 수성(水性)에 속한다는 데서 배가 달라붙어 있으면 수분이 부족한 것과 같아서, 그 때문에 자연 심(心)의 화(火)가 타올라서 기분이 안정되지 못한다.

배가 볼록하게 둥글 때는 명치에 파도와 같은 세 줄기가 생기는데, 이것을 배의 삼임(三壬)이라고 한다. 배가 볼록하게 둥글 때는 마치 물이 그릇의 형태에 따라 모양이 달라지는 것과 같은 물의 형상을 나타내고 있는데, 그 때문에 명치에 파도와 같은 세 줄기의 금이 생긴다.

이 배의 삼임이라는 상은 대단히 좋은 상으로서 그 밖의 상이 전부 나쁜 경우라도 이 상이 있는 사람은 운기가 강하다.

배꼽에 대하여

배꼽으로는 그 사람의 건강운의 강약을 보고, 동시에 생애의 금운을 판단한다.

배꼽이 팽팽한 사람은 건강하며, 이와 반대로 배꼽이 흐리멍텅한 것처럼 보이는 사람은 사물에 대해 끈기가 없고 운기도 약하다.

배꼽의 깊이가 깊은 사람은 마음이 확고하고, 노력에 따르는 성공도 할 수 있다. 그러나 배꼽이 깊은 사람이라도 배꼽 둘레에 힘이 없는 사람은 사업에 대한 끈기가 없고, 일도 순조롭지 못하다. 그렇지만 노인의 경우에는 이런 판단을 하지 않는다.

배꼽의 구멍이 위를 보고 있는 상은 대단히 재주 있는 상이며, 평생 곤란한 일이 없다. 또 남에게 고용당하는 것을 싫어하기 때문에 직업상으로도 독립된 직업을 택한다.

그러나 이와는 반대로 배꼽의 구멍이 아래를 보고 있는 사람은 그다지 발전하

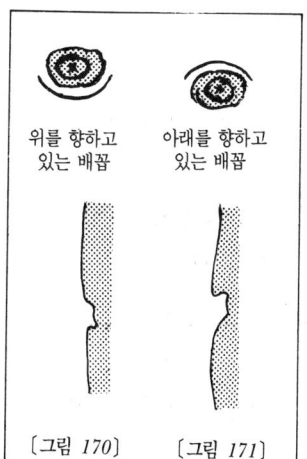

위를 향하고 있는 배꼽　　아래를 향하고 있는 배꼽

〔그림 170〕　　〔그림 171〕

는 일이 없고, 마음도 작아서 고생이 많은 인생을 보내게 된다. 더구나 사람을 부릴 줄도 모르고, 아무래도 남에게 고용되어 살 사람이다.〔그림 170, 171〕

배꼽의 모양이 큰 편이면 신체도 튼튼하고 마음도 커서 안정되어 있다. 이와 반대로 배꼽이 작은 경우에는 사물에 대한 끈기도 부족하고 일도 순조롭지 못하다.

배꼽의 깊이가 얕은 경우에도, 이것이 어느 시기에 가서는 깊어지는 일이 있다. 그러면 그때쯤부터 그 사람의 운기가 좋아지고, 오랫동안 병으로 누워 있던 사람이라면 점점 나아진다.

배꼽의 깊이가 얕은 동안은 운기가 좋아지는 일이 없고 마음도 안정되지 못하며, 배꼽이 아래로 향한 사람은 아무 일도 오래 계속하지 못하고 돈도 모이지 않는다. 또 배꼽이 위를 향하고 있는 사람은 머리의 움직임이 빠른 사람이라고 판단한다.

배꼽은 신체에 있어서 육체적으로나 정신적으로나 하나의 의지할 곳으로 되어 있다. 그러므로 신체의 강약을 판단하고, 아울러 그 사람 일생의 금운도 생각한다.

그러므로 배꼽에 탄력성이 없는 사람은 신체에도 긴장미가 없는 것과 같아서 신체가 약하다고 판단한다.

배꼽이 크다는 것은 신체의 뿌리가 크고 튼튼한 것과 같아서, 그 때문에 신체도 튼튼하다.

배꼽이 아래를 보고 있는 사람이 재산을 크게 모으지 못하는 것은, 배꼽은 육체와 정신의 의지할 곳[太極]으로서 일생의 재운을 나타내고 있으며, 따라서 배꼽이 아래를 보고 있는 것은 신체의 태극이 한평생 위를 보지 못하기 때문에 일하여 번 재산을 땅에 떨어뜨려 버리는 것과 같아서, 그 때문에 아래를 보고 있는 배꼽은 산재의 상이다.

배꼽의 깊이가 얕은 사람이 어느 시기부터 깊어지는 경우에는 운기도 좋아지고 병자라면 쾌차해진다는 것은, 배꼽은 신체에 있어서의 뿌리이고 따라서 이 뿌리가 감추어지는 것과 같아서 이런 판단을 한다.

또 배꼽의 깊이가 깊은 사람은 만년운이 있는 사람으로서 안락한 여생을 즐길 수 있다.

허리에 대하여

허리에서 궁둥이의 사이는 단전(丹田 : 배꼽 아래로 한 치 정도의 위치를 말한다.)의 아래에 있어서 정신의 안정 상태를 보고, 아울러 가정 문제도 판단한다.

허리에서 궁둥이 사이가 가늘고 살이 얇은 것은 마음의 안정도 늦고, 가정을 거느리는 것도 늦고, 또 자손운도 약한 사람이다. 또 결혼도 초혼으로 끝나기 힘들다.

허리에서 궁둥이 사이가 살도 듬뿍 있고 모양이 좋은 사람은 마음의 안정이 있고, 그 때문에 운기가 강하고 금운(金運)도 있다. 그러나 허리에서 궁둥이에 걸쳐서 살이 너무 많아 긴장미가 없는 사람은 하상(下相)이나 노동을 하여서 생활하는 일은 없다.

속된말로 '오리 궁둥이'의 상은 가장 나쁘고, 이 상에는 두령운이 없고, 일생 사람에게 고용되어서 편안한 생활을 보낼 수 없다. 또 속어로 '개미 허리'인 사람은 장사를 하여도 물장사를 선택하고, 사업에도 실패하기 쉬운 상이고, 또 색을 좋아한다.

생식기에 대하여

남자의 생식기는 신장 활동의 강약을 보며, 아울러 자손의 유무를 판단한다.

남자의 생식기가 껍질을 쓰고 있을 때는 이것을 불구로 본다. 그것은 남자의 생식기를 싹이 트는 곳으로 생각할 때, 가죽이 씌워져 있으면 싹이 나올 수 없으므로 나쁜 상으로 판단하고, 아울러 자손운도 나쁘다. 이 상은 음부에 지장이 있는 상으로서, 그 때문에 여난(女難)의 상(相)으로 본다.

남자의 생식기 끝이 특별히 가느다란 것은 역시 음부의 불구로 본다. 이것은 음부에 지장이 있는 상이므로 자손운도 나쁘다. 또 여난을 당할 상으로 판단한다.

남자의 생식기가 큰 사람은 신장 활동이 강한 사람으로서, 희망도 크고 남녀 정교에 있어서는 과격한 사람이다.

그러나 특별히 음부가 큰 사람은 불구여서, 음부에 지장이 있으므로 자손운도 나쁘고, 여난의 상으로 판단한다. 이와는 반대로 남자의 생식기가 작은 사람은 신장 활동이 약한 사람으로서, 마음이 성급하고 조그만 일에도 놀라기 쉬운 사람이다.

남자 생식기의 머리가 큰 사람은 신장의 활동이 강한 사람으로서, 자손운도 약하고 결혼도 한 번으로 그치지 않을 상이다.

또 남자 생식기가 위를 향하고 있는 사람은 신장의 활동이 약한 사람으로서, 그 때문에 마음이 초급(焦急)하고 처와 자손의 인연이 희박한 상이며, 또 결혼은 한두 번으로 끝나기 어렵다.

이와는 반대로 남자의 생식기가 위를 향하지 않은 사람도 자손이나 처에 인연이 희박하고, 결혼도 초혼에서 끝나지 않고 재혼할 상이다.

어째서 남자의 생식기로써 신장의 활동의 강약을 보거나 자손을 판단하는가 하면, 남자의 생식기는 신장의 활동이 가장 잘 나타나는 곳으로서 그 때문에 신체에 있어서는 꽃으로 본다.

그러므로 정력이 있는 동안은 꽃이 피어 있는 것과 같고, 노인이 되어서 신장의 활동이 약해지면 자연 꽃도 피지 않게 된다. 이것으로 미루어 남자의 생식기로는 신장 활동의 강약을 생각하고 자손의 유무를 판단한다.

다리(股)에 대하여

다리(股)는 단전(丹田 : 배꼽 아래 한 치쯤 되는 곳)의 좌우에서 시작되는 것으로서, 이것은 고굉의 신하(股肱臣下 : 팔다리와 같은 신하라는 뜻)라고 한다. 다리(股)에서는 손아래의 유무를 판단한다.

앉았을 때에 단정해서 모양이 좋은 사람이라도 무릎에 힘이 없는 사람은 도움이 될 부하가 없다. 그러므로 사업에 실패할 경우에는 반드시 믿을 만한 부하가 없는 때로서, 이 경우에는 우선 무릎에 힘이 없고, 그때쯤부터 운기가 나빠져서 믿을 수 있는 부하가 떨어져 나간다.

무릎은 살이 두툼한 것이 길상이다. 그러므로 무릎에 살이 없는 사람은 고굉의 신하가 없는 상으로서 크게 나쁜 상이다. 이런 사람이 부하를 많이 거느리는 경우라면 장수하지 못한다.

발에 대하여

발은 신체의 아래에 있어서 노복(奴僕 : 종이나 급사)으로 본다. 그러므로 상체를 지키는 곳으로 정신이 훌륭한 사람은 자연 그 발의 모양도 좋고, 마음이 천박한 사람은 자연 발의 형상도 나쁜 것이다.

장딴지(假)가 가늘고 살이 없는 사람은 운기도 약하고 건강에도 문제가 있다. 또 발 전체가 가늘고 빈약해 보이는 사람은 몸도 약하고, 무엇을 하는 데도 끈기가 부족하고 운기도 약하다.

그러나 발이 가늘어도 힘이 있는 사람에게는 이 판단을 안 한다. 또 발이 굵고, 발만이 훌륭할 때는 신체 가운데서 노복(下男)이 뽐내고 있는 것과 같아서 그 때문에 나쁜 상으로 보며, 이 사람은 남을 부릴 수가 없다.

옷을 입었을 때 허리에서 아래가 통통하고 바른 형상의 사람은 노력에 알맞은 성공을 할 수 있다. 그러나 장딴지에 살이 너무 많은 사람은 자기가 희망하는 사람과 교제할 수 없기 때문에 나쁜 상으로 본다. 인간은 희망하는 사람과 교제하는 것이 대단한 행운이기 때문이다.

발은 길지도 짧지도 않고, 가늘지도 않고 신체에 알맞게 적당히 살이 붙은 것이 길상이다. 또 발가락도 너무 길거나 너무 짧은 사람은 주택 문제로 고생이 많을 사람이며, 육친이나 친척과도 의견이 맞지 않는다.

엄지발가락과 다음 발가락 사이가 벌어진 사람은 어버이와 인연이 희박한 사람이며, 설령 어버이가 있어도 의지가 안 된다.

또 새끼발가락과 다음 발가락 사이가 벌어져 있는 사람은 반드시 자손의 인연이 없는 상으로서, 설사 자식이 있다 하더라도 그 자식을 그다지 믿을 수가 없다.

동작 보는 법

언어(말)에 대하여

말하는 것을 보면 그 사람의 품격을 판단할 수 있다.

쓰는 말이 고상하지 못한 사람은 그 사람의 됨됨이도 천박하다. 상당한 지위에 있는 사람은 자연 말도 친절하고 고상하게 된다.

또 자기의 마음을 바르게 가진 사람은 그 마음과 함께 말도 자연 고상하게 된다. 빠르게 말하는 사람은 성격도 성급하고, 마음이 조금도 안정되지 못하고, 생각하는 것도 조잡하다. 그러나 침착하게 말하는 사람은 마음도 안정되어서 일을 해도 끈기가 있고 생각도 치밀하다.
 말이 똑똑한 사람은 정신도 안정이 되어 있어 애정의 깊이와 예의 바름을 느낄 수가 있다. 또 말이 고상한 사람은 생각하는 것도 고상하고, 말을 똑똑하게 하는 사람은 마음도 대를 쪼개듯이 명확하다.
 큰소리 잘 치는 사람은 큰일을 못한다. 또 여러 가지 공작을 해도 곧 폭로돼 버리고 만다. 그 때문에 남에게 자기의 수준이 폭로될 것이므로 충분히 주의할 일이다.
 말에 힘이 있는 사람은 무슨 일이라도 해낼 수 있는 실력이 있는 사람인데, 마음에 솔직하지 못한 데가 있다. 또 말을 또박또박하면서 부드러운 맛이 있는 사람은 큰 일을 생각한다.
 그러나 이 가운데는 대단히 정직한 듯이 보이면서 마음속에서는 나쁜 일을 생각하는 사람이 있다.
 여자 같은 말을 쓰는 사람은 일을 치러 나갈 힘이 없고, 일이 좀처럼 잘되지 못한다.
 말을 할 때 말을 잘못한 것처럼 목소리가 뱃속에서 나오는 것 같은 사람이 있다. 이 사람은 사물을 생각지 않고 말하는 사람으로서, 생각도 그다지 하지 않고, 또 자기 마음도 안정되는 것이 늦다.
 말이 입술에서 나불나불 나오는 사람은 생각지도 않고 말하는 사람으로서, 자기의 확고한 의견을 가지지 않은 사람이다. 또 말을 더듬는 사람은 마음이 초조한 사람이고, 아주 조그만 일에도 마음이 끌리는 성격을 가진 사람이다.
 말이 분명치 못하고 도중에 말을 삼켜 버리는 사람은 어떤 일에도 만족하지 못하고, 그러면서도 생각하는 것은 작다. 또 이 같은 사람은 반드시 중풍에 걸린다. 이것은 중풍에 걸린 사람을 만나서 들어 보면 곧 알 수 있다.

숨(呼吸)에 대하여

숨은 단전(丹田 : 배꼽 한 치 아래)에서 나오는 것으로서 신장의 활동을 본다. 그러므로 숨에 의하여 신장 활동의 강약을 판단하고, 아울러 운기의 좋고 나쁜 것을 생각한다.

숨에 힘이 있는 사람은 신장 활동이 강한 사람으로서, 그 때문에 모든 일에 끈기가 있다. 또 배가 큰 사람은 숨에 힘이 있고, 배가 작은 사람은 숨도 가쁘다.

신장 활동이 약할 때에는 자연 숨도 약해져서 빨라진다. 또 숨이 코로부터 나오는 사람은 운기도 강하고 건강하며 장수한다.

이와는 반대로 숨이 입으로부터 나오는 사람은 운기도 약하고 일에 대한 끈기도 약하며 장수도 못 한다. 이것은 신장 활동이 약하기 때문이다. 또 한숨을 쉬는 사람도 신장이 약한 사람으로서, 운기도 약하고 끈기도 없다. 잠잘 때 코를 고는 사람은 신장 활동이 강한 사람이며 건강한 사람이다. 따라서 운세도 강하고 희망도 성취될 사람이다.

걸음걸이에 대하여

사람이 걸을 때는 제각기의 형태가 있다. 바른 자세로 점잖게 걷는 사람은 마음도 크고, 노력에 상응하는 성공을 하여 편안한 생활을 보낸다. 이와는 반대로 어수선하게 걷는 사람은 마음의 안정이 없고, 자기가 하고 있는 일에도 자신이 없는 사람이다.

위를 쳐다보고 한눈을 팔며 걷는 사람은 마음이 완전히 들떠 있는 상태로 가장 나쁜 상이다. 또 무엇을 해도 완전치가 못하고 운기도 약하다.

몸집이 점잖고, 걸을 때 한눈을 팔지 않으며, 조금 아래를 보는 듯이 걷는 사람은 마음이 안정된 사람으로서 대단히 좋은 상이다. 이 사람은 두령운이 있는 사람으로서 운기도 강하고, 자기 수입에 알맞은 생활을 할 수 있는 사람이다.

몸집이 초췌하고 아래만 보고 걷는 사람은 *자손운이 약하고 고생 많은 한평생을 보낼 것이지만, 물건을 아끼는 사람이다. 또 몸집이 초라하고 빨리 걷는 사람은 자손운이 나쁘고, 설령 어린애가 있다 해도 믿을 수가 없다. 또 돈이 있는 경우에도 여유가 없는 사람이다.

길의 가로만 걷는 사람은 현재 직업이 없는 사람으로서 마음의 안정이 없고 생각하는 바가 작다. 또 길을 걸으면서 몸에 안정이 없고 때때로 뒤를 돌아보는 사람은 무슨 나쁜 짓을 하려고 하거나, 또는 나쁜 짓을 한 사람이다.

앉은 자세에 대하여

앉은 자세가 묵직해 보이는 것은 좋은 상이며, 이렇게 앉은 사람은 마음도 소박하다. 그 때문에 앉은 자세가 묵직한 것이어서, 앉은 상으로 그 사람의 마음이 바른가 부정한가를 판단하고, 현재 생활이 안정되어 있는가 아닌가를 판단할 수 있고, 운기의 강약도 생각한다.

신체를 묵직하게, 방바닥에서 솟은 듯이 하고 앉는 사람은 희망도 크고 노력에 따른 성공을 할 수가 있고, 이 사람이 근로인인 경우에도 상당한 성공을 할 수 있다.

몸에 침착성이 없고, 앉아 있어도 꼼지락거리는 사람은 마음의 안정이 없고 가정에도 고통이 많은 사람이다. 또 이같이 앉는 사람이라도 마음이 정직하고 일을 잘하는 사람은 반드시 만년에는 편안한 생활을 보낼 수 있다.

몸을 묵직하게 방바닥에서 솟는 듯이 하고 앉는 사람이라도 마음의 안정이 없고 자기 일을 힘써 하지 않는 사람은 가장 나쁜 상이고, 이런 사람에게 여러 가지 충고도 해주고 돌봐 주는 것은 아무 소용 없는 일이다.

지위가 있는 사람 앞에서는 그 보다 아랫사람은 반드시 무릎을 꿇고 앉는다. 그러므로 언제든지 무릎을 꿇고 앉는 사람은 누군가에게 고용되어 있는 사람이고, 이 사람의 예의가 바르면 반드시 그 주인은 훌륭한 사람이다. 이러한 동작은 일상 생활의 체험에서 더 많이 흥미 깊게 연구해 보기 바란다.

자기보다 손아랫사람을 대하고 앉을 때는 두려운 기분이 없는 데서 당당한 앉음새를 하고 무릎을 벌리고 앉는 것이다. 그러므로 언제나 이런 앉음새를 하는 사람은 사람에게 고용되는 것을 싫어하고, 어떤 조그만 장사라도 독립된 것을 선택한다.

앉았을 때에 발을 겹치고 있으며 몸이 떠오른 것처럼 앉는 사람은 집문제로 고민이 많을 것이며, 마음의 안정이 없는 사람이며, 반드시 품위 없는 상을 하고 있다. 이와 반대로 앉을 때에 궁둥이가 잘 안정이 되며, 그 몸을 함부로 움직이지 않는 사람은 희망도 크고 가정운도 좋은 상이다.

또 오랫동안 앉아 있을 때 확실히 고통을 느끼는 사람은 대단히 명랑한 성격인데, 자기 마음속에서는 가정에 대해서 불만이 있는 사람이다.

몸을 묵직하게 방바닥에서 솟은 듯이 하고 앉는 사람도 그 자세에 힘이 없는 사람은 현재 대단히 운세가 나쁜 사람이든가 혹은 현재 큰 고생을 하는 사람이다. 또 의탁할 곳이 없는 사람도 이런 상이 온다. 이와 같이 앉은 자세를 연구하면 실로 잘 맞는다. 인상을 보지 않더라도 대단히 명백하게 상대의 성격이나 현재의 입장을 아는 것으로서 무척 흥미로운 것이다.

잠자는 모습에 대하여

사람의 잠자는 모습은 그 사람의 마음이 솔직하냐 아니냐를 판단하는 동시에 운기의 강약도 판단한다.

　잠자는 모습이 웃는 것처럼 부드러운 사람은 마음에 독이 없다. 대단히 명랑하고 사물을 잘 운영하는 사람이며, 이 사람은 일생 동안 한번은 크게 성공할 기회를 잡을 수 있다.

　잠자는 모습이 어쩐지 모르게 쓸쓸하게 느껴지는 사람은 활동하고 있을 때도 일에 대해서 끈기가 약하고, 건강운도 좋지 않으며, 언어와 동작도 주저주저하고, 생기(生氣)가 부족한 상이다.

　잠자는 모습에 힘이 있는 사람은 이와 같이 잠자는 동안에는 운기도 강하고, 힘써 일하는 상이다. 또 성격도 자기가 생각하고 있는 일을 박력 있게 밀고 나가는 좋은 상이라고 할 수 있다.

　잠이 들면 이불을 걷어차고 자는 사람은 자기 희망을 성취할 수 있는 사람이고, 이와 반대로 이불 속으로 파고드는 사람은 자기가 희망하는 일을 좀처럼 완성할 수 없다. 이런 사람에게는 적극성이 아쉽다.

　자는 얼굴이 걱정하는 상이면 일생 고생이 많을 사람이며, 자기 희망을 좀처럼 완수할 수 없다. 또 손발을 오그리고 자는 사람도 일 대해서 끈기가 박약하고, 또 건강치도 못하다.

　훤칠하게 쭉 뻗고 자는 사람은 건강운도 좋고, 근심도 없는 사람이다. 또 모로 누워 이불 속으로 조금 턱을 파묻고 자는 사람은 운기가 강한 사람이고, 따라서 일에 대한 끈질긴 마음도 강해서 상당히 성공한다. 또 몸도 튼튼하고 의지가 강한 사람이다. 위를 보고 자는 사람은 운기는 보통이나, 사물에 대한 끈기가 박약하고 성급한 사람이며 입을 벌리고 자는 사람은 운기가 약한 사람이다.

　그러나 이와는 반대로 입을 다물고 자는 사람은 일에 대한 끈기도 강하고, 또 그 사람은 노력에 알맞은 성공을 할 수 있다. 또 언제나 잠자는 모습에 힘이 솟아난다. 그러나 운기가 쇠퇴한 사람은 잠자는 모습에도 힘이 없고 형상도 지극히 나빠 보인다.

팔상(八相)에 대하여

팔상이란 악상(惡相)·귀상(貴相)·복상(福相)·단명상(短命相)·고독상(孤獨相)·장수상(長壽相)·위상(威相)·빈상(貧相)을 말한다. 이것은 판단하는 사람이 상대를 마주볼 때에 느끼는 일종의 영감으로서 이것에는 확정적인 것이 없다.

팔상에 대해서는 여러분이 인상학을 연구한 태도로써 이 판단은 맞느냐 틀리느냐가 결정된다. 이것은 판단하는 사람의 교양이 대단히 중대한 역할을 하는데, 상당한 지위에 있는 사람을 천한 사람으로 볼 수도 있고 천한 사람을 세력가로 판단하는 경우도 있다.

인상을 판단하는 사람은 자기라는 것을 충분히 안 다음에 남의 판단을 하도록 하지 않으면 확신을 가지고 말할 수도 없고, 판단도 기분 내키는 대로이다.

나쁜 상이란 것은 상대를 마주 보았을 때 무언지도 모르게 자기 마음에 찡하게 오는 것이다. 그러나 그 사람의 태도는 조용하고 대단히 개방적으로 솔직한 태도를 보여 주는 경우가 많으므로 세심한 주의가 필요하다.

마주 대하고 있는 사람으로부터 받는 느낌이 어쩐지 깔보는 것 같은 경우가 있다. 이런 느낌을 주는 상대는 반드시 나쁜 일을 생각하는 사람으로서, 성격도 음험한 사람이라고 보면 틀림없다.

귀인(貴人)의 상(相)은 마주 대하는 상대에게 대단히 깨끗한 느낌을 주는 것으로서, 그것은 마치 경건한 부처님 앞에 선 것 같은 느낌이며, 이와 같은 느낌을 갖게 하는 상대방은 반드시 상당한 지위에 있는 사람이다.

위상(威相)은 마주 대한 상대에게서 평생에 자기가 가장 싫어하는 사람과 마주 대한 듯한 느낌을 받는다. 다만 어쩐지 말하기 거북한 느낌이 드는 사람은 반드시 위상의 사람이다.

빈상(貧相)은 상대와 마주 대하였을 때 어쩐지 쓸쓸한 감이 들고, 하고 싶은 말도 하지 않고, 마치 그늘에 피다 시든 꽃과 같은 느낌이다.

복상(福相)은 상대와 마주 대했을 때 그 사람의 얼굴이나 모습에서 어쩐지 따뜻한 감정이 느껴지는 것이, 마치 봄이 되어서 하이킹을 간 것처럼 자기 기분까지 즐겁게 되는 상이고, 또 판단하는 사람으로부터 보아도 줄줄 서슴치 않고 판단할 수 있는 사람으로서 이것을 복상이라고 한다.

단명상(短命相)은 마주 대한 상대가 어쩐지 힘이 없다. 설령 힘이 있는 것처럼 보여도 그것은 촛불이 꺼지기 전에 잠깐 밝아지는 것과 같아서, 이런 느낌을 주는 상대는 단명의 상이다.

고독의 상은 초면이라도 금방 느낌이 온다. 그것은 마치 비를 만난 닭과 같은 인상이다. 판단하는 사람이 '대체 이 사람은 나이를 먹으면 어떻게 될까?' 하고 생각될 정도의 사람은 고독의 상이다.

장수의 상은 상대를 마주 대했을 때 판단하는 사람이 안심하고 말할 수 있을 것 같고, 이 사람은 반드시 몸도 튼튼하고 우물쭈물하지 않는 성격의 사람이구나, 생각하는 경우에는 장수상이다. 이것은 마치 자기가 조그만 배를 타고서 큰 배를 바라보는 것과 같다.

상에는 팔상은 있어도 좀처럼 진정한 뜻의 팔상은 드물다. 이 여덟 가운데 둘쯤이 뒤섞인 느낌의 상이 많다. 여러분도 잘 연구하여 이용하기 바란다.

제7장 인상 응용편

응용편

어떤 인상책을 읽은 경우에도 그것을 재빨리 써보려는 것이 인정이고, 또 곧 소용되기를 바라는 것이 저자의 염원이기도 하다.

그러나 실제로 인상을 보았을 경우와 책을 읽었을 때의 차이는 대단한 것이어서, 지금까지의 인상책에는 '응용편'이라는 것이 취급되지 않았다.

이것은 저자들의 실력이 부족해서가 아니라 붓으로 표현하기 힘든 곤란도를 말하는 것이어서, 필자가 이 책에 '응용편'을 첨가했다고 해서 특별히 인상의 명수라는 것은 아니다.

다만 충분히 이 책을 읽고 알 수 있는 것을 다시 한 번 정리한 것이다.

여기만 읽었다고 하여 곧 인상을 볼 수 있게 되는 것이 아니고, 처음부터 충분히 읽어야만 비로소 응용편이 가치 있게 되는 것이다.

여러분은 그런 계획으로 처음부터 면밀하게 정독하기 바란다.

그리고 이 총정리해 놓은 것에서 끝매듭을 짓는다면 이것이야말로 저자가 바라는 바이다.

성격의 파악

 인상에서나 수상에서 자기가 납득이 가는 성격을 붙잡는다는 것은 가장 어려운 일이다. 그러면 어찌하여 많은 역자가 그렇게 쉽게 상대의 성격을 말하느냐 하면, 이것은 대체로 '육감'으로 하는 것이지 이 부위가 이러니까 혹은 저 부위가 저러니까, 하고 확실하게 지적해서 말하는 것이 아니다.
 그러나 이 역시 기초를 확실히 체득한 다음의 '육감'이지, 단순한 '육감'만으로는 언젠가는 자기가 자기의 판단에 큰 의문을 품게 되고 만다.
 또 이런 의문을 하는 사람은 연구심이 왕성한 사람으로서, 보통 밥벌이만의 생각으로는 이 의문조차 솟아나지 않는다.
 그러므로 이제부터 써나가는 것을 충분히 익히고서, 그 다음에 올바르게 자기가 납득할 수 있는 판단을 내려야 한다. 이러한 연구 태도를 취한다면 비록 처음에는 빗나갔다 하더라도, 왜 맞지 않았나를 연구할 수 있기 때문에 당신의 판단은 대단히 빨리 성숙해져 갈 것이다.

얼굴 가운데 움직이는 부위

 먼저 성격을 판단할 때는 움직이는 부분이 가장 중요하다는 것을 알아야 한다. 얼굴 가운데 움직이는 부분(표정을 가진 부분)은 눈, 입, 아래턱이라는 것을 알 수 있다. 옛날부터 '눈은 마음의 창'이라는 말이 있듯이, 눈은 입으로 말하는 것보다 정확하게 자기의 의사를 상대에게 전달할 수 있다는 것을 말하고 있다.
 여러분이 실제로 눈의 표정을 잡자면 그림을 그려 볼 필요가 있다. 두려운 눈이나 슬픈 눈 혹은 즐거운 눈, 이것들은 털끝만한 선의 차이로 사뭇 다른 것이 되어 버린다.

또렷한 쌍꺼풀의 눈(성형한 눈꺼풀이 아님)은 상대에게 얼마나 명랑한 감정을 주는가? 그러나 또렷한 홑꺼풀의 눈은 상대에게 총명한 인상을 남긴다.

그러나 또렷하고 귀여운 눈을 가진 사람이라도 입에 긴장미가 없다면 어떻겠는가? 이것은 입술에 긴장미가 없는 것이 더 강하게 남고 눈의 호감이 반감되어 버리는 결과를 초래한다.

그러므로 '애교는 있으나 자기 사생활에 짜임새가 없는 사람'이라는 판단이 먼저 머리에 떠오를 것이다.

실눈에 홑꺼풀인 사람의 입술에 지나친 긴장감이 있다면 어떨까? 이 경우에 눈은 총명한 인상을 주지만, 입에서는 어딘지 비뚤어진 기분 혹은 다소 험상궂은 인상을 받는다.

그러므로 눈과 입의 균형이 잡혀 있는 사람의 경우에는 성격적으로 그늘이 없는 사람, 바꾸어 말하면 비교적 단순한 성격이라고 말할 수 있다.

놀란 토끼눈의 사람이라도 입의 인상이 좋으면 그것은 나쁜 판단을 하지 않고, 오히려 성급하다는 것처럼 특징과 특징을 살려서 그것을 아울러 판단한다.

또 성격을 잡는 데 있어서 중요한 것은, 그 사람의 성격을 전부 말할 필요가 없다는 것이다.

만화를 그리는 것을 보면, 우선 다른 형체는 어찌 되었든 인물의 특징을 어떻게 살렸느냐 하는 것이 눈에 띌 것이다. 그러므로 상을 보는 역자들도 성격이라든가 운명을 판단할 때에는 먼저 가장 큰 장점과 단점을 붙잡는다. 이것은 눈과 입과 아래턱, 또하나 얼굴 전체에서 받은 느낌을 종합한 다음에 판단하는 것이다. 이것은 만화를 그리는 것이나 같다. 어느 특징을 살리면 그 사람과 비슷할까, 눈은 좋고 입이 나쁠 때면 눈 부분은 가장 잘 말하고, 입의 판단에 대해서는 나쁘게 한다. 그리고 최후의 종합 판단으로 결론을 내리는 것이다.

다만 하나의 눈이나 입에 대해 연구하기보다도 누구와 누구를 대조하여 비교 연구하는 편이 인상을 빨리 이해하게 된다.

옆얼굴에 대하여

인간의 첫인상이라는 것은 우선 거의 틀림이란 것이 없다. 처음 만난 상대로부터 조금이라도 싫증나는 느낌을 받았다면, 역시 싫은 사람이 많고, 재미있다는 느낌을 받았으면 재미있는 사람이 많다.

그러나 두번 세번 만남에 따라 처음에 받았던 인상은 상당히 변해 가는 일도 적잖은 법이다. 이것은 어째서냐 하면, 얼굴 가운데 움직이는 부분에 의하여 매혹되기 때문이다.

눈으로 말을 해보고 입으로 들음으로써 또 새로운 생각이 생겨나는 것이다. 특히 해방 후에는 외국 사람들의 영향도 있어서 제스처가 담뿍 섞인 화술이 유행하고 있다. 그러니까 속아넘어가는 것이다. 그리고 첫인상은 바르게 느끼고 있으면서 나중의 여러 가지 복선에 의해서 자기 생각이 변해 간다. 그런데 재미있는 것은, 표정이 전혀 움직이지 않는 옆얼굴이 의외로 그 사람의 성격을 똑똑히 말해 주는 경우가 많다.

번거롭게 떠들썩한 사람이 있다. 힐끗 아무 생각 없이 그 사람의 옆얼굴을 보았을 때, 너무도 쓸쓸한 표정이 깊이 새겨져 있는 것을 발견하고 깜짝 놀라는 일이 가끔 있다.

그렇다고 해서 표정이 따르지 않는 옆얼굴에는 그다지 번거로운 것이나 명랑한 것은 드물지만, 흔히는 단정(端正)하다든가 수려(秀麗)하다든가 혹은 수냉(愁冷)이라는 어려운 말로 표현되고 있다.

그러나 이 움직이지 않는 옆얼굴이 가지는 의미를 완전히 무시할 수는 없다. 다룰 수 없는 불량 소년 가운데는 놀랄 정도로 상냥한 옆얼굴의 아이가 있다. 상식이 있는 운명가라면 이런 아이들을 갱생의 길로 인도하는 것은 갓난아기의 손을 비트는 것보다 더 간단하다.

이제까지 인상책에 없었던 옆얼굴에 대하여 앞으로 커다란 과제가 남아 있다고 생각된다. 특히 운명 지도에 당해서도 이것은 중요한 것으로 생각되므로 충분히 연구하기 바란다.

성공운·재운·사업운에 대하여

성공운(成功運)·재운(財運)·사업운(事業運)을 보는 데는 코와 입이 귀중한 요소가 된다.

현재 일류 회사의 사장들 얼굴을 보고 인상학이나 미관상으로 판단해서 '어떻게 저런 사람이⋯⋯.' 하고 생각되는 경우가 많다.

그러나 먼저 사진이나 실물을 자세히 보고, 어디에 그 사람의 위대한 원천이 있는가를 찾아야 한다. 하나하나 특징을 잡아 가는 것이다.

먼저 이마이다. 불룩 솟아오른 이마[官祿]는 사업을 운영하는 데 있어 절대 필요한 것이고, 이러한 상태가 없으면 윗사람과의 사이에 의사소통이 불충분하고, 자기의 계획과 의견을 들어주지 않는다.

윗사람과 충분히 협력하여 일을 진행해 가는 사람은 어떤 경우에도 가다가 막히는 일이 없다. 어디엔가 새로운 삶을 찾아서 반드시 최후의 승리를 쟁취할 것이다.

짜임새 있는 코는 남성의 상징이다. 여기에 그 사람의 의지의 힘과 재운이 나타나 있다. 얼굴 전체에서 제왕격인 코가 힘이 없는 경우에는 그 사람의 운이 약화되었다고 해도 과언이 아닐 것이다.

콧방울이 팽팽하게 부풀어 있는 코는 정력적으로나 정신적으로 복을 받고, 일하는 박력이 얼마나 강한가를 느끼게 한다. 또 박력이 없는 사람으로서는 아무리 훌륭한 재능이 있다 해도 그것을 발휘할 수 없다.

그러나 입에 긴장미가 없으면 코만이 크다고 해서 운이 강하다고는 할 수 없다.

이마와 코와 입의 균형이 완전히 잡혀 있으면 훌륭한 사업가가 될 수 있다. 그러나 이런 사람은 아주 보기 드물고, 기타의 사람들은 현재 자기 직무에 최선을 다하고 있다고 보면 될 것이다.

자기 직무에 최선을 다한다는 것은 내일에 대성할 수 있는 사람이다. 학생 시절에는 학생으로서, 신입 사원이면 신입 사원으로서, 과장이나 국장이면 과장·국장으로서 자기가 맡은 일에 최선을 다하여 직무에 충실한 사람만이 내일의 대성을 약속받을 수 있는 것이다.

오늘날의 우수한 사업가나 고위급 관리들은 처음부터 그 자리에 있던 사람들이 아니다. 처음에는 학생으로, 그리고 신입 사원부터 시작해서 차근차근 오늘의 지위를 구축한 것이라고 할 수 있다.

또 사사로운 일이지만, 필자도 처음에는 책을 읽고 스승에게 사사를 받아 인상이란 것을 배우고, 그로부터 자기 나름의 인상학을 창조하고 다시 연구라는 식으로, 같은 일을 되풀이하는 것 같으면서 조금씩 진보하고 있는 것이지, 배운 대로의 일만 하고 있다가는 좀처럼 스승이나 선배를 따라갈 수가 없다.

어쨌든 아무리 좋은 상을 하고 있는 사람이라도 노력하지 않는 사람은 발전하지 못한다. 그러므로 나쁜 상의 사람이라도 항상 노력하고 있는 사람은 확실히 발전하는 것이니, 이 점을 충분히 생각하기 바란다.

결혼운·연애운·가정운·자손운에 대하여

결혼이나 연애, 가정사 혹은 자손에 관계되는 일을 보는 경우에는 눈초리, 아래 눈꺼풀, 인중(人中), 턱[地閣] 등이 문제가 된다.

그리고 이런 일에 대해서는 상이 좋고 나쁜 것도 있으나, 거기에 나와 있는 색으로 현재를 판단할 정도이다. 좋은 색이면 현재 좋은 것이고, 나쁜 색이면 현재 나쁜 것이어서 일생을 통해서 이것이라면 문제가 없다고 하기는 어렵다.

이마에는 흉터가 있고 코에는 사마귀가 있는 어느 중년 부인이 딸의 혼담으로 찾아온 일이 있었다. 용건이 끝난 다음에 재혼의 상에 대한 화제가 나왔다. 그런데 그 부인이,

"나의 남편도 이마에 홈이 있고 코에 사마귀가 있는 여자는 인연이 변하기 쉽다고 듣고 있었으므로 한참이나 저와의 결혼을 주저했답니다. 그렇지만 인간은 마음이 문제라고 고쳐 생각하고 나와 결혼하였는데, 25년이나 되는 지금까지 싸움 같은 싸움도 하지 않고, 정말 복받은 가정으로 즐겁게 생활하고 있습니다. 나도 결혼하고 나서 여러 가지로 남에게 들은 바도 있고 하여 충분히 주의는 해왔습니다. 남편에게 거슬리지 않도록, 또 남편이 매일 즐겁게 일할 수 있도록 신경을 썼습니다만, 행복한 나날이라고 생각하고 있습니다."

라는 이야기를 들려 주었다. 물론 상이 좋고 나쁜 것은 있다. 그러나 그것보다 중요한 것은 당사자간의 마음가짐일 것이다. 전기의 부부도 '우리들은 재혼할 상이니까.' 하고 서로가 자기 멋대로의 생활을 했다면 헤어질 도리밖에 없었을 것이다.

그렇지 않고, 세상 사람들은 재혼의 상이니 뭐니 말하지만 그렇게 되어서야 되겠는가, 의지로라도 살아 보자…… 이런 생각이 매일의 생활 태도에 나타나서 딸을 출가시키는 오늘까지 하등의 지장 없이 살아온 것이다.

그러므로 결혼이나 연애에 있어 특별히 좋은 상이란 것은 극단적으

로 말하면 없다고 해도 좋으며, 현재 어떠냐에 대해서는 법술편을 읽어보면 되겠다. 다만 이들을 보는 부위는 거의 어미(魚尾)와 간문(奸門)이라는 것을 덧붙여 둔다.

가정운이나 자손운에 대해서는 대체로 같은 말을 할 수 있다. 그러나 자손운은 자식이 없기 때문에 고생하는 사람과, 있는 자식 때문에 고생하는 사람의 두 가지 경우가 있다.

자식이 전혀 없는 사람은 양자운에 의해서 자기 여생의 길흉이 결정되기 때문에, 이것은 그 사람에게는 중대한 문제이다. 그러므로 이런 사람의 경우에는 단순히 자식만을 생각지 말고 부하운이라는 것도 아울러 판단해야 한다.

자식이란 없어도 곤란하고, 있어도 불량하게 되면 이것은 없는 것보다 더 곤란하다. 다만 이런 경우에는 어버이의 생활 태도에 대단한 영향이 있다는 것을 깨닫고 이 방면부터 개선하도록 해야 한다.

그러므로 어버이가 건실한 생활을 하고 있으면 자식이 비뚤어진 경우에도 일시적인 것이고, 그다지 염려하지 않아도 좋다고 생각한다. 이것은 자식이 성장해 가는 데 있어서 홍역과 같은 유행병으로 보아도 좋을 것이다.

가정운은 현재의 문제에 대한 경우를 판단한다. 먼 장래의 문제는 부부연(夫婦緣)과 같은 것이어서, 그 사람들의 마음가짐이 크게 영향을 끼치므로 운명가의 힘으로도 어쩔 수가 없다. 그러나 부부싸움 끝에 역자에게 찾아오는 분은 다소라도 반성 자료로 하려는 사람들이므로, 많은 예를 알아듣도록 이야기해 드리는 것으로 하고 있다.

병에 대하여

병은 코나 눈, 눈 사이〔山根〕혹은 아랫입술의 아래〔承漿〕부분과 아래 눈꺼풀과 광대뼈 사이 등으로 판단한다. 오랫동안 병으로 고생하는 사람은 코나 이마에 주름살 같은 것이 있고, 산근에도 같은 것이 나와 있어서 그것을 보면 곧 알 수 있다.

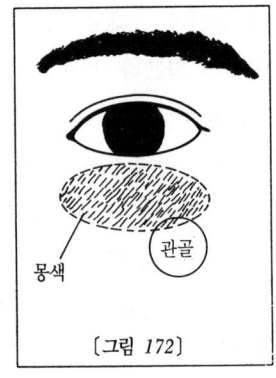

[그림 172]

필자의 감정 생활에서 본 결과 [그림 172]와 같은 부위에 몽색이 나와 있을 때는 결핵에 걸려 있는 경우가 많았다.

이것은 결핵 전문의도 인정하고 있는 사실인데, 이 부분이 깨끗하고 붉은 기가 있을 경우에는 초기 증상이고, 몽색이 나오게 되면 병세가 심한 상태라고 설명해 주었다.

식중독은 승장에 뚜렷이 나타나 있어, 이것은 누가 보아도 곧 알 수 있다. 필자가 고등어의 자가 중독을 일으켰을 때 분명히 확인할 수 있었다.

또 이마의 색에 대해서는 얼굴의 혈색 부분에서 자세히 설명했으므로 본문을 참조하기 바란다.

기타 근대적인 병에 대해서는 매일의 착실한 생활 태도가 당신의 실력을 크게 향상시킬 것이다.

화재에 대하여

대체적으로 이마와 턱〔地閣〕의 혈색으로 판단한다. 이것도 이마의 혈색 부분에 자세히 설명되어 있으므로 본문을 참조하기 바란다.

이사의 경우에는 지각에 색이 나타난다.

화재 역시 지각에 색이 나오는데, 화재나 이사의 색이 따로따로 나타나지는 않는다.

도난에 대하여

도난에 대하여는 코의 양 옆으로 판단하는 것으로서, 그것도 이 부위에 나타난 색인데, 도난당한 물건이 되돌아오느냐 어떠냐를 본다. 그러므로 그 보는 법은 혈색부를 충분히 읽어 보아야 한다.

응용편이라고 써보았지만 본문과 같은 것이 되기 때문에 이상의 몇 가지 문제를 추려서, 문제는 어디를 읽으면 좋은가를 설명한 데 불과하다. 그러나 조금이라도 독자들에게 도움이 되기를 빌면서 쓴 것이니, 본문과 아울러 참고하기 바란다.

제8장 개운의 방법

앞에서 기술한 바와 같이, 나쁜 인상인 경우에는 어떻게 하면 좋은가? 여기에 대해 설명하는 것이 이하의 미즈노 나보쿠 수신록(南北相法修身錄)이다.

즉 흉한 상이라도 먹는 것(食物)에 따라서는 어떻게든지 변할 수 있다는 것이 이 부분의 초점이다. 식사 여하로 상이 변하고, 상이 좋아지는 데 따라 운도 좋아진다는 이치이다.

식사의 양과 흉상

식사의 양을 8부 정도로 끝내는 사람은 비록 얼굴에 발전할 힘이 없는 사람이라도 자기가 노력한 만큼의 성공을 이룰 수가 있고, 수명도 길고, 만년운도 좋아진다.

그러나 당신은 실로 좋은 상을 하고 있다, 곤란한 일은 절대 없을 것이다, 하는 말을 듣는 사람이라도 자기 신체 이상으로 먹는 사람은 남이 생각하는 것보다 성공하는 일이 적고, 또 일생 동안 웬일인지 고생만 많고 만년운도 좋지 않다.

또 언제나 많이 먹고 때로는 매우 주책 없는 사람이라고 생각되는 사람이 있는데, 이런 사람들은 아무리 좋은 상을 하고 있다 해도 좀처럼 안정된 가정 생활을 보낼 수가 없고, 재산이 상당히 있는 경우라도 가난해지는 일이 많을 것이다.

비록 가난하지는 않다 해도 자손운이 나쁘다든가, 형제에게 나쁜 일이 있다든가 혹은 아내가 아무래도 병약하다든가 하는 무엇인지 불충분한 상태가 나타난다. 또 상이 나쁜 사람의 경우 항상 폭음폭식(暴飮暴食)하는 사람은 만년에 객사할 수도 있다.

현재의 자기 경제 상태보다 언제든지 맛있는 것을 즐겨 먹는 사람이 있는데, 이런 사람들은 비록 좋은 상을 가졌다 해도 이것은 대단히 나쁜 것으로서, 이러한 행동을 개선하지 않을 때는 일생 성공하지 못한다.

또 가난한 생활을 하고 있는 사람이라면 아무리 일을 해도 편안히 되지 못하고, 그 사람의 일생은 고생이 넘쳐 흐른다.

이와는 반대로 현재 경제력이 없는 사람이 식사의 사치성을 삼가면 그 사람은 나쁜 상이라고 해도 반드시 노력한 만큼의 성공을 거둘 수 있으며, 또 상당한 재산을 자손에게 남겨 줄 수 있다.

그러나 이 사람의 경우도 아무리 거친 식사를 했다고 해도 그 식사의 양이 지나치면 이것은 오히려 해가 되어서 반대 결과를 초래한다. 그러나 상당한 노동을 하는 사람이면(농사일, 노동자 등)보는 기준이 달라진다.

상당히 복상이고 현재 사업이 순조롭게 운영되고 있는 사람이라도 풋것을 즐겨 먹는 사람은 마침내는 실패하고, 그 때문에 가난한 경우가 많고, 이것이 가난한 사람의 경우는 죽을 곳도 별로 없을 상태로 빠진다.

식사의 양을 항상 8부 정도로 하는 사람은 대단히 나쁜 상의 소유자라도 노력한 만큼의 성공을 할 수 있고, 또 즐거운 가정 생활을 보낼 사람이다.

만년운이 트인 사람은 대체적으로 대식(大食)을 하지 않으며, 이런 사람은 장수한다. 또 이렇게 사는 사람은 비록 인상에 나쁜 부위가 있다 해도 반드시 안락한 여생을 보낼 수 있다.

식사를 하다가 말다가 하는 사람이 있다. 이런 사람은 아무리 좋은 상을 하고 있더라도 만년운이 좋다고 말할 수 없고, 자기가 희망한 사업도 8, 9부까지 가서 성공을 못 하고 만다. 어쨌든 이런 식사법은 하루바삐 개선해야 한다.

식사량이 대단히 많은 사람은 새삼스럽게 무엇을 말할 필요가 없으나, 이 사람도 하루바삐 자기의 식사량을 정해야 하며, 이 일을 실행치 않을 때는 사업에도 실패하고, 반드시 병에 걸려서 초라한 생활을 하게 된다.

보통은 일정한 식사량을 들던 사람도 때때로 무슨 기회에 양을 늘리는 사람이 있다. 이런 사람은 수입면에서도 안정성이 적다. 일정한 수입을 올리려고 생각한다면 식사의 양을 일정하게 정하는 것이 개운의 가장 빠른 길이다.

주책없이 음식을 먹는 사람은 마음에도 안정이 없고, 일을 해도 좀처럼 순조롭지 못하여, 설령 상이 좋다 해도 스스로 망쳐 버린다. 또 일생 신분상의 안정을 얻지 못하고 안정된 생활을 즐길 수가 없다.

그러나 언제든지 식사량이 확실히 정해진 사람은 마음도 짜임새가 있고, 그 때문에 어지간한 일은 순조롭게 운영된다.

아무리 재산이 있다고 해도 그 집 주인이 대식가이면 그 집은 몇 대를 이어간다고 보지 못한다. 이것은 앉아서 먹기만 하면 태산이라도 부족한 것처럼 되는 것과 같다.

대단히 좋은 상이고, 품위도 있고, 직업도 안정되어 있으며, 수입이 많은 것처럼 보이는 사람도 하루 세끼의 식사가 두 번이라든가 또는 안 먹는다든가 하면 수입이 일정해지지 않아, 그 때문에 마음의 안정이 안 된다.

대체로 수입이란 것은 식사와 밀접한 관계가 있어서 식사를 올바르게 하는 사람이 아니면 수입도 일정치 않고, 그 때문에 자기의 신분이나 앞일이 걱정되어 안정되지 못한다.

식사를 배의 8부쯤으로 그치는 사람은 큰 나쁜 짓을 못한다. 이것은 소식(少食)이란 것은 여성의 식사이고, 그 때문에 큰 나쁜 일을 못하는 것이다.

그러나 대식은 남자의 식사이고, 그 때문에 그 사람이 강력하게 보이는 것이며, 그렇다면 많은 사람이 안심하고 교제하여 주지 않으므로 자연 자기한테 돌아오는 것이 적어진다.

또 여성으로서 식사의 양이 대단히 많으면, 그 사람은 남편을 대신해서 아무 일이라도 간섭하는 사람이고, 초혼으로는 좀처럼 그치지 않을 사람이다. 이것은 대식이란 것은 남자의 식사라는 데서 여자의 기가 강해지는 것이다.

언제나 일정한 양의 식사를 하던 사람의 식사량이 흔들릴 때는 무엇인가 변화가 있을 전조로서, 빨리 원래대로의 양으로 먹는 것이 좋을 것이다.

또 집안에 문제가 있을 때는 식사량이 자연 문란해져서, 이것은 무엇이 있었다는 것을 의미하는 것이고, 이것이 아무 일도 없었을 때에 전기와 같이 식사량이 문란해지면 이것은 무슨 문제가 일어날 것을 암시하는 것이다.

이것은 '하늘은 먹을 것 없는 백성을 낳지 않는다.'는 말이 그 사람의 식사와 그 사람의 운명에 얼마나 밀접한 관계가 있는가를 설명하는 것이고, 이 세상에 태어난 사람으로서는 자기의 신분이란 것을 잘 생각해서 조금의 채소 혹은 고기라도 감사하게 먹는 것이 중요하다는 것을 말해 주는 것이다.

　실제로 조금이라도 걱정이 있는 사람은 식사의 양도 줄고, 모래를 씹는 것 같다고 투덜댄다.

　자기의 기분이 안정되지 못할 때는 식사도 문란하다. 이것은 누구나 경험하고 있는 일인데, 그것이 운명과 이렇게도 깊은 관계가 있다고는 본서의 독자 이외는 모를 것이다.

　필자와 같이 운명학을 직업으로 삼고 있는 사람조차도 미즈노 나보쿠옹의 유고에 접촉하기 전까지는 몰랐던 문제이다. 손님 가운데는 차가 식어도 마시지 않는 사람이 있는데, 이런 사람들은 실로 심각한 문제를 가지고 찾아오는 분이라는 것을 첨가해 둔다.

　현재 상당한 생활을 하고 있는 사람도 언제나 친구들과 모여서 맛있는 음식 먹는 것이 취미라면 아무래도 좋지 못한 결과를 초래한다. 그러나 이런 것들은 정도의 문제이므로, 이 점을 혼동하지 말아야 한다.

　용모가 준수한 사람이라도 식사가 일정치 못한 사람은 마음의 안정이 없는 사람으로서, 반드시 허영심이 강한 사람이다. 그러므로 얼굴이나 형태가 아무리 훌륭한 사람이라도 마음의 안정이 없는 사람은 식사가 일정치 못한 사람이라고 할 수 있다.

　젊어서부터 식사가 일정한 사람은 일생 동안 앓는 일이 없고, 노력에 따른 성공을 한다. 이런 사람은 비록 흉상이라도 만년운이 대단히 좋다. 이와는 반대로 아무리 좋은 상을 가진 사람이라도 전기한 사람과 반대이면 그 사람의 만년은 쓸쓸한 것이 된다.

　지위나 재산이 많은 사람은 얼마나 호사스런 식사를 할까 하고 부러워하기 쉬운데, 필자가 알고 있는 몇몇 사람은, 죄송한 말씀이지만 우리들 가정에서 흔히 대할 수 있는 평범한 식탁이며, 양에 있어서도 아주 소량으로 오히려 우리들이 더 먹는 편이다. 모처럼 함께 식사를 할 경우, 이것만 드시느냐고 물어 보게 되는데, 많이 먹으면 머리가 둔해진다고 웃어 넘기는 사람들이 태반이었다.

나이 탓도 있겠지만, 어지간히 몸이 지탱된다고 감탄할 정도이다.

미식(美食)과 인상

인상이 대단히 건강해 보여도 젊어서부터 맛있는 음식만 먹고, 그것도 많이 먹는 사람은 만년이 되어서 위장 장애에 걸리는 일이 많고, 개중에는 먹지 못하게 되는 사람도 있다.

또 그 마음가짐부터 나쁜 사람이면 중년운도 없고, 중년이 되면 맛있는 음식을 못 먹게 될 뿐 아니라 만년운도 대단히 나쁘게 된다.

여기에서 중요한 것은, 인상이 좋고 나쁜 것은 관계없이 매일 맛있는 음식을 먹는 사람은 만년이 되어 반드시 위장 장애 때문에 음식을 못 먹게 된다는 점이다.

그러므로 젊어서부터 음식에 사치한 사람은 나이 들어서 반드시 만족한 상태가 오지 않는다. 그것은 세상의 이치가 '차면 기운다.'는 순환 작용으로 성립되어 있고, 인간도 이 작용에서 벗어날 수 없기 때문이다.

이 때문에 전기한 사람의 경우에는 일생 사치한 생활을 하면 자손운이 없는 상태가 되든지, 가령 어린애가 있으면 자기 자신이 병으로 고생하거나 하는 것이다.

과격한 육체 노동을 하지 않는 사람이 대식을 하면서 조금도 개선하지 않을 때는 일생 동안 큰 성공이 안 되고, 죽을 때도 비참하다. 그러나 상당한 재산이 있는 사람으로서 대식가는 언제까지나 생의 집착이 강하고, 그 때문에 남이 싫어하는 일조차 있고, 반드시 오랫동안 병으로 대단히 고생한 다음이 아니면 죽지도 못한다.

이것이 재산도 없고 인상이 나쁜 사람이면 돌봐 줄 사람도 없고, 물 한 모금 줄 사람도 없게 된다.

언제나 일정량의 식사를 하고 있는 사람이 우연히 늙게 되어 아무 것도 안 먹을 때는, 비록 병자의 안색이 좋다 해도 이것은 반드시 죽는 것인데, 죽을 때는 조그만 고통도 없이, 천명(天命)을 다한 사람처럼 잠을 자듯 깨끗하게 죽는다.

50살 된 사람으로서 사상(死相)이 나온 병자가 있어도, 그 사람이 항상 소식하는 사람이었다면 죽기는 드물어서 대체로 살아난다. 그리고 그 병자는 병이 아니고 방위(方位)에 의한 재난이다.

목숨이란 것은 식(食)이 근본이 되어 있고, 항상 소식하는 사람이면 병을 앓지 않고, 만약 그 사람이 병에 걸렸으면 이 사람은 반드시 방재(方災)*로서 이 병자에게는 약이 듣지 않는다.

또 항상 소식하는 사람은 마치 음덕을 쌓는 사람과 같아서, 그 때문에 방재가 있어도 죽지 않고, 어느 일정한 시기가 오면 자연히 낫는다.

대체로 57, 8세 이상의 사람으로 병을 앓고, 이 사람에게 사상(死相)이 나오지 않은 경우라도 보통 주책없이 먹는 사람이면 반드시 죽는다. 이것은 명은 있어도 먹을 것이 다해서 죽는다고 할 수 있다.

그러므로 수명의 장단에 대한 것은 상에 의해 판단하는 것이 어렵고, 음식으로 보면 절대로 틀리는 일이 없다. 그러므로 병자를 판단할 때는 반드시 식사 상태를 물어 보아야 한다.

[註] 방재(方災)란 천지 자연의 기를 받은 것이 자기 주위에 많이 있기 때문에, 일정한 연월 동안 자기가 가면 나쁜 방위(方位)가 있다. 이것을 모르고 이사나 증축을 했을 때는 이 방위의 재난이 사업, 가정, 신체 등에 나타난다. 이것을 방재(方災)라고 한다.

상에 대해서 길흉을 말하지 않고 자기가 성공하고자 하는 사람은 식사의 양을 먼저 정하는 일이 중하며, 이것을 지킬 수 있는 사람은 성공할 사람이고, 식사의 양이 정해지지 못한 사람은 성공할 수 없는 사람이라는 것을 알아야 한다.

이 식사량을 정하려고 하는 것은, 바꾸어 말하면 자기의 정신적인 안정의 근본이 되는 것이며, 마음이 견실해지면 자연 인간이 해서 좋은 일과 나쁜 일의 구별이 지워진다. 그러므로 사물의 도리를 모르는 사람에게는 식사의 양을 정하는 일이 될 수 없다고 할 수 있다.

상당한 생활을 하고 있는 사람이 무슨 기회에 실패하여 집이 납작해진 경우에도, 그 집의 주인이 식사 양을 확실히 정하고 그것을 여행(勵行)한다면 반드시 그 집은 재흥할 수 있다.

한 집의 주인이라는 것은 그 집의 신주와 같아서, 이 사람이 집이 도산되기 전에 식사를 삼갔다면 반드시 도산되지 않았을 것이다. 도산이 된 것은 그 집의 주인이 식사에 지나친 사치를 했기 때문에 가운이 쇠퇴한 것이고, 가운이 쇠퇴한다는 것은 그 집의 먹을 것이 다한 것이다. 그러므로 그 집의 먹이가 다하려고 할 때 주인이 먹이를 근신했으면 가운이 소생되었을 것이라는 것은 당연한 이치이다.

대단히 성공할 상이라도 그 사람이 멋대로 행동을 취하고 항상 주식(酒食)을 즐길 양이면 아무리 좋은 상이라도 일생 성공할 수 없다. 이러한 사람들은 놀고 지낼 상의 사람들이다.

또 대단히 나쁜 상이라도 성공하자 하는 뜻을 세웠으면, 나날의 먹이를 확고히 정하고 자기의 희망이 성취되는 날까지는 먹는 것에 대한 본능을 삼갈 것이다. 그러면 반드시 희망을 완수할 수 있다.

식물(食物)이란 것은 인간이 살아서 활동하기 위해서는 아무래도 없을 수 없는 것으로서, 식물에 대해 비천한 생각을 가질 것 같으면 좀처럼 성공할 수 없다. 식물은 인간이 살아가기 위해서는 반드시 필요한 것이므로 이것을 남식(濫食)하여 버리면 자기의 생명의 뿌리를 먹어 버리는 것과 같아서, 이 이론에 공명(共鳴)하는 분은 식물을 중요시해야 한다. 우선 아무리 돈이 많아도 이것이 식물 이상의 활동은 못하는 것이고, 돈의 불평으로 소동이 일어나는 것은 드물고, 우선 먹을 것으로 불안이 있을 때든가 먹을 것이 없어졌을 때에 소동이 일어난다.

언제나 식사를 많이 하는 사람은 병이 나면 그다지 먹지 않고, 소식하는 사람은 병이 나도 계속해서 식사를 한다. 이것은 평소에 많이 먹는 사람은 어딘가 무리를 하고 있는 때문이거나 이미 정해진 양을 먹어 버렸거나 했을 것이니, 먹지 않거나 사망하거나 두 길밖에 없는 이치이다.

대체로 확실한 직업에 종사하는 사람은 반드시 하루 세 번의 식사가 일정하다. 그러나 직업에 안정이 없는 사람은 식사도 일정하지 못해서 두 끼만 먹거나 한 끼를 먹을 때도 있다.

만약 직업이 없는 사람으로서 큰 수입을 얻고자 하는 사람은 우선 자기의 식사량을 배의 8부 정도로 정할 것이다. 그리고 3년간 이와 같이 식사를 삼가면 반드시 상당한 지위와 수입을 얻을 수 있다.

식물(食物)이란 것은 모든 것을 지배하는 것으로서, 수입을 얻는다는 것은 이 식물에 대하여 근심 없는 상태를 만드는 것이므로 이 때문에 식사의 양이 정해지면 수입도 안정되어 간다. 그러므로 인상의 길흉은 2차적인 문제가 되고, 식사가 정해지지 않은 사람은 좋은 상이라도 결국 나쁜 상이 되고, 또 반대로 나쁜 상이라도 식사의 양이 정해져 있는 사람이면 최후에는 좋은 상이라고 할 수 있다.

중년(35세)에서 초로(初老 : 50세)에 접어들려고 하는데, 식사의 양이 일정치 않은 사람은 사업을 하고 있어도 때때로 손해를 보며, 그 때문에 원점으로 되돌아오는 것과 같아서 크게 성공하지 못한다.

식사의 양이란 것은 그 사람의 마음에 의해서 좌우되는 것으로서, 자기의 마음이 안정되지 못할 때는 아무래도 식욕이 감퇴되고, 마음이 안정되어지면 식사도 안정된다. 그러므로 마음이 안정되지 않을 때는 무슨 일에 있어도 세세한 주의가 고루 미치지 못하기 때문에 뜻밖의 실패를 초래하기 쉽고, 이것이 안정되어 있을 때는 세세한 데까지 눈이 미치어서 결코 실패가 없다.

만년운이 대단히 없는 상을 하고 있는 사람이라도 젊었을 때부터 식사를 삼가고 있으면 반드시 이러한 흉운에서 피하여 행복한 여생을 즐길 수 있다. 그러므로 인간은 삼가는 것이 긴요하며, 젊었을 때의 은덕은 반드시 만년에 나타난다. 가령 굶어 죽을 상을 한 사람이라도 3년간 식사를 삼가면 아사를 묘면할 수 있다.

자손이 없는 상이라도 젊었을 때부터 배의 8부만큼 식사를 하고 삼가는 사람은 자손이 없는 법이 없고, 반드시 대단히 좋은 양자의 혜택을 받아서 안락한 여생을 즐길 수 있다. 이것은 젊어서부터 쓸데없는 일을 하지 않고 만년을 맞이했을 때에는 아직 자기의 천록(天祿)이 남아 있는 것으로서, 그 때문에 좋은 양자를 얻어서 효도를 받는 것이다.

가령 자기가 죽은 다음이라도 자기 영혼에 매일 아침 상식을 올려 줄 사람이 있고, 현재 대단한 부자라도 자식이 없는 사람은 만년이 대단히 쓸쓸해서 정신적 가난뱅이라고 할 수 있다. 이렇듯 자손이라는 것은 인간의 만년에 있어서 먹을 것과 같은 의미가 있다.

재운(財運)을 잡자면

가난한 상이 있는 사람이 자기는 아무래도 일생 가난할 것 같다고 생각해서 매일 배의 8부쯤으로 식사를 해나가면, 이것은 자연 가난을 모면해서 마침내는 상당한 돈을 갖게 된다. 대체로 가난한 사람은 돈이 들어오면 곧 먹어 버린다. 때문에 언제까지나 가난한 생활을 하는 것으로서, 돈이 여분으로 들어올 때도 없을 때와 같은 식사를 하면 자연 좋아진다.

금운(金運)이 대단히 좋은 상을 가진 사람이라도 언제나 사치한 생활을 하고 있으면 그 사람은 일생 금운이 좋다고 말할 수 없다. 이것은 천지간에 만물은 차면 기운는 것으로서, 복(福)은 복(覆)으로 통하는 이치에서 돈이 있다고 해도 매일의 사치는 용서될 수 없기 때문이다. 명심할 일이다.

또 아무리 돈이 많다고 해도 돈을 낭비하는 사람은 반드시 좋은 만년을 맞이할 수가 없다.

이 돈이라는 물건은 나라를 다스리는 데 가장 중요한 것이며, 이것이 부족할 때는 생활해 나갈 수가 없다. 또 돈은 일 원이 모자라도 천 원이 될 수 없으므로, 단 일 원이라도 소홀히 해서는 안 된다.

돈은 천하에 통용되는 음과 양으로서 많은 사람을 위해서 밤낮으로 일하는 것이고, 이 일은 마치 양친이 자식의 일을 생각하는 것이나 같아서 대단히 중요하다. 그러므로 돈에 의해서 입은 혜택은 참으로 크며, 이것을 함부로 다루는 사람은 부모의 은혜를 모르는 것이나 마찬가지이며, 그 때문에 돈이라는 부모의 눈 밖에 나서 마침내는 가난해질 수밖에 없다.

또 돈과는 언제까지나 인연이 있는 것처럼 생각하는 사람은 우선 돈을 존중할 줄 알아야 하고, 비록 조그만 물건을 사더라도 잘 생각해서 한 푼의 돈이라도 함부로 쓰지 않도록 하는 것이 중요하다.

가령 물건을 사는 경우에도 돈을 보고, 아무래도 필요한 것이 있어서 물건을 사야만 되겠으니 일시 당신과 헤어지지만 또 돌아와 주시오……. 이렇게 생각하고 돈을 쓰는 사람은 돈과 인연이 있는 사람이다.

 개나 고양이 혹은 사람이라도 자기를 귀여워하는 쪽으로 가기 쉽고, 거기에 정착하게 되는 법인데, 반대로 돌덩이나 기와 쪼가리같이 함부로 다루는 사람에게는 가기 싫고, 오래 있지도 못한다. 이것은 돈도 마찬가지여서, 이 돈을 세상에서는 도는 것이라고 하는데, 이것은 발이 없어도 천하를 돌아다닌다는 뜻으로, 돈 역시 귀중하게 다루어 주는 곳에 오래 있고자 하는 것은 이치에 당연한 것이다.

 장수의 상이 있는 사람이라도 평소에 대식을 하다가도 또 잘 먹지 않는 사람은 장수하지 못한다. 생명을 길러 주는 식사가 일정하지 않으면 자연 수면도 부동(不同)해서, 그 때문에 장수한다고 말할 수 없다.

 가난하고 또 단명할 상이 있는 사람도 8부쯤의 식사를 하고 사치하지 않으면 가난도 벗어나고, 마음가짐에 따라서 장수할 수도 있다.

 이런 사람은 물건을 낭비하는 사람이 아니므로 자연 재산이 모아지고, 신체에도 무리를 하지 않기 때문에 장수할 수 있는 것이다.

 또 크게 성공할 수 있는 사람이라도 허랑 방탕한 생활을 하고 주식(酒食)에 돈이 많이 드는 사람은, 성공을 주식의 즐거움과 바꾸고 있는 사람이어서 이러한 상태라면 도저히 큰 성공을 할 수가 없다.

 상당히 성공할 상이 있는 사람으로서, 식사의 양은 정해 있어도 세 끼의 식사를 사치하는 사람은 앞의 항목과 같이 큰 성공을 할 수 없다. 그러므로 국가의 경우에도 긴축 정책을 강행하면 반드시 여유 있는 경제 상태가 된다.

 대통령은 대통령의 식사가 있고, 또 부자는 부자의 식사가 있고, 가난한 사람은 또 그 나름의 식사가 있다. 그런데 가난한 사람이 부자의 식사를 한다면 이것은 경제가 용납치 않는다.

 그 결과는 점점 가난해질 뿐이다. 그러나 부자가 자기 신분보다 근신하는 식사를 한다면 재산이 반드시 더 불어난다. 그러므로 조금이라도 잘되려고 하는 사람은 식사를 엄격히 정해야 한다.

어린이가 대단히 나쁜 상을 가진 경우라도 그 어린이의 어버이가 대단히 근신하는 사람이면 그 어린이의 상을 나쁘다고만 단정할 수는 없다. 이것은 어린이란 어버이의 태도나 행실에 따라서 나쁜 상도 좋은 상으로 바뀌기 때문이다.

또 어린이의 입장에서는 어버이는 뿌리이고, 그 뿌리가 바르니까 어린이도 자연 바르게 되는 것이다. 가령 생전(生前)의 인연이 있어도 이것을 해결하는 것은 전부 어버이의 행동에 있고, 어버이가 주책이 없으면 자식은 커서 대단히 고생한다.

그리고 이 악인(惡因)을 풀 수 있는 것은 음덕 이외에는 없다. 미즈노 나보쿠옹은 다음과 같이 설명하고 있다.

"세상에서 자비(慈悲), 선근(善根), 방생(放生) 등을 한다 해도, 이는 여러 사람이 아는 터로서 음덕(陰德)이 아니다. 참다운 음덕은 자기의 매일 먹어 버리는 식물(食物)을 반만 남겨서 천지에 바친다고 하여도 나 이외에 그 뜻을 알 사람이 없으니 이것을 참 음덕이라 한다. 또한 한 줌이라 하더라도 매일매일 그와 같이 실행할 때는 자손의 악인(惡因)을 풀고, 자기의 악인을 푸는 것이 명월을 가리키는 것과 같다."

결국 사람에게 알려지는 것은 음덕이 아니고, 참된 음덕은 남에게 알리지 않는 것이며, 거기에는 자기의 먹이를 조금이라도 좋으니까 덜어서, 또 먹이를 주신 신에게 감사하면 좋은 것이라고 설파하고 있다.

이것은 사람에게 있어서 가장 어려운 업(業)을 권하고 있는 것처럼 생각되나, 가장 도리에 적합한 것을 설명하고 있으며, 미즈노 나보쿠 자신이 일생 이것을 굳게 지켜서 천명을 다한 사람이다.

필자도 이 책을 입수해서 하룻밤에 읽어 버린 다음 날부터 누구와도 상의하지 않고 실행하고 있다. 처음에는 집안 사람들도 이상하게 여겼으나 최근에는 그 진의를 이해하고 협력해 주고 있다. 거기에는 물론 우리 아이들이 건강하게 자라기를 바라고, 내 자신의 노후 역시 편했으면 하는 바람 때문이지, 큰 부자가 되거나 장관이 되려는 야심이 있는 것은 아니다. 또 역사를 천직으로 생각하고 있기에 손님의 개운(開運)에 힘써 노력하고 있으며, 우리에게 찾아오시는 분은 반드시 개운되시도록 노력하는 것이며, 다소나마 판단력의 향상을 희망하기 때문이다.

역자나 혹은 다른 어떤 직업에 있는 사람이라도 자기 직업에 열중할 수 없는 사람은 참으로 불행한 사람으로서, 젊었을 때는 어떻게 지나가지만 만년은 비참한 것이라고 믿는다. 그러므로 노력이 모든 것을 지배한다. 그러나 이 노력의 원천은 건강으로서, 건강의 근본은 매일의 식사다. 여러분은 자기의 본능에 맡겨 버리는 일없이 다소나마 본능을 극기하여 자기의 개운을 생각해야 할 것이다. 그렇지 않으면 본서를 읽은 보람이 없다.

육식과 성격

고기류를 좋아해서 언제나 이것을 많이 먹는 사람은 어느 경우에 잘못 생각을 해서, 그 때문에 대단히 고생하지 않으면 안 된다. 고기류를 많이 먹으면 기운이 너무 나서 그 결과 과오를 범하는 일이 많기 때문이다. 그러므로 도회지에는 범죄가 많고 전원(田園)에는 문제가 적은 법인데, 이것은 전원에 사는 사람은 주로 채식(菜食)을 하기 때문이다.

또 도회지에 살고 있는 사람들은 아무래도 맛있는 음식물을 먹기 때문에 여러 가지 고생이 많은 것으로, 이에 비해 시골 사람들은 조잡한 식사로 만족하고 있는 데서 안정된 생활을 즐길 수가 있다.

그러나 육식이라고 해도 조금씩 먹을 때는 건강을 위해서 좋은 것이며, 새나 짐승도 인간에게 먹힘으로써 구실을 다하고 본래의 법열(法悅)로 되돌아가는 것으로서 이것은 자비이다. 그렇지만 너무 많이 먹었을 때는 병의 원인이 되어서 아무 구실도 못하고, 새나 짐승도 덮어놓고 잡혀 먹히는 걸 좋아하는 것이 아니고, 이것은 살생(殺生)이다.

어떤 사람이든 식물에 대한 근심이 있느냐 없느냐에 따라 그 사람의 인격이 나타난다. 이것은 명승(名僧)이라든가 인격자라든가 하는 사람의 경우에는 배가 꽉 차게 먹지 않기 때문에 자연 기품이 생기는 것이고, 가령 상당한 사회적 지위에 있는 사람이라도 무엇이든지 많이 먹는 사람은 기품이 없고, 상대방으로 하여금 존경의 마음이 우러나게 하지 못한다.

액년에 큰 재난을 당할 상이 있어도, 언제나 식사의 양이 일정하고 사치하지 않는 사람은 반드시 그 재난을 모면할 수 있다. 그러나 많이 먹는 사람이나 식사가 일정하지 않은 사람은 큰 재난을 당한다.

액년(厄年)은 사람이 태어나서 세 살까지이고, 초로(初老 : 40세부터 50세까지)에 들어서서 41세부터 43세까지를 가리킨다. 왜냐하면 노도(老道)에서 비롯된 때문이며, 그러므로 삼가지 않으면 재난이 있다고 한다.

어떤 사람이라도 자연 신체가 쇠약해지고 원기가 없어진다. 이럴 때에 고기류를 먹어서 신체를 보전하는 것은 관계없으나, 이것도 정도가 지나치면 오히려 해가 된다.

젊었을 동안은 다소 식사가 적어도 신체가 쇠하지 않지만 노인이 되면 자연 약해지는 것은 나무의 예를 들어 보면 곧 알 일이고, 노목

(老木)도 비료 주기에 따라서 기운차게 되는 것과 같다.

군인은 다소 많이 먹어도 관계없다. 이것은 난세(亂世)에 있어서 자기의 목숨을 표적으로 싸울 때는 식사를 못 하게 될 때도 있으므로, 위를 크게 해서 보통 여유있게 먹는 것은 자기를 위해서가 아니고 국가를 위한 것이기에 좋다고 한다. 그러나 많이 먹는 것은 좋다고 하더라도, 참으로 군인다운 마음가짐이 있는 사람은 식사의 양도 일정하고, 무슨 변고가 있을 때 외는 많이 먹지 않는다. 그러므로 군인이라도 언제나 배가 꽉 차게 먹고 있는 사람은 다소 난폭한 데가 있고, 전사할 가능성이 많으며, 설령 전사하지 않더라도 현역에서 빨리 물러설 것이며, 정말 좋은 상이라고 말할 수는 없다.

그러면 군인의 경우에는 어떻게 하면 좋을까. 매일의 식사는 보통 사람처럼 일정량을 정해서 취하고, 한 달에 한 번이나 두 번 조잡한 식사로 많이 먹도록 한다. 이렇게 부지런한 군인이면 반드시 자기의 책임을 다할 수 있고, 국가에 있어서도 유능한 일꾼이 되어서 충효(忠孝)의 두 가지 길에 어긋나지 않는다.

어느 때 어떤 문제가 일어날지 모르는 오늘날에는, 군인인 이상 항상 전쟁터에 있는 듯한 마음으로 세 끼의 식사를 취하고 처세를 생각할 일이다.

어떤 좋은 집안에서 태어난 사람이라도 식물을 함부로 다루든지 덮어놓고 많이 먹는 사람은 아무래도 현재 상태에서 발전할 수가 없다. 이 세 끼의 식사라는 것은 그 사람의 활동이 있는 것은 물론이지만, 그러나 이것만으로 얻을 수는 없다. 이것은 모두 많은 사람의 땀의 결정으로서, 이것을 함부로 다루는 것은 마치 사람들을 적으로 돌리는 것과 같은 것이기 때문에 좋지 않다.

노동이 과격한 사람은 대체로 식물을 많이 먹는다. 이것을 바꾸어 말하면 천지에서 차용하는 것과 같아서, 그 때문에 일생 계속해서 일해야 하는 것이다.

또 자기의 수입보다 여분으로 많이 먹든지 하는 사람은 일생 동안 남의 밑에서 일하고, 그다지 복된 생활을 보내지 못하고 죽게 된다.

노동이 심한 사람이 대식하는 것은 먹으니까 일할 수 있는 것인지 일하니까 먹는 것인지, 이것은 자기의 노동으로 먹는 것이 아니고 눈에 보이지 않는 것에 자기 건강이 유지되는 것으로서, 이것을 항상 염두에 두고 너무 많이 먹지 않도록 하는 것이 좋다.

그러나 노동이 심한 날에 한해서 여분으로 먹는 것은 관계없고, 모처럼 쉬는 날은 식사량도 줄이도록 하는 것이 이 사람을 위하는 길이고, 이와 같이 주의깊게 식사를 한다면 언제까지나 심한 노동을 하지 않고 점점 편안한 일로 변해 갈 수 있다. 그러므로 자기 신변에 먹을 것을 충분히 쌓아 놓고 그 다음에 성공하려는 것은 좀처럼 어려운 것이므로, 반드시 성공하려는 사람은 먼저 먹는 것에 주의를 기울여야 할 것이다.

대체로 세상이란 데는 무엇인가 부족한 것이어서, 이것을 전부 갖추자면 무엇인가를 희생하고 난 다음에 그 위에 노력하지 않으면 안 된다. 그리고 다소라도 기초가 생기면 차차로 갖추어 가도록 할 것이며, '백 리 길도 한 걸음부터'라는 각오로 노력해야 할 것이다.

자기 수입에 비해 많이 먹는 사람은 사업상 때때로 손실이 있고, 또 전과 같은 상태로 되돌아가는 일이 많다. 이것은 먹을 것은 하늘로부터 받은 것이어서, 많이 먹었을 때는 하늘에 부채가 생긴 것과 같다.

따라서 하늘은 일생 동안에 어느 기회를 보아 이 대출을 회수하려고 하며, 이것이 사람에 있어서는 재난이 되는 것이고 그렇지 않을 경우에는 병이 되거나 한다. 이것은 마치 '너무 먹으면 안 된다.' 하는 무언의 경계가 되고, 경제적 곤란을 받거나 병에 걸리거나 하면 이전과 같이 먹을 수도 없게 되는 것이다. 그러므로 언제나 많이 먹는 사람은 자기가 자기의 운을 먹어 버리는 결과가 된다는 것을 잊지 말아야 한다.

또 먹은 것은 변이 되어서 다시 본래의 모습으로 돌아가는 일은 없고, 이것을 하늘에서 빌린 이상 어떻게 하든지 갚지 않으면 안 된다. 이것이 사람에게 빌린 것이면 재촉을 하니까 무슨 방법으로든지 반환할 생각을 하는데, 상대가 눈에 보이지 않는 그 무엇이니까 잠자코 지나쳐 버린다. 그러므로 자손이 없는 사람도 있다. 이들은 어떤 형태로든지 하늘에 차용이 있는 사람으로서, 그 때문에 자손이 없다는 형태로 재난을 당하고, 그대로 가면 이 집은 절종이 되고 만다.

이렇게 생각하면 많이 먹거나 먹을 것을 낭비하는 것은 대단히 두려운 것이 된다.

가령 부모님께 지극히 효도하는 사람이 있다고 가정하자. 그러나 이 사람이 음식을 많이 먹는 사람이면 이 사람은 효자라고 할 수 없다. 왜냐하면 자기의 신체는 양친에게서 받은 것이어서, 음식을 많이 먹을 경우에는 병에 걸리고, 그 때문에 어버이의 걱정이 된다. 그러므로 평소에 어떤 효도를 하고 있는 사람이라도 이 같이 음식을 많이 먹어서 병을 앓는다면 진정한 효자라고 할 수 없고, 오히려 앓지 않은 사람이 효자이다.

이상과 같이 설파한 미즈노 나보쿠옹의 수신록은, 이 다음부터는 문답형식으로 되어 있다. 전기의 법술편 가운데도 문답이 여러 가지 형식으로 나와 있지만, 이것은 필자가 완전히 고쳐 버렸다. 그러나 수신록에 있어서는 이 형식을 취하지 않으면 원문의 맛을 완전히 상실할 것 같아 이하는 문답형식으로 써나가겠다.

미즈노 나보쿠옹에게는 천여 명의 문하생이 있었는데, 그 중에서는 음식에 대해 너무 시끄럽게 말하는 스승에게 다음과 같이 질문하는 사람도 있었다.

인상 문답록(人相問答錄)

[문] 선생님은 음식에 대해 대단히 여러 가지로 말씀하시는데, 먹을 것은 창고에 있고, 또 사람의 목숨을 기르기 위한 식물입니다. 그러나 이것을 충분히 먹지 못할 때는 다만 먹고 싶은 생각에만 사로잡히므로, 이것은 마치 살아 있는 아귀도(餓鬼道)라고 생각하는데 어떻습니까?

[답] 식물이 아무리 사람의 목숨을 기르는 것이라고는 하지만 맛있는 것을 먹고, 또 많이 먹으면 이것은 초목의 비료나 마찬가지여서 그 때문에 병이 걸리고 최후에는 생명이 위태로워지는 것이다.

그러나 8부쯤만 먹고 건강을 유지하도록 하면, 초목에 비료를 너무 준 것과는 달라서 알맞게 성장하고, 인간도 건강을 즐길 수 있는 법이다. 따라서 이 같은 이치로 말하면 맛있는 음식을 마음껏 먹는 사람은 마치 화살을 겨누는 것과 같아서, 이것은 그 사람의 마음이 비속하기 때문이다. 이같이 마음이 비속한 사람은 다만 먹고 싶다고만 생각하고 앞일을 생각지 않는 사람이며, 이러한 사람은 인두겁을 썼을 뿐 마음속은 짐승과 조금도 다른 것이 없는 사람이라고 할 수 있을 것이다.

[문] 짐승류는 조금도 자기의 이상이나 희망도 없으며, 다만 밤이나 낮이나 돌아다니며 먹을 것만을 취미로 삼고 있습니다. 그러므로 인간이 이렇게 되면 금수와 전혀 다를 것이 없다고 할 수 있습니다.

나는 큰 새이므로 선생님이 말씀하시는 것처럼 참새 모이같이 적은 먹이로써는 아무래도 제 목숨을 길러 나갈 수가 없습니다. 대체 어떻게 하면 이 문제를 해결하겠습니까?

[답] 큰 새라든가 혹은 참새라도 이들에게는 자연 정해진 먹이가 있

는 법이다. 또 큰 새라도 무조건 많이 먹는 것이 아니고, 또 덮어놓고 무엇이든지 먹는 일도 없다. 옛날부터 봉황(鳳凰)은 냉수밖에 마시지 않는다고 전해 내려오지 않는가.

여기에 비해서 참새 종류는 잡곡은 물론 벌레, 나무 열매 혹은 사람이나 말의 분까지 무엇이든지 먹어 치운다. 그러니까 너 같은 사람은 큰 새같이 지껄이지만 마음속으로는 다만 참새처럼 먹는 것만 생각하고 있는 것이다.

[문] 저는 큰 희망을 갖고 있기 때문에 맛있는 것을 먹고, 마음의 안정을 가지고, 또 건강하여서 천하에 명성을 펼치고자 합니다. 그러나 조잡한 식사를 하고 있으면 몸에 기운도 빠지고 마음도 천해져서, 자기의 희망을 달성할 수가 없으리라고 생각합니다. 이 문제를 어떻게 해야 되겠습니까?

[답] 항상 맛있는 음식을 먹어야 원기가 있는 사람은 크게 성공할 수 없다. 인간이 성공하려면 인내(忍耐)가 제일 중요한 것이며, 열 사람만큼 참으면 열 사람 안의 성공자가 될 것이며, 만 인분을 참으면 만 인을 이긴 승리자가 될 것이다.

식물이란 것은 인간이 살아가기 위하여 가장 필요한 물건으로서, 많은 사람이 식물에 대한 인내는 좀처럼 하지 못한다. 그러니까 참을 수 있는 사람은 반드시 보통 사람을 능가해서 성공하는 것이다.

[문] 저는 대단히 나쁜 운을 타고 난 것일까요? 이제까지 육친에게 물려받은 재산은 다 잃어버리고, 현재는 제 힘으로 다시 한 번 복구가 될는지 알 수 없어서 애써 신에게 기도하고 있습니다. 과연 제 소원이 이루어지겠습니까?

[답] 대단히 나쁜 일이다. 너는 신이 어디에 있는지 모르고 있다. 신이란 것은 너의 희망하는 모든 것으로서, 자기의 마음이 순수하지 않으면 아무 일도 안 되는 것이다.

식물이란 것은 우리들 인간의 생명을 길러 주는 근본이다. 또 신에게 기원한다는 것은 자기의 생명을 바칠 각오가 되어 있어야 하는 것이다. 이 같은 마음이 있으면 신도인 너의 마음을 크게 통찰하실 것이고, 반드시 좋은 결과가 나타날 것이다.

그렇다고 해서 자기가 매일 충분히 먹고, 그리고 신에게 기원한다면 이것은 신에게 아무것도 바치지 않는 것이나 같은 것이다.

자기의 한 생명을 기르는 근본인 식물을 조금씩 줄여서 이것을 바치는 것이 참 공양물이 되는 것이다.

이것은 무슨 말이냐 하면, 먼저 매일 식사때에 자기가 믿는 신을 마음속에서 생각하며, '이제부터 한 그릇의 밥 가운데서 한 숟가락을 드립니다.' 하고 외면서 나머지를 먹는 것이다.

그러므로 특별히 무엇을 차려 놓는 것도 아니다. 그러나 신은 솔직한 사람의 마음을 사랑하는 것이어서 사념이 섞인 것이면 받지 않을 것이고, 그 사람의 뜻만을 받을 것이다.

또 이것은 육식(肉食)만이 아니고, 무엇이든 먹을 때마다 모두 이같이 바치는 것이며, 이럴 때는 반드시 소원이 이루어지는 것이다.

작은 소원사는 3년간 지킬 것이며, 큰 희망은 7년간, 또 하늘에 자기의 손재를 알아 주기를 비는 사람은 10년간에 걸쳐서 행하면 어떤 일이라도 성취될 것이다.

[문] 저는 곧잘 점을 쳐봅니다만, 누구든지 내 상을 보면 좋은 상이라고 하고 돈에 곤란받지 않을 상이라고 합니다. 그러나 실제로 나는 가난해서 생활하기도 어려운 정도여서 상법은 믿을 수 없는 것이라고 생각되는데 어떻습니까?

[답] 사람의 얼굴이란 것은 성의(誠意)라는 것을 판단하는 것인데, 지금 너의 얼굴에는 성의라는 것이 없다. 그러니까 좋은 상이 있어도 나쁜 것이다. 상은 활물(活物)이어서 부자가 될 상이 있다고 해서 그

사람이 전부 부자가 된다면 상이란 것은 사물(死物)이며, 이것을 취급하여 연구할 필요가 없을 것이다. 인상의 존귀함은 복상인 사람이 가난하니까 존귀한 것이다. 그러므로 대단한 악인의 상이나 가난한 인상의 사람이라도 자기의 행동에 의해서 좋은 인간도 되고 부자도 되는 것이며, 이것은 인간의 성의에 따라서 변하는 것이다. 그러므로 부자상을 한 사람이라도 성의가 없는 사람은 가난하기도 하고 형벌을 받을 경우도 있다. 인상은 전부 그 사람이 어떤 생각을 하느냐에 따라 변하는 것이다.

이런 의미에서 나는 상법에서 길하다든가 흉하다든가 하는 것에 대해 고의로 설명하지 않는 것이며, 여러분의 마음가짐에 대해서만 말하는 것이다. 그러나 옛날부터 인상을 보는 사람들은 상대의 길흉에 대해 설명을 하는데, 이들은 전부 초보의 인간들이다.

그러므로 인상을 보고 상대방에게 당신은 참 좋은 상이라고 하면, 그 사람은 기뻐서 그 때문에 노력하려고 하지 않으니까 이것은 상대를 망쳐 버리는 결과를 초래하고, 반대로 당신의 상은 나쁘다고 하면 상대는 이에 새침해서 일할 용기를 버리고 마는 법이다.

이것이 보통 인간의 상태이고, 상당히 성공한 사람이라도 당신의 인상은 좋은 상이라고 하면 기뻐하는 것이다. 이것이 인정이니까, 이런 것을 잘 알아 둘 필요가 있다는 것이다.

[문] 선생님은 음식에 대해서는 대단히 상세하게 설명을 하셨는데, 상의 길흉에 대해서는 많은 설명을 안 하십니다. 어찌된 까닭입니까?
[답] 다른 사람의 인상 보는 법은 어떤지 모르겠으나, 나의 상법에서는 길하다든가 흉하다든가를 말하는 것이 드물다. 상법은 자기의 몸을 닦고 천하를 다스리는 길이므로, 이것을 설명하기 위해서는 사람을 모으지 않으면 안된다. 그러니까 사람을 모으기 위해 그 사람의 길흉을 말하는 것이다.

우선 신체와 정신을 안정시키는 근본은 식물로서, 이 식물이 확실히 정해지지 않을 것 같으면 몸을 다스릴 수도 없고, 그 때문에 식사에 대하여 귀찮게 말하게 되므로, 누구든지 개운하고자 생각하는 사람은 식사를 확고히 정해야 한다.

[문] 제가 식사에 대해 확실히 정해진 생각을 가지고 그것을 실행할 경우라도, 가령 초대를 받아 갔는데 많은 요리가 나와서, 이것을 전부 먹지 않으면 상대의 호의를 무시하는 결과가 돼버릴 것 같은데, 이것은 어떻습니까?

[답] 결론부터 말하면, 내온 요리를 다 먹는 것은 좋지 않다. 가령 손님으로 갔을 때, 이것을 다 먹지 않으면 많은 요리가 나중에 썩어서 못 쓰게 될 것이라고 생각하고 먹는 것이겠으나, 이런 사람은 이들 음식이 뱃속으로 들어간 다음에는 똥이 되어 버린다는 것을 모르는 사람들이다. 다만 눈앞에 있는 요리가 아까워서 그런 것뿐이다. 그러나 정말 생각이 깊은 사람이면 많이 나온 음식이라도 전부 다 먹지 않고 남겨 둘 것이다. 이것을 바꾸어 말하면 음덕이고 자비이다.

어째서 그런가 하면, 자기가 남겨 놓은 음식을 그 집 사람이 버렸을 경우에도 이 음식은 무엇인가 생명을 길러 줄 것이기 때문이다.

그러나 내온 음식을 다 먹고 그것이 인분이 되었을 때는 어떤 생명도 기를 수가 없다. 그러므로 외견상으로 보면 아깝게 음식을 버리는 것처럼 보여도 사실은 음덕이 쌓이는 것이다. 이 음덕이 언젠가는 자기에게로 되돌아올 것이며, 다만 자기만이 한몫 보려고 생각해서 조금이라도 자기 것이 되면 큰 벌이를 한 것처럼 생각하는 사람은 어느 때 어느 경우에라도 반드시 손해를 볼 사람이다.

[문] 저의 상을 본 사람들은 객사할 상이라고 합니다. 실은 그것이 대단히 마음에 걸리니, 좀더 상세한 설명을 해주십시오.

[답] 사람이 객사(客死)하는 것은 모두 자기가 저지른 일이며, 이것

은 결코 상 때문이 아니다. 또 이 객사라는 것은 인간에게만· 있는 것이 아니고 어떤 것에도 있는 것으로서, 물건을 헤프게 다루는 사람은 자연 객사할 인연이 생겨지는 것이다. 그것은 상 때문이 아닌 그것은 자기가 만든 결과이며, 이 객사는 괴로움이 쌓여서 죽는 것이다.

초목류가 불을 만나 타면 재가 되고, 그리고 흙으로 돌아가는 것을 성불(成佛)이라고 한다. 이것은 초목의 목숨이 다한 것으로서 크게 좋은 일이다. 그러나 함부로 다루어지거나 더러워졌다고 해서 이들을 버렸을 때는 흙으로 돌아갈 수가 없고, 그것이 썩은 모습은 인간의 해골과 같은 것이어서 이러한 것을 초목의 객사라고 한다.

그러므로 더러워진 초목류는 물에 씻든가 혹은 불에 태워서 재로 만들어 주면 이것이 음덕으로서, 초목류라도 이같이 취급하는 사람이면 정말 안락한 죽음을 맞이할 것이다.

또 음식은 들 끝에 있는 풋나물까지도 사람이 먹어 줌으로써 최후가 되고, 그리고 흙으로 돌아가는 것이 성불이다. 그러면 이 음식은 진정 제 몫을 다하는 것이 되는 것이다.

그러나 이들을 함부로 취급해서 버렸을 때는 흙으로 돌아가지 못하고 녹아서 썩고, 그 때문에 사람이 싫어하게 되면 이것이 음식의 객사인 것이다. 그러니까 음식은 채소류라도, 누른 잎이라도 돌봐서 먹어주는 것이 음덕이 되는 것이다.

이러한 논지에서, 모든 것의 값어치를 알고 헤프지 않은 사람은 최후에는 대단한 인격자가 되는 것이다. 아무도 처음부터 위대한 인격자라는 사람은 없고, 자기 물건에 대한 성의가 쌓이고 쌓여서 세상 사람들의 존경을 받는 것이다.

그러나 보통 사람은 이런 생각을 하지 못하니까 평온한 인생을 보내지 못하고 괴로운 일이 많은 법이다.

[문] 저는 젊어서부터 운이 강했기 때문에 상당한 재산를 모았는데,

최근에는 운이 나빠서 매년 나가기만 하고, 무엇을 해도 잘되지 않습니다. 어찌된 영문입니까?

[답] 너는 젊어서부터 재산을 모았기 때문에, 마치 '가득하면 기운다.'는 이치에서 현재로는 자연 줄어들기 시작한 것이다. 이것은 빨리 없어지는 것이 좋은 것으로서, 자기가 일하다가 실패하지 않으면 하늘이 자연히 없어지게 할 것이다.

이것은 네가 젊었을 때는 가난했는데, 조금 재산이 모아졌다고 해서 가난했을 때의 일을 잊어버리고 낭비했기 때문에 현재가 나쁜 것이고, 나쁜 때를 잊어버릴 양이면 좋은 때는 오래 계속되지 못할 것이다.

그러므로 가난했을 때를 잊지 않도록 마음을 다잡는 사람은 자연히 낭비를 하지 않을 것이며, 낭비하지 않으면 또다시 가난할 일도 없을 것이다. 그러니 재산이 모였을 때에는 전의 가난했을 때를 잊어서는 안 되는 것이다.

부자가 되었다는 것은 여러 곳에서 물건이 모여든 것으로서 이것은 여러 곳에 가난한 사람이 생겼다는 것이고, 이 때문에 부자가 된 것이다. 그러니까 부자는 적고 가난한 사람은 많은 것으로서, 자기의 재산이 모였을 때는 자기가 하늘에서 일시적으로 재산을 빌린 것으로 인식하고, 남에게 자비를 베풀거나 검소한 생활을 하면 모은 재산이 조금도 줄지 않을 것이다.

[문] 고기를 많이 먹는 사람 중에는 마음이 솔직하지 않은 사람이 많다는데, 저는 평소에 고기를 즐기고 많이 먹지만, 마음은 솔직하다고 생각합니다. 또 세상의 많은 사람은 대부분이 고기를 즐겨 먹는데, 이런 사람도 다 그렇습니까?

[답] 실로 사람의 생각을 솔직하지 않게 만드는 것은 육식(肉食)이다. 그러므로 육식을 충분히 먹으면 그 다음은 어쩐지 무겁고 괴로운

기분이 된다.

그러나 채소를 먹은 다음에는 고기를 먹은 다음에 비해서 무언지 모르게 기분이 좋고, 고기를 먹지 않는 것을 정진(精進)이라고 한다. 가령 신분이 높은 사람이든 그렇지 않은 사람이든 간에 마음이 솔직하지 못할 때는 도덕에 위배되기 쉬운 것이다.

그러니까 승려들은 고기를 먹지 않는 것이며, 보통 사람의 경우라도 날을 정해서 고기를 안 먹는 것이다.

또 사람의 마음이 솔직하면 나쁜 일을 하지 않는 법이다.

그러나 고기를 먹는다고 해도 조금씩 먹는 사람은 상관이 없고, 고기를 먹음으로써 자기의 건강을 유지할 수가 있다. 그러므로 조금이라도 육식을 삼가고자 하는 사람은 그것만으로 마음가짐이 솔직하게 되고, 결국 자기의 운세를 좋게 만들어 나가는 것이다.

[문] 저는 제 자손을 위하여 재산을 남겨 주고, 저의 선조에게도 효도하려고 생각합니다: 이런 일은 좋은 일입니까 혹은 나쁜 일입니까?

[답] 자기의 자손에게 재산을 남겨 주는 것은 좋은 일이라고 할 수 없고, 어버이의 자비(慈悲)라고도 생각지 않는다. 그것뿐 아니라, 어버이가 남겨 준 재산은 자식 쪽에서 보면 원수가 되는 일조차 있다.

결국 자식은 어버이가 남겨 준 재산이 있으면 돈은 원래 있는 것이라고 생각하고 그다지 노력하지 않고, 성공하려는 생각도 가지지 않고 생활하기 쉽다.

또 그 자식이 이와는 반대로 어버이의 재산을 늘리려고 나쁜 일을 한다면 마침내는 사업에도 실패하고 말 것이다.

그러므로 자기 자손이 언제까지나 번영하기를 바란다면 우선 자기가 바른 행동을 하고, 그것을 매일 자식에게 보여 주는 것이 중요한 것이고, 이 일이 진정한 어버이의 자식에 대한 자비라고 할 수 있다. 이것은 물건을 헤프게 쓰지 않고, 그리고 자기가 일으켜 세운 덕인 것이다.

언제나 맛있는 것만 먹고 있으면 언젠가는 집안이 결딴나고, 이에 비해서 세 끼 식사를 간소하게 하고 있는 사람은 언젠가는 즐거운 생활을 보낼 수 있을 것이다.

대체로 도시에 살고 있는 사람은 상당히 가난한 사람이라도 매일의 식사에는 백미를 쓰는 것이 보통이고, 시골에 살고 있는 사람들은 상당한 재산이 있는 사람이라도 보리 섞은 밥을 먹고 있다.

때문에 도시에 살고 있는 사람들은 몇 대를 이어가는 집안이 드물고, 이와는 반대로 시골에서는 몇십 대라도 연속해서 이어가는 것이며, 이 일만 해도 미식(美食)과 조식(粗食)은 확실한 구별이 있는 것이다.

[문] 조잡한 식사를 하고, 또 식사량을 엄중히 정하는 경우에 인간은 일하지 않아도 자연 성공할 수 있습니까? 제가 생각하기로는 인간은 먼저 일하는 것이 제일 중요하며, 먹는 것은 다음 문제라고 생각합니다. 또 직업에 대해서도 들려주십시오.

[답] 동물로 태어났어도 식업(食業)이 없는 것은 아니다. 이것은 금수라도 매일처럼 들이나 산을 돌아다니며 혹은 강적에게 쫓기기도 할 것이다. 또 먹이가 없을 때도 있을 것이다. 그리고 비오는 날도, 바람 부는 날도, 눈 오는 날도 스스로 먹고 살아가는 것이다. 이것이 식업(食業)이다.

금수들도 자기 먹는 일에 열중하는데, 하물며 인간으로 태어나서 일하지 않는다는 법이 있을 수 있겠는가? 그러므로 일을 하지 않는 사람들은 평소에 고기나 술을 즐기는 사람들이고, 이들이 어느 일정한 양을 넘기기 때문에 자연 자기의 마음이 문란해지는 것이다. 다만 자기 마음만 문란해질 뿐 아니라 교활해져서 매일 일하는 것을 싫어하고, 또 지나치게 먹기 때문에 몸의 상태가 나빠져서 일하지 않는 것이다.

　매일매일을 이렇게 보내면 나중에는 병에 걸리고 만다. 이런 일은 모두 자기의 근심이 모자라기 때문이며, 이렇게 될 것을 알고 있기 때문에 나는 식사의 양을 확실히 정하고 먹지 않으면 안 된다는 것이다.

　또 자기 마음이 안정되어 있으면, 가령 직업이 없다 해도 무엇인가 일하고 있는 것으로서, 단지 아무 뜻 없이 놀고 있는 것이 아니다. 그러므로 인간은 식업(食業)이 근본인 것이다.

[문] 인간의 입이란 것은 음식을 먹기 위한 것이고, 그런데 먹고 싶은 것을 먹지 않는다는 것은 세상에 살고 있는 보람이 없는 것입니다. 그러므로 음식은 인간의 즐거움 중에 가장 큰 것이며, 이보다 큰 즐거움은 없다고 생각합니다. 이에 대해서 말씀해 주십시오.

[답] 인간이란 것은 전부 다른 생각을 가지고 있는 것으로서, 농민이면 물려받은 전답을 가지고 자기의 활동으로 늘리고자 생각하고, 근로자는 비록 조금이라도 남보다 출세하려고 생각하는 것이다.

　또 장사하는 사람은 장사가 번창하는 것이 가장 큰 즐거움이며, 누구라도 자기 직업 위에서 성공하는 일을 가장 큰 즐거움으로 알고 있다.

　이러한 즐거움을 생각지 않는 사람이면 아무리 음식을 즐겨도 관계없는 것이다. 그러나 음식을 즐기고 있는 사람은 점점 가난해져서 입신 출세를 할 수 없다. 그러므로 음식을 즐기기보다는 먼저 자기가 성공할 것을 즐기고, 그리고 어느 정도의 여유가 생기면 그 다음에 음식을 즐기면 좋은 것이다. 처음부터 음식의 즐거움을 충분히 얻으려고 생각하고 실행하는 사람은 반드시 가난의 맛을 즐기게 되는 법이다.

　또 입이란 것은 변소의 입구로서, 입 속에 한번 들어간 음식은 가령 토해 버린다 해도 먼저의 형체가 남아 있지 않고 대단히 더러운 감정이 되어서, 말하자면 똥과 같은 것이다.

그러므로 필요 이상 먹으려 하는 것은 밥 한 공기를 변소에 버리는 것과 같다고 생각하면 좋을 것이다. 그러나 그래도 모를 것 같으면 밥 한 그릇을 변소에 버려 보면 알 것이다. 이것은 사람의 탈을 쓴 금수 같은 마음의 소유자라도 버릴 수는 없을 것이다.

이같이 생각하면, 기분이 나빠질 정도로 양껏 먹는 사람은 음식을 변소에 버리는 것 같으니 정말 아까울 것이다.

더구나 맛있는 음식을 매일 먹는다면 반드시 병에 걸리고, 그 때문에 부자는 오래 사는 사람이 드물고 가난한 사람이 비교적 장수하는 것으로서, 이러한 것은 너무 먹는 데 그 원인이 있다. 장수하려면 조식(粗食)을 하고 양도 8부쯤으로 해야 한다.

[문] 낮에도 집 안에 쥐가 나와서 사람을 두려워하지 않고 함부로 돌아다니는데, 이에 대한 길흉을 말씀해 주십시오.

[답] 쥐는 밤의 동물인데, 이것이 낮에 날뛴다는 것은 대단히 나쁜 일이다. 집안일이 순조롭지 못해서 재난이 일어날 전조이다.

가정이 원만하면 그 집에는 양기(陽氣)가 꽉 차 있기 때문에 밤의 동물이 낮에 나와서 날뛰는 일은 절대로 없다.

그러나 집에 문제가 있을 때는 양기 찬 것이 없어져서, 그 때문에 자연히 음기가 된다. 이러면 밤의 동물인 쥐가 대낮에 날뛰는 것은 당연한 일이다. 이와 같이 가정에 문제가 있는 것은 전부 주인의 책임이다.

성공한 사람은 대체로 사용인보다 먼저 일어나는데, 자기 마음이 확고하지 못한 사람은 자기 취미를 위하여 밤을 새우고, 그 때문에 사용인이나 가족에게도 폐를 끼치는 것이다. 다만 폐를 끼칠 뿐 아니라, 자기는 아침 늦게까지 누워 있고 다른 사람은 일찍 일어나게 하고, 또 자기만은 맛있는 것을 먹고 가족들에게는 검소하게 생활하라고 강요한다. 이러고서도 집안이 평화롭다면 오히려 이상한 일이다.

그러므로 이런 사람에게는 인상의 좋고 나쁜 것을 말할 필요가 없다.

인상의 길흉은 전부 그 사람의 생각과 행동에 있고, 이런 것을 보는 것이 나의 상법의 비전(秘傳)이다.

실제로 필자가 알고 있는 모 회사의 사장은 언제나 열 시경에 잠을 자고 아침엔 꼭 다섯 시에 일어나, 식사때까지 그날의 예정을 세우고, 회사에는 매일 제일 먼저 출근한다.

물론 출근시간이 되지 않았으니 사원들은 나오지 않았고, 그는 동업자를 돌아보기도 하고 자기의 사사로운 볼일을 마치고 다시 출근하는 것이다.

이에 비해서 사원들은 출근 시간이 다 되어서 나오고, 또 지각하는 사람도 있다. 사장은 지각하는 사람을 보면서 '회사가 자기 재산이 아니니 무리도 아니지, 모두가 빨리 나오게 되면 나는 쫓겨나게 될 테니까.' 하며 웃기도 한다.

나는 그 사람을 보면서 쓰는 사람과 고용인과는 역시 차이가 있구나, 하고 혼자 감탄했었다.

그러므로 가정이 평화롭고 자기 사업이 순조롭기를 바라는 사람은 아침 저녁 부처님께 등불을 밝혀 놓고, 또 자기의 식사에 대하여 엄중한 태도를 취해야 할 것이다. 그리고 아침에는 여섯 시 전에 일어나서 아침 해의 양기를 담뿍 받고, 몸과 마음을 깨끗이 하면 반드시 성공할 수 있을 것이다.

신체가 약해서 항상 누워 있을 때가 많은 사람이나, 또 단명의 상이 있는 사람은 매일 아침 해돋이에 심호흡을 하면 반드시 건강해지며 혹은 단명할 상이라도 장수할 수 있고, 이것을 매일 계속하여 실행하는 사람은 백 살까지 사는 것도 가능하다.

운이란 것은 순환(順環)하여 도는 것이다. 그러므로 좋은 일이든 나쁜 일이든 간에 전부 자기가 한 일에 원인이 있는 것으로서, 운은 보합인 것이다.

그러니까 자기가 한 번 좋은 일을 하면 곧 그것이 나타나는 것이고, 나쁜 일을 한 경우에도 같은 것이다.

또 운은 나른다(운반)는 것이고, 힘써 일한다는 뜻이다. 그러므로 아주 조그만 일이라도 기쁜 일을 하면 이것이 쌓이고 쌓여서 큰 것이 되고, 반드시 크고 좋은 것이 되어서 자기에게 되돌아오는 것이며, 이 때문에 언제든지 조금씩 좋은 일을 하고 있는 사람은 곤란한 일이 없는 것이다.

[문] 선생님의 말씀으로는 음식을 삼가면 혈색이 좋아지고 자연히 운이 열린다고 말씀하시는데, 음식은 신체를 기르는 근본으로서 운과는 관계없는 것이라고 생각합니다.

[답] 음식은 신체나 정신을 기르는 근본이다. 그러니까 이것을 삼갔을 때는 신체가 건강해지고, 신체의 컨디션이 좋으면 점점 일할 의욕이 생기는 데서 이 기(氣)가 자연히 열리는 것이고, 기가 열리면 운도 자연히 좋아지는 것이다. 그래서 운기(運氣)라고 한다.

그러나 많이 먹은 경우에는 아무래도 몸의 컨디션이 나빠져서 자연 일할 기운도 둔해지고, 기가 무거우면 자연 혈색도 나빠지는 것이다. 하지만 식사를 배의 8부쯤만 먹어 두면 거기에 따라서 혈색도 좋아지고 자연히 운도 열리는 것이다.

미즈노 나보쿠옹은 또 다음과 같은 것도 설명하고 있다.

"먼저 시험삼아 3년간 음식을 근신해 보라. 만약 운기가 열리지 않으면 천지의 이치가 없고, 또 나는 대적(大賊)이다."

세상에는 '뿌리지 않는 씨는 나지 않는다.'는 속담이 있는데, 미즈노 나보쿠옹이 말하는 선인선과(善因善果), 악인악과(惡因惡果)는 누구나 알고 있으면서도 범속한 사람의 나약함 때문에, 또 나쁘다고 알면서도 그 악의 길이 평이(平易)하기 때문에 마침내 손을 대게 되는 것이다. 이 책을 쓰면서도 인간의 본능에 대한 약함을 통감하고 있다.

[문] 공자는 식사가 대단히 엄중해서 맛이 변한 것도 먹지 않고, 고기가 변한 것도 먹지 않으며, 끓여서 식어 버린 것도 먹은 일이 없고, 철늦은 것이나 똑바로 자르지 않은 것도 먹지 않았다고 합니다. 그러나 선생님은 이 일에 대해서는 조금도 설명하신 일이 없고, 썩은 것을 먹어서 병에 걸리면 효도라고 할 수 없다고만 설명하셨는데…….
[답] 자르는 법이 바르지 않다고 해도 조금 먹었을 때는 몸에 크게 도움이 되고, 그것은 좋은 것이다. 또 나는 물건을 헤프게 쓰는 것이 싫으니까 어떤 조잡한 것이라도 먹고 못 먹게 된 것이면 좋은 부분만 잘라 먹기로 하고 있다.

대체로 된장이나 간장은 원료를 한 번 썩혀 가지고 그것을 정제한 것을 맛있다고 하는데, 썩었다고 해도 그것을 정제해서 먹을 양이면 병에는 절대로 걸리지 않는다.

아무리 조잡한 것이라도 자기가 맛있다고 생각하고 먹으면 이것은 양약보다 좋다.

[문] 아이를 기르면서, 제대로 옷도 입히지 않고 또 아무렇게나 먹이고 하면 아이가 성장해서 아무래도 천하게 되기 쉬운 게 아닐까요. 어린이는 어떻게 키워야 되겠습니까?
[답] 재기(才氣)는 자연히 몸에 갖추어진 것이므로, 무슨 깨끗한 옷을 입히거나 맛있는 것을 먹이지 않아도 자연 나타나는 법이다.

가령 양친이 가난해서 매일 생활에 쪼들린다면, 이런 양친의 자식은 전부가 바보냐 하면 그렇지도 않고, 오히려 양친의 생활이 가난했던 사람의 자식이 성공을 한다.

그러므로 아무리 좋은 집안에 태어난 사람이라도 반드시 성공한다는 것이 아니고, 진흙 속에 있어도 구슬은 구슬이고, 때가 오면 자연 빛을 발하게 되는 것이다.

또 어릴 때부터 어쩐지 몸이 약한 사람이 있고, 이런 사람은 거의 매일의 식사가 맛이 없는 법인데, 이런 사람으로서 한 주발 먹던 사람은 7홉으로 줄이고, 7홉을 먹던 사람은 반으로 줄이면 좋은 것이다.

이렇게 식사를 줄여 가면 반드시 배가 고파서 점점 세 끼의 식사가 맛있게 되고, 반드시 건강해진다.

건강하면 인간은 일하지 않고는 못 견디고, 가령 어떤 재능이 있는 사람이라도 병환이면 어쩔 수가 없는 것이다.

그러니까 장사하지 않는 사람은 돈벌이가 안 되는 것처럼 병자로서는 개운하는 것이 불가능한 것이다.

건강한 것이 우선 그 사람의 일생운의 길흉을 좌우하게 된다. 그러나 건강하게 일생을 지내고 싶은 사람은 병이 음식에 원인하는 것을 알고, 자기의 식사를 엄중히 제한하지 않고는 자기의 희망한 일을 도저히 실현할 수 없다.

미즈노 나보쿠옹의 유고는 아직도 더 많이 계속되고 있지만 여기에서 줄이기로 한다.

인상 개운서(人相開運書) 등

미즈노 나보쿠(水野南北)옹이 남긴 수신록 마지막 부분에는 다음과 같은 내용이 실려 있다.

인간은 무어라 해도 음식이 있으니까 살아 있는 것이다. 가령 어떤 양약(良藥)을 매일 먹는다 해도 음식을 먹지 않고는 살아 있을 수가 없다.

그러므로 인간에게 있어서 가장 좋은 양약은 음식이다.

나는 상업(相業)을 시작하고 수년 지날 때까지는 아직 이 음식의 존귀한 것은 알지 못했고, 그러면서도 관상을 업으로 한 것이다.

그러나 빈궁 단명(貧窮短命)의 상이 있는 사람이라도 유복하고 장수한 사람도 있었으며, 따라서 상만을 보고 그 사람 일생의 길흉을 말하는 것은 거의 불가능하고, 사람으로 태어난 이상은 음식을 검소하게 하느냐 못 하느냐에 따라서 운명의 길흉이 있는 것을 알았던 것이다.

이것을 알고 난 다음부터는 어떤 상을 보아도 틀린 판단을 한 일이 없다. 그러니까 식사에 대한 내 생각을 기술한 것이다. 나는 하천하고 책을 쓸 만한 사람이 아니기 때문에, 여러 가지 미흡한 점도 많으리라고 생각한다.

이렇게 음식이란 것이 귀중하다는 것을 써보았는데, 많은 사람 가운데는 다소라도 소용될 사람이 있을 것으로 생각한다. 그러나 한 번이라도 읽은 사람이면 세 번 되풀이하고, 그 다음에 이 책의 비평을 바란다. 다만 조금 읽었을 뿐으로 이것을 의심치 말기를 바랄 뿐이다.

이와 같이 결론지은 미즈노 나보쿠 수신록(南北相法修身錄)은 원문으로 읽어야만 맛이 있는 것으로, 불초 필자 같은 붓재주로서는 도저히 그 진수를 옮길 수가 없다.

필자는 몇 번을 되풀이해서 읽었는지 모른다. 그러나 붓으로 나타낼 수 있는 부분과 쓸 수 없을 정도로 함축성을 가진 부분이 있었다.

그러나 몇 번 되풀이해 봐도 전편에 걸쳐서 부정할 수 없는 것에는 새삼 놀랐다.
참으로 완비된 개운의 책이다.
과거에 수많은 상서(相書)나 운명학의 책이 나왔지만, '이렇게 하면 운이 열린다.' 하고 해설한 책이 어디 있었는가?
이 미즈노 나보쿠의 수신록은 그대로 미즈노 나보쿠옹의 모습이라고 할 수 있다. 9년간에 걸쳐서 목욕탕, 이발소, 화장터로 돌아다닌 미즈노 나보쿠옹의 정신력을 그대로 나타낸 책이다.
그러나 이것은 어디까지나 전기나 가스, 수도, 또 전차나 자동차가 전혀 없던 먼 옛날에 쓰여진 것으로서, 현대와 같이 과학이 진보한 때에 쓴 것이 아니다. 때문에 현대인으로서는 실감이 잘 나지 않을 것이다.
그러나 인간이 세상에 태어나서 오늘까지 음식을 먹는다는 사실은 조금도 변하지 않았다. 변한 것은 요리 방법뿐이다.
자기 건강의 원천인 식사는 태고 때나 지금이나 입에서 씹어서 위장을 통해 분뇨가 되는 것으로서, 그 사실이 변하지 않는 한 미즈노 나보쿠옹의 수신록은 대단한 가치를 가지고 있는 것이다.
이것은 필자의 사견인데, 수신록의 대강은 인간은 개운하고 싶으면 음덕을 베푸는 것이 가장 좋은 방법으로서, 그 음덕이라는 것도 사람에게 알려져서는 안 된다. 그러기 위하여는 음식이 인간에 있어서 최대의 즐거움인 이상 이 음식을 삼갈 것이며, 그리고 자기의 직업에 최선을 다하면 절대로 개운하지 않는 일이 없다.
이렇게 써 있는 이상, 기분이 나쁠 정도로 양껏 먹는 것은 나쁜 것으로서 항상 음식에 대해서는 좋고 싫은 것을 말하지 말고, 또 8부쯤만 먹고, 그리고 일에 열중하면 반드시 개운하는 것이라고 생각한다. 뱃가죽이 늘어나면 눈꺼풀이 늘어져서 사고력이 대단히 둔해진다.
그러므로 본서를 읽은 분은 적어도 수신록에 써 있는 일의 몇 분의 일쯤은 지키도록 마음을 써보기 바란다.

그것이 당신의 내일부터의 인생을 반드시 밝은 것으로 만드는 길이다.

◇ 어린아이 인상 보는 법

소아의 인상은 어른의 완성된 육체와 달라서 대단히 보기 어려운 법이다. 그것은 변화하기 쉬운 발육기에 있기 때문이다.

아기를 보려면 먼저 후두부(머리 뒤)의 베개가 닿는 부분의 뼈를 본다. 다음에 콧방울, 원기, 목소리의 순서로 보아 간다.

침골이 완전하면 수명이 긴 상이다. 반대로 그렇지 않은 아이는 요상(夭相)이다. 다음에 콧방울이 탐스럽게 솟은 것도 명이 길다고 본다. 다만 파란 기가 있으면 병이 잦고, 감(疳)이 튼튼하다. 두 눈에 원기가 있는 것은 수(壽)하고 그렇지 못한 것은 (夭)이고, 목소리가 오래 계속되는 것은 수이고 끊어지는 소리는 요상이라고 하며, 소리가 청청한 소아는 좋은 상이다. 또 어린아이가 병 나기전, 또는 식상에 걸리면 입술이 하얗게 된다.

제9장 행운(幸運)의 인생편

보다 좋은 행운의 인생을

전장까지에는 인상학의 모든 것을 써왔지만, 여기에서는 인상 응용의 '행운의 인생편'이라고 이름지어 보다 나은 행복한 인생을 보내기 위해 각종 문제를 풀어 보고자 한다. 전장의 응용편과 다소 중복될지는 모르지만 양해하기 바란다.

또 앞장까지는 동양 상법, 특히 미즈노 나보쿠 상법을 주로 하여 기술했지만, 본장에서는 전혀 그것들에 구애받지 않고 동양 인상학과 서양 인상학의 양면에서 '인상과 행복한 인생 생활'이라는 문제를 구명하려고 생각한다.

연애와 인생

인생에 있어서의 꿈의 한 페이지

인간의 일생 가운데서 한 번은 꼭 걸리는 것이 홍역과 연애병이다. 이 연애는 인생에 있어서 화려하고, 그 사람의 일생 동안의 아름다운 추억의 한 페이지일 것이다. 이 아름답기도 하고 또 때로는 슬프기도 한 연애는 동서양을 불문하고 그 느낌은 같은 것이다.

영국의 시인 바이런은,

도대체 '사랑의 기원'이란
그대가 걸어온 심술궂은 물음
모를 손, 그대를 보고 있으면
세상 사람의 눈동자에는
저절로 사랑이 샘솟는 것을.

하고 읊었다. 또 중국의 백낙천(白樂天)은 현종 황제와 양귀비의 사랑을 두고,

하늘에 있어서는 원컨대 비익의 새가 되고,
땅에 있어서는 원컨대 연리(連理)의 가지가 되고저…….

그런가 하면 어떤 가인은 이렇듯 연애의 속성을 노래하고 있다.

부드러운 살결의 뜨거운 핏줄 만져보고서
외롭지 않으냐고 설교하는 바보

이 인생에 있어 커다란 한 페이지를 장식하는 연애에 대하여 인상학에서부터 연구하여 보자.

당신의 애인은
한번 반하면 곰보도 볼우물로 보일 만큼 이 연애라는 것은 인간을

장님으로 만들어 버리는데, 본서를 읽는 독자는 애인의 인상을 냉정히 볼 정도의 여유는 있어야겠다.
　당신의 애인은 어떤 사람일까? 당신의 열정을 바칠 만한 사람일까? 이것을 판단하자면 다음과 같은 점에 유의해야 한다.

　◇ 나이에 비해서 이마의 주름이 많은 사람은 남녀간의 교제를 대단히 성실하게 생각해서 그 행동도 또한 불순한 데가 없는 사람이다. 현재 유행의 그 당장의 허식, 향락을 좇는 것 같은 경솔은 조금도 없고, 오히려 연애를 심각하게 생각하고 사색에 젖는 성격의 사람이다.
　그러나 이마의 주름에도 위를 향한 것과 아래를 향한 것이 있다. 위로 향한 사람은 전기한 사항에 쾌활함과 명랑성이 더하고, 아래로 향한 사람은 전기한 사색형의 사람이라고 할 수 있다.
　◇ 얼굴의 빛깔과 윤기가 대단히 밝은 빛을 띠고 좋은 혈색의 사람은 마음이 대단히 아름답고 정직한 성격의 사람이며, 쾌활하고 건강한 생활을 보낼 사람이다. 연애에 있어서도 이러한 명랑한 태도가 나타난다.
　◇ 얼굴빛이 여러 가지로 변하는 여성은 예민한 감각과 숨김 없는 개방적 성격을 나타내는 것이다. 그러므로 감정의 변화 또한 빠르고, 연애도 선악간의 문제가 있는 사람이라고 하겠다.
　◇ 누르스름한 얼굴의 사람은 질투심이 대단히 강한 사람으로서 그 때문에 이성을 괴롭히는 사람이다. 이 사람은 스스로 즐거워야 할 연애를 파괴하는 사람이므로 주의를 요한다.
　◇ 화가 나면 얼굴이 창백해지는 사람은 대단히 소심한 사람이고, 언제까지나 그 일을 마음에 새겨 두고 복수하려는 질투심이 강한, 사심(邪心)이 있는 사람이다.
　◇ 젊은 여성으로 웃을 때 눈 언저리에 주름이 많은 사람은 온유하

고 상냥한 성격의 사람으로서 이성에 대하여 헌신적 봉사를 할 사람이다. 그러나 너무도 선량하기 때문에 유혹을 받기 쉽고, 그 때문에 뜻밖의 실패를 하는 경우가 있으니 주의를 요한다.

◇ 눈이 크고 튀어나온 사람은 대단한 감정가로서, 멋대로의 성격을 가진 사람이다. 그러므로 연애에 있어서도 이러한 극단적인 면이 노출되어서 정열적인 연애를 하는가 하면, 돌변하여 식어 버리는 식의 영속성이 없는 행동을 한다.

◇ 광대뼈가 나온 여성은 좀 남성적 기풍을 가진 사람으로서 족히 강요할 만한 데가 있으므로, 상대 남성에 따라서 성공도 하고 실패도 한다. 즉 여성적 남성이면 의외로 이 적극성이 있는 것이 순조로우나 보통 남성에게는 문제 있는 일이 많을 것이다.

◇ 이마가 지나치게 높은 사람은 장래 일에 너무 신경을 쓰는 사람으로서, 만사를 비관적으로만 생각하기 때문에 화려한 연애에는 이성으로부터 싫증을 내는 일이 많이 있다.

◇ 눈이 크고 입술이 얇은 사람은 말이 많은 사람으로서, 그 때문에 뜻밖의 실패를 할 사람이다. 근본은 좋은 사람이나 침착하지 못하고, 사물을 생각지 않고 떠드는 것이 하나의 결점이다.

◇ 머리숱이 너무 많은 여성은 감정적이다. 그러므로 연애와 같이 감정적인 일에는 특히 냉정함이 필요한 것이며, 어쨌든 이 사람은 정열적인 연애를 바라고서 평생을 그르칠 염려가 있으니 주의를 요한다.

◇ 입이 크고 머리털이 성긴 사람들은 좀 주책이 없고 연애의 방랑자이다.

◇ 주근깨가 많은 여성은 애정적이지만, 성적으로 어필하는 데가 있기 때문에 남성 관계에서 주의를 요한다.

◇ 머리털이 부드럽고 윤이 있는 사람은 원만한 애정과 적당한 에

너지를 나타내는 것으로서, 남녀 모두 사랑의 기쁨을 알 수 있는 사람이다.

◇ 곱슬머리의 사람은 활동력을 가진 원기 있는 사람이다. 그러므로 연애면에 있어서도 적극성을 발휘해서 용단적인 행동을 취한다.

◇ 이마에 머리털이 고르게 나지 않은 사람은 정신의 안정이 없는 사람으로서, 항상 흔들리는 사람이기 때문에 이성에게 싫증나기가 쉬운 사람이다.

◇ 귓불이 두꺼운 사람은 애정이 대단히 풍부하고, 또 정력이 많은 사람이다. 다만 그 때문에 남에게 감언으로 유혹당하기가 쉽다.

◇ 입에 긴장미가 없는 사람은 성적으로 풀어진 사람이다. 그것도 자기 자신에게 약점이 많다기보다는 남에게 끌려서 고집을 못 피우고, 마침내 성의 유혹에 넘어가는 사람이다. 만약 이런 상으로서 입술이 두꺼우면 그것은 성욕의 화신(化身) 정도의 사람이다.

◇ 눈과 눈썹 사이가 부풀어오른 사람은 활기 있는 사람이다. 반면에 눈물이 많은 다감한 사람이기도 하다. 이런 사람은 상대를 볼 줄 모르기 때문에 못된 유혹이나 감언에 몸을 망치는 일이 있다.

◇ 눈의 좌우가 맞지 않은 사람은 좀 색다른 신경을 가진 사람이다. 그러므로 이성 관계에서도 특이한 행동을 취하기 쉽고, 또 자청해서 실연도 즐기는 경향이 있다.

◇ 코가 높은 사람은 연애 상대를 너무 고르는 사람이다. 또 제 고집만을 내세우려는 기풍이 대단히 강한 사람이라고 할 수 있다. 그 반면에 쉽게 사랑에 빠져 버리는 면도 있다.

◇ 코가 예쁜 사람은 깨끗하고 아름다운 연애를 할 수 있고, 보기 흉한 코를 가진 사람은 이와 반대이다.

◇ 코의 살이 처진 사람은 성격상 지극히 변덕이 심한 사람이다. 그러므로 연애에 있어서도 진지한 연애를 하지 못하고 다만 유희로만

생각하는 사람이다.

◇ 콧구멍이 들린 사람은 돈에 대단히 느슨한 데가 있는 사람이다. 그러므로 연애를 하는 데도 돈을 많이 쓰는 화려한 행동을 취한다.

◇ 콧구멍이 작은 사람은 콧구멍이 들린 사람과는 정반대의 기질을 갖고 있는 사람이다. 그러므로 돈쓰기가 알뜰한 사람이라기보다 구두쇠에 가까운 사람으로서, 그다지 로맨틱한 사랑을 할 사람은 못 된다.

◇ 목이 가는 사람은 간음(姦淫)의 상이라고 하므로 주의를 요한다. 더구나 건강에 문제가 있는 사람이므로 결혼 상대로서는 그다지 좋지 않다.

◇ 목의 인상이 좋지 않은 사람은 육욕(肉慾) 지상주의의 사람이다. 그러므로 꿈과 같은 달콤한 연애를 속삭이는 일은 없고, 어디까지나 성욕 위주의 행동을 취하기 쉽다.

◇ 턱이 탐스러운 사람은 애정상 섬세한 모성적 성격을 가진 사람이다. 친절하고 동정심 깊고 감정도 풍부한 사람인데, 자칫하면 감정에 사로잡혀 문제를 일으키기 쉬우므로 충분한 주위를 요한다.

◇ 팔짱을 끼는 여성은 고집이 센 사람이다. 그리고 사물을 좀 지나치게 생각해서 계획만 세우다 마는 일이 많다. 그러므로 이러한 점을 주의하지 않으면 남성이 먼저 싫어하게 된다.

◇ 눈을 감고서 이성과 말하는 사람은 공상으로 내닫는 데가 있는 사람이고, 무궤도한 연애를 하는 일이 많고, 멋대로의 사람이다.

◇ 말하면서 눈썹이나 머리를 만지는 사람은 성적으로 대단히 흥분해 있는 사람이다.

◇ 눈썹에 대단히 윤기가 나는 경우에는 무척 즐거운 사랑을 인식한 것을 말하는 것이다. 그 반면에 처녀성을 잃거나 동정(童貞)을 상실하면 눈썹 끝이 문란해진다.

이상이 대체의 인상을 응용해서 연애 상대나 이성을 식별하는 방법인데, 그러면 이상적인 연애 상대는 어떤 상의 사람이 좋을까 하는 문제가 남는다. 그것은 다음과 같다.

◇ 연애에 있어서의 이상적인 여성은 대체로 얼굴 형체의 선이 고르고 똑똑한 상을 한 사람이 좋다.

윤곽이 바른 코, 이것은 정치(正緻)한 감정을 나타낸다. 또 살이 알맞게 붙은 입술은 애정과 친절과 적당한 섹스 어필을 나타내고 있다. 고상한 의지를 나타내는 또렷하고 밝은 턱을 가지고, 주의력이 풍부하고 영롱한 눈을 갖추고, 정직과 문아(文雅)를 나타내는 반달형의 눈썹, 또 알맞는 귀, 약간 폭넓은 둔부, 둥글고 약간 굵은 목을 가진 여성이 이상적인 연애 상대가 될 것이다.

◇ 연애에 있어서 이상적인 남성은 강고(强固)한 이마에서 출발한 좋은 형의 코를 가지고, 명랑하고 균형 잡힌 입을 갖추고, 부드러운 모발과 순정에 불타는 눈을 가지고 있는 남성이야말로 생애의 반려로서 족한 사람일 것이다.

결혼과 인생

결혼은 인생의 무덤인가

인간의 삶에는 큰 변화가 두 가지 있다. 즉 결혼할 때와 아이가 태어났을 때의 이 2대 시기는 인간에게 있어서는 모든 문제를 내포한 중대한 전환기이다.

소년기에서 사춘기를 거쳐 독립된 하나의 인간으로, 생활도 감정도 육체도 다른 이성과 심신이 결합되는 것. 생각해 보면 이 결혼만큼 신비한 일도 없을 것이다. 다음에 그 신비한 영육(靈肉) 일치의 결과인 자식이 태어나는 것인데, 이것 또한 큰 변화이고 신비이다.

세상에서는 흔히 '결혼은 인생의 무덤이다.'라고 하며, 또 한편에서는 '인생의 재출발은 결혼서부터'라고도 한다. 이 두 가지 말은 이치에 맞는 말인 동시에 편견을 가진 생각이라고 할 수 있다.

왜냐하면 결혼이란 한 사람의 인간이 이성과 결합하는 일이므로 어디까지나 상대가 있는 복수(複數)의 문제이다. 여기에 이 결혼이란 것이 '무덤'이나 '재출발'의 이유가 되는 것이다.

아무리 노력해도 보다 나은 상대를 구하지 못했으면 과연 '인생의 무덤'이 될 것이고, 자기를 도와주는 보다 나은 상대를 얻었으면 이것은 '인생의 재출발'이 되며 그 미래에는 꽃다운 인생의 성과가 기다리고 있을 것이다. 요컨대 '인생의 무덤'이냐 '인생의 재출발'이냐 하는 것은 결혼 상대에 따라서 다르다고 할 수 있는 것이다. 본서에서는 이런 의미에서 결혼에 있어서의 인상 문제를 구명하여 볼까 생각한다.

결혼운을 보자면

자기나 혹은 남의 결혼운은 어떨까 하는 것을 알자면, 인상학에서는 다음의 점을 주의하도록 하고 있다.

1. 코의 전체적인 형체와 결점 유무, 그 부위의 혈색의 양부(良否)
2. 눈의 형체와 그 광채의 양부
3. 눈초리에서 귀밑 털까지 부위의 결점의 유무, 또 그 혈색의 양부

등을 주로 본다.

◇ 코에 사마귀나 결점이 있는 사람은 재혼의 암시가 있다. 그러나 눈에 보드라운 기가 있고, 눈초리〔妻妾宮〕에 흠이 없으면 이 의미는 완화된다.

◇ 눈과 눈 사이에 결점이 있는 사람은 자기 자신이 병약하거나 기

타 사정에 의하여 배우자와 이혼할 것을 의미한다. 또 배우자와 의견이 맞지 않아 항상 고민하는 상이다.

◇ 눈초리가 처진 사람은 대부분의 경우는 배우자와 사별(死別)할 운명의 암시가 있다.

◇ 눈초리가 위로 들린 사람은 활달한 성격과 화를 잘 내는 데서 배우자와의 인연도 변하기 쉽다. 이 상은 조금만 주의하면 이러한 나쁜 일이 생기지 않을 것이므로, 수양과 노력이 필요하다.

◇ 눈 아래가 검은 여성은 월경불순 등의 생리적 결함을 가진 사람이므로 결혼 전에 치료해야 한다. 결혼에 있어서 부인병만큼 남녀간의 문제를 일으키는 병도 없다.

◇ 인중의 홈이 비뚤어진 사람은 성적 결함 등으로 파경의 고배를 맛보는 일이 있다.

◇ 코가 대단히 큰 남성은 사회에서나 결혼 생활에서 불행을 초래하기 쉬우므로 주의를 요한다.(속된말로 코와 성기 운운을 가리키는 말이 아니다.)

◇ 미간에 결점이 있는 사람은 사상의 부정(不定)에서 사회 생활이 불안정하게 되고, 이혼을 초래하기 쉽다.

◇ 눈초리에서 귀밑머리까지 사이가 오목 들어간 사람은 배우자의 인연이 바뀌기 쉬운 것을 나타내고 있다.

또 너무 부풀어 있는 상도 같은 수이다. 요컨대 이 부위〔妻妾宮〕는 남녀 모두 원만하고 사마귀나 결점이 없는 것을 최상의 것으로 친다.

◇ 화려한 연애나 좋은 혼담이 오갈 때는 눈 주위에 아름다운 분홍빛이 나타난다.

남녀 궁합(宮合) 보는 법

흔히들 궁합(宮合)이라고 말한다. 으레 결혼 이야기가 나오면 먼저 궁합이 맞느니 안 맞느니 말하는데, 보통 세상에서 말하는 궁합은 참으로 소루(疏漏)한 것이다. 부녀자들은 보통 역자의 집을 찾아와서,

"몇 살과 몇 살의 남녀가 궁합이 맞겠습니까?" 하고 묻는다. 이런 우문도 없을 것이다. 이제까지의 궁합은 구성(九星)만을 보고 화성(火星)과 수성(水星)이니까 나쁘다. 금성과 목성이면 곤란하다는 등의 말을 해왔다.

그러나 생각해 보라. 우리 나라만 해도 4천 만의 남녀가 있는데, 이 4천 만의 남녀를 아홉개의 별로 나누어, 더구나 다섯 가지의 금목수화토(金木水火土)로 나누어서 길흉을 판단하는 것이 어찌 좋다고 할 수 있는가? 이것이야말로 미신인 것이다.

그러면 어떻게 해야만 진짜 궁합을 보느냐 하면, 대자연의 법칙을 응용한 '음과 양'을 기본으로 하여 보는 것이 가장 옳고, 또 의학·과학·심리학적으로도 수긍할 수 있는 법이다.

이것은 음은 양을 구하고, 양은 음을 구한다는 대진리이다. 이를 가리켜 '같은 극은 서로 배척하고 다른 극은 서로 끈다.'고 말한다.

전기에 있어서도 양극과 양극은 서로 배척하지만 양극과 음극은 서로 잡아당긴다. 인간의 결혼도 이 법칙을 응용하면 보다 좋은 궁합의 이성을 구할 가능성이 있다.

원래 궁합이란 것은 서로의 장단점을 맞추어, 장점은 신장시키고 단점은 서로 커버해야만 비로소 가장 좋은 궁합이라고 할 수 있다. 예를 들면 남편이 낙천적인 사람이면 그 아내는 좀 성급한 편이 궁합으로 보아 좋을 것이다. 그러면 남편의 결점이 사회적으로 노출되지 않고서 무마가 될 것이고, 성급한 점은 이성간에는 의외로 화합하는 것이다.

또 남편이 부하에 대해서 대단히 엄격했을 경우에 그 아내가 뒤로 돌아서 그 부하를 풀어 주면 부하는 자연 끌려올 것이며, 남편의 사회

적 지위도 온전할 수 있을 것이다.

이상과 같이 이성의 장단점을 서로 보충하는 것이 궁합의 가장 중요한 원칙이다.

만약 전기의 반대라면 어떻게 될까? 좋을 때는 극단적으로 좋고, 나쁠 때는 그 도가 지나칠 것이다.

그러면 이 상반되는 성격을 어떻게 발견하느냐가 문제이다. 그러자면 인간을 우선 3종류로 나눌 필요가 있다. 그리고 이 3종류의 짝맞추기 여하가 궁합의 길흉이 된다.

그러므로 과거의 구성(九星)과는 틀려서 같은 연월에 난 사람이라도 그 궁합이 달라진다. 인간을 3종류로 나누는 것을 삼형질(三形質)로 나눈다고 한다.

삼형질(三形質)로 나누는 법

인간은 대체로 3종류로 나누어진다고 하는데, 다음과 같은 종류이다.
(1) 영양질(榮養質) : 뚱뚱하게 살진 영양계의 얼굴.
(2) 근골질(筋骨質) : 근육과 골격이 단단한 운동계의 얼굴.
(3) 심성질(心性質) : 마르고 신경질적인 감정계의 얼굴.

이상의 삼형질을 각각 남녀로 나누어 그 짝맞추기 여하에 따라서 궁합의 길흉을 정하는 것이 과학적인 궁합 보는 법의 원리이다.

왜냐하면 전기한 삼형질에는 각각 특징 있는 성격(장점·단점)이나 운세가 있으므로, 이 삼형질이 서로의 장점을 신장시키고 단점을 보충시킬 이성과 짝맞춤으로써 그 장단점이 조성되는 결과가 되기 때문이다.

(1) 영양질의 생김새와 성격 — 영양계 사람의 얼굴은 전체가 둥글둥글한 느낌이 있고, 살이 토실토실한 생김새이다. 코도 비교적 크고 넓

으며, 눈은 반짝반짝 빛나고, 모발이 부드러운 것이 이 영양질의 특징이다.

성격은 지극히 명랑하고 활동적인데, 놀기 좋아하고 돈을 헤프게 쓰는 것이 결점이다.

(2) 근골질의 생김새와 성격 — 운동계 사람의 얼굴은 전체가 약간 장방형을 하고 있고, 어딘지 울퉁불퉁한 뼈가 솟은 느낌의 생김새이다.

대단한 활동가이며, 정력이 풍부하고, 실천가 타입의 사람이다. 이러한 사람은 자기가 너무 활동적이기 때문에 남에 대한 동정심이 없는 것이 결점이다.

(3) 심성질의 생김새와 성격 — 감정계 사람의 얼굴은 얼굴 전체가 계란형을 하고 있고, 마치 삼각형을 거꾸로 한 것 같은 형이다. 즉 머리가 비교적 크고, 아래 반이 약간 가는 편이고, 눈은 아름답고 안색은 약간 푸른 기가 있다.

성격은 다정다감하고 신경질적이다. 예술을 사랑하고, 취미가 풍부하며, 신경과민에 비활동적이어서 남에게 뒤떨어지기 쉽다.

이상이 삼형질의 특징인데, 이 각각의 성격과 단점을 보충하고 신장시킬 수 있는 짝맞추기가 '좋은 궁합'이 될 것이다.

궁합으로서의 짝맞추기

삼형질의 각각을 짝맞추면 9종류의 궁합이 되는데, 같은 형질의 짝맞추기는 절대로 피해야 한다. 다음에 그 남녀 궁합의 조견표(早見表)를 들어 놓겠다.

1. 영양질의 남성과 영양질의 여성 — 이 짝맞추기는 얼핏 보아 양

연(良緣)으로 보이나 시간이 흐를수록 파탄이 눈에 뜨인다. 그것은 남녀가 모두 명랑하기 때문에 처음에는 좋은 것이다. 생활에 짜임새가 없고 어딘지 침착성을 잃은 행동을 하기 때문에 매사에 파탄을 가져오는 것이다.

그러나 침착성과 생활에 대한 견실성을 생각하면 밝은 인생을 보낼 수 있다.

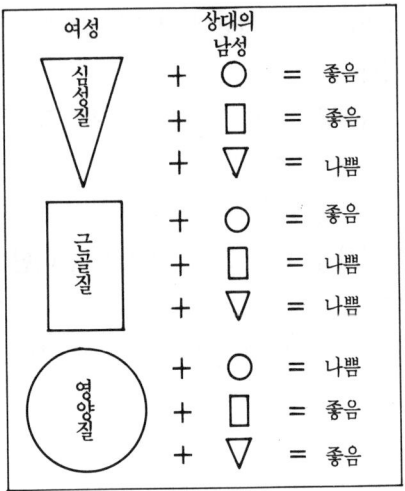

2. 근골질의 남성과 근골질의 여성 — 이 짝은 현대와 같이 엄격한 사회 생활을 할 때는 좋다. 왜냐하면 다 같이 활동적이고, 실천 제일의 성격인 남녀가 왕성한 생활력을 바탕으로 활동하게 되기 때문이다. 다만 아무래도 부드러운 맛이 없는 메마른 가정이 돼버려 차디찬 가정 생활을 보내게 되기 쉽다.

그러므로 그러한 경우에는 남성은 가정을 생각할 것과, 여성은 좀더 부부 생활에 마음을 쓰면 이 짝은 당장 윤택이 나고, 또 생활력이 풍부한 좋은 부부가 될 수 있다.

3. 심성질의 남성과 심성질의 여성 — 이 짝도 결혼 초기에는 원만하다. 그것은 심성질의 특징인, 꿈과 시정(詩情)을 모토로 하는 생활을 가지고 있기 때문에 신혼 동안은 탈없이 잘 지낸다.

그러나 현실은 그렇게 달콤한 것이 아니다. 점차 서로의 꿈이 엷어지기도 하고 실현 불가능한 것을 알게 되면 자신의 이성(理性)만을

※ 영양질은 ○, 근골질은 □, 심성질은 ▽의 부호로 나타냈다.

앞세우고 만다. 감정적으로나 가정적으로 그다지 좋지 않은 결과가 되고 만다.

그러므로 이러한 경우에는 실천에 주안점을 두고 좋은 가정 생활을 구축하도록 힘쓰면 양연이 될 수 있다.

4. 영양질의 남성과 근골질의 여성 — 낙천적이며 놀기 좋아하는 남성의 성향을 여성이 잘 눌러 간다면 대단히 좋은 짝이 될 것이다. 남편의 결점이나 기타의 문제점을 아내가 커버해 가는 데에 이 짝의 장점이 있다.

다만 여성이 너무 똑똑하기 때문에 남성이 위축되거나, 반대로 여성이 게으른 남성을 믿지 못하게 되거나 하면 부부간에 위기가 생긴다.

5. 영양질의 남성과 심성질의 여성 — 사치를 좋아하는 사람과 검소한 성격과의 짝이 되어 성격상 그다지 잘 맞지 않으나, 가정을 파괴할 만큼의 일은 없다. 다만 어느 쪽이든지 상대에게 접근하여 성격의 차이를 조절할 수 있다.

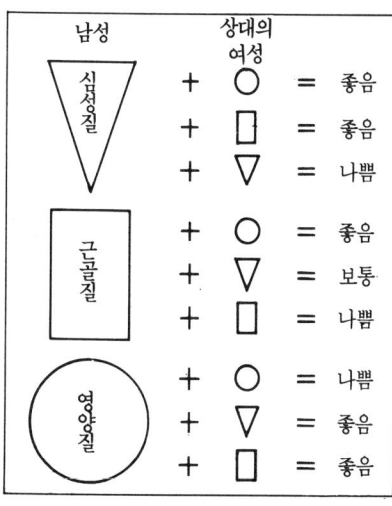

남성은 꿈을 가지고 좀더 아내의 기분을 맞추려고 노력하고, 여성 역시 남성의 명랑한 점을 배우려고 하는 것이 이 커플의 단점을 조정하는 한 방법이다.

6. 근골질의 남성과 영양질의 여성 — 이 짝은 대단히 좋은 가정을 구축할 수 있는 짝이다. 활동적인 남편과 명랑한 아내가 가정 생활을 영위하는

것이므로, 이것이 원만하지 않을 수가 없다. 남편은 밖에서 힘껏 일하고, 집에 오면 밝고 명랑한 웃는 얼굴의 아내가 맞이해 주면 좋은 자손복이 있을 것이니 가정이 원만할 것은 당연하다. 다만 서로가 고집을 부리지 않도록 주의하지 않으면 안 된다.

7. 근골질의 남성과 심성질의 여성 — 이 짝은 서로의 장점과 결점을 서로 신장, 보충하는 부부 생활을 영위하게 된다.

성격적으로도 잘 맞고, 다만 취미나 섬세한 부분에 있어 남성이 아내의 입장을 이해하지 못하는 일이 많다. 이 점만 주의하면 원만하다.

8. 심성질의 남성과 근골질의 여성 — 이혼 같은 일은 없으나, 여성이 모든 것을 리드하는 가정을 이루게 된다. 여성이 직업을 가지든가 모든 실권을 잡든가 하여 남성이 거기에 따르는 입장이 된다. 이 짝의 경우에는 여성이 좀더 상냥해야 한다.

9. 심성질의 남성과 영양질의 여성 — 성격적으로는 그다지 잘 맞지 않으나 어떻게 그럭저럭 가정을 유지해 가는 그런 짝이다. 남성이 잘고 여성이 활달한 이 짝은 남성의 비위에 맞지 않은 일이 많은데, 영양질의 여성은 그것을 잘 극복해서 무사할 수 있다. 다만 성생활 면은 좀 생각지 않으면 안 된다.

직업과 인생

직업의 선택

인생에 있어서 가장 중요한 것 중의 하나로 직업의 문제가 있다. 특히 남성에 있어서는 명예나 성공, 또 재산이나 가정도 모두 이 직업 여하에 의해서 정해진다. 자기의 직업이 자기에게 적합하여서 일상생활을 즐겁게 지내는 사람은 반드시 언젠가는 성공할 것이다. 그리고 최후에는 빛나는 승리를 얻을 수 있다.

이와 반대로 아무리 좋은 지위, 훌륭한 직업을 가지고 있다 해도 어쩐지 자기가 싫다고 생각하는 직업의 사람은 반드시 어떤 시기에 실패를 하고 만다.

그만큼 인간에게는 직업이 중요한 것이다. 성공하려면 자기의 적성을 발견하여 빨리 그 방면으로 진출할 것이며, 또 귀여운 자녀에 대한 지도도 이러한 의미로 해야 할 것이다.

공업 방면에 적합한 사람

1. 방직(紡織), 요업(窯業) 방면에 적합한 사람 – 뛰어난 미골(眉骨)과 아름다운 눈, 넓은 이마를 가진 사람이 아니면 맞지 않는다. 이 방면은 대체적으로 공업 계통에 속하지만, 기술보다도 미술 방면에 뛰어난 감각을 가지고 있어야 한다.

2. 화학, 광업에 적합한 사람 – 이마가 잘 발달하고 남자다운 일자 눈썹, 뛰어난 코, 다문 입을 가진 사람이 적합하다. 그것은 이들 직업이 물건을 새로 만들어 내는 지(智)와 바른 추리와 계수를 필요로 하기 때문이다.

3. 선박, 항공의 제작 방면에 적합한 사람 – 미골의 빠른 발달과 앞이마가 풍만하게 튀어나온 사람이 적임이다. 이들 직업은 계수면에 뛰어난 재능과 경중성(輕重性) 같은 지능 방면의 발달을 필요로 하기 때문이다.

4. 토목, 건축에 적합한 사람 – 눈썹이 직선적이고 튀어나온 광대뼈, 약간 큰 눈과 입, 발달된 구레나룻 등을 가진 사람이 적합하다. 계수적 재능과 실행력을 겸비해야 하기 때문이다.

5. 전기, 기계에 적합한 사람 – 알맞게 발달한 이마와 직선적인 이마를 가진 사람이 적합하다. 계수 재능과 비교 관념과 추리력을 필요로 하는 직업이기 때문이다.

상업 방면에 적합한 사람

1. 소자본 형태의 상업에 적합한 사람 – 코가 너무 높지 않고, 콧방울이 적당히 볼록하고, 아랫입술이 풍만한 상을 필요로 한다. 이것은 경제 관념과 그 재적(財的) 수완이 중요하기 때문이다.

2. 대자본 형태의 상업에 적합한 사람 – 이마의 발달과 길고 곧은 눈썹털, 우뚝한 코, 뛰어난 법령, 아랫입술이 두툼하고 꽉 다문 큰 입 등을 가진 사람이 적합하다.

투기사업에 적합한 사람

퉁퉁하고 둥근 눈, 큰 콧구멍, 다문 입, 약간 내민 광대뼈 등의 상을 필요로 한다.

이런 상을 한 사람은 과단(果斷)과 선견(先見), 추리(推理)에 의해서 큰 투기적 사업을 해나간다.

샐러리맨에 적합한 사람

밝고 큰 눈, 넓은 코 끝, 똑바른 눈썹, 다문 입, 흠 없는 이마의 상이 샐러리맨에 적합하다. 이런 상의 사람은 쾌활하고 성실하며 표리가 없는 실행력으로 반드시 성공한다.

학자와 교육자에 적합한 사람

1. 의학자에 적합한 사람 – 코 끝이 넓고 풍만한 눈과 이마 중앙에 살이 적당히 붙은 상을 필요로 한다.

2. 교육가에 적합한 사람 – 넓고 풍만한 이마와 치솟은 눈썹, 풍만한 턱을 필요로 한다.

이와 같은 상은 지적 재능이 우수함을 나타낸다.

3. 종교가에 적합한 사람 – 귀가 넓고 뒤쪽에 있으며, 안전하게 붙

은 코, 눈동자가 흔들리지 않는 상은 종교적인 면에 적합한 상이다. 이들은 이상과 사람을 끄는 자애력(慈愛力)을 가지고 있다.

4. 문학가에 적합한 사람 - 뛰어난 이마와 발달한 코, 눈의 양 끝에서 귓구멍까지의 거리가 긴 상을 필요로 한다.

5. 언어학자에 적합한 사람 - 살지고 높은 코와 눈 아래〔男女宮〕의 풍만한 발달, 앞이마가 적당하게 튀어나온 상은 이 직업에 적합하다. 즉 이런 상은 기억력의 우수함과 언어성의 발달을 의미하고 있기 때문이다.

6. 철학자에 적합한 사람 - 넓고 약간 모가 진 이마, 심원한 눈 등은 사색적인 면에 적합한 사람이다.

정치 방면에 적합한 사람

큰 눈과 넓은 미간, 튀어나온 관골, 힘찬 코, 좋은 법령, 그리고 실천력이 풍부한 영양계의 근골질 체격을 필요로 한다. 정치가는 다른 직업과 달라 모든 면에서 다각적인 재능을 필요로 한다. 즉 실천력과 권위, 사람을 움직이는 언어의 힘, 그리고 인애(仁愛) 등 보통의 사람보다 빼어난 재능을 가지지 않으면 안 된다.

농업 방면에 적합한 사람

1. 일반 농업에 적합한 사람 - 옆으로 뻗은 관골과 견고한 턱, 좀 발달한 이마의 상은 이 직업에 적합하다. 이 상은 인내와 노력과 끈기를 필요로 하고, 강한 체력을 유지하고 있음을 말해 주고 있다.

2. 원예 방면에 적합한 사람 - 아름다운 눈과 옆으로 퍼진 머리와 단단한 턱을 필요로 한다. 이들은 전기한 인내와 노력에 또 한 가지 예술적 재능을 필요로 하기 때문이다.

예술 방면에 적합한 사람

　1. 배우에 적합한 사람 – 약간 옆으로 퍼진 두부(頭部)와 눈 아래의 풍륭, 적당한 코, 발달한 비골 등의 상을 필요로 한다. 이들의 상은 모방의 재능과 창조의 센스를 말해 주고 있다.

　2. 문사에 적합한 사람 – 풍륭한 비골과 약간 옆으로 퍼진 머리, 움푹 패인 눈은 직감력의 예민성을 나타내고 있다. 그러므로 이 상의 사람은 문학 중에서도 순수문예 방면에 적합한 사람이다.

　반대로 대중문학에 적합한 사람은 눈과 눈 사이의 거리가 적당하고, 앞이마의 적당한 발달 등은 그 지식의 폭이 넓음을 나타내는 것이고, 이렇기 때문에 대중적 작품에 의해서 성공할 사람이다.

　3. 작곡가에 적합한 사람 – 이마의 적당한 발달과 눈썹뼈의 풍륭, 영원의 눈의 상을 필요로 한다. 대체로 작곡가는 예민한 직감력, 음의 조화, 창조력 등을 필요로 하고 있으므로 전기와 같은 상이 된다.

　4. 음악가에 적합한 사람 – 눈초리 위가 발달해 있고, 눈 아래쪽이 볼록한 상이 적합하다. 이와 같은 상은 음악이나 성악에 적합한 상이다. 기악은 전기한 작곡가의 상과 같다.

　5. 미술 방면에 적합한 사람 – 모양 좋은 팔자형 눈썹과 눈과 눈 사이의 넓은 간격, 구레나룻이 발달한 상을 필요로 한다. 색채와 창조에 대한 예민한 감각을 필요로 하기 때문이다.

자녀와 인생

행복한 가정은 착한 자녀로부터

　세상에는 지위도 있고 재산도 있으나 어린애가 없다는 사람이 의외로 많다. 반면에 가난하지만 화기애애한 가정 생활을 해나가는 사람들이 있는데, 그런 가정에는 복받은 아이들이 밝은 생활을 보내고 있다. 인생에 있어서 최후의 진리는 어떤 자손을 얻느냐 하는 데에 있다.

그럼 이제부터는 인상에서 본 자손운을 살펴보겠다.

자손운 보는 법
인상에서 자손운을 볼 때는 첫째, 눈 아래와 인중, 눈, 턱 등을 중요시한다.

◇ 여성의 눈 아래가 거무스름한 것은 부인과 질환을 의미하고, 그것을 치료하지 않으면 자식을 얻을 수 없다. 반대로 이 부위가 볼록하고 혈색이 좋은 사람은 남녀 모두 자손운이 좋은 것을 나타내고 있다.

◇ 눈 아래가 유난히 부풀어오른 사람이나 축 처진 사람은 아이가 전혀 없을 상이다.
◇ 눈 아래에 허연 빛이 나타나면 자식을 잃는다.
◇ 눈 아래의 사마귀는 자식을 잃을 안시이다.
◇ 눈 아래에 빨간색 점이 나타날 때는 자식이 열병에 걸릴 안시이다.
◇ 눈이 귀여운 사람은 자식복이 많다.
◇ 눈에 결점이 있는 사람은 자식에 대한 고생이 있다.
◇ 코에 세로 주름이 있는 사람은 양자를 맞이할 상이다.
◇ 코가 극단으로 높든지 낮든지 한 사람은 자손운에 문제가 있는 사람으로서 자손운이 그다지 좋지 않다.
◇ 귀가 시든 것처럼 힘이 없는 사람은 자손운이 없는 사람이다.
◇ 코와 얼굴의 밸런스가 잡히지 않은 사람은 믿을 만한 자식이 없을 상이다.

◇ 코 밑의 홈(人中)이 구부러진 사람은 자궁에 결함이 있는 여인으로 자손이 없다.

◇ 코 밑의 홈을 가로지르는 주름이 있는 사람은 자식을 잃을 일이 있다.

◇ 코 밑의 홈이 처음에는 넓었다가 윗입술에 가서는 좁아진 사람은 빨리 아기를 낳고 빨리 단산할 사람이다.

◇ 코 밑의 홈이 처음에는 좁고 윗입술 쪽에 가서 넓어진 사람은 좀처럼 아기를 낳지 못하다가 만년에 가서야 아기를 얻을 상이다.

◇ 턱이 견고하게 생긴 상의 사람은 건강한 우량아를 낳을 것이다.

산부(產婦) 보는 법

자손운을 쓴 김에 여인의 임부(姙婦)상을 조금 적어 보겠다. 그리고 만약 여기에 써 있는 것 같은 일이 있으면 곧 의사에게 보여야 한다. 현대는 의학이 대단히 발달해 있고, 모든 방면에서 인간의 생사를 구명하고 있다.

다음에 말하는 것은 그 가능성이 있다는 것이지 반드시 그렇게 된다는 것은 아니므로 오해 없도록 해주기 바란다.

만약 인중에 나타난 사상(事象)이 절대적인 것이고 움직일 수 없는 것이라면 인상학은 필요가 없는 것이다. 이러한 가능성이 있으니까 이렇게 하면 좋다고 하는 것이 참된 인상학이다.

◇ 눈동자가 열리고 안구 전체가 젖어 보이면 임신 달이 겹친 것을 의미한다.

◇ 임부의 눈에 빨간 줄(마치 털실 같은 것)이 눈의 검은 자위를 가로질러 간 것은 난산의 상이다.

◇ 임부의 얼굴이 너무 지나치게 빨갈 때는 난산을 의미하고, 산후

의 병에 주의하지 않으면 안 된다.

◇ 임부의 눈 아래가 검붉은 것은 난산의 상이다.

◇ 임부의 입술이 항상 닫혀 있지 않은 것도 난산의 상이다.

◇ 임신 중에 눈 속이 노란빛을 띠고 있고, 그것이 별안간 빨간빛으로 변하거나 검은 자위에 빨간 줄이 가로지를 때는 사산(死産)을 의미한다.

◇ 얼굴에 윤이 없고, 특히 얼굴 하반부의 빛이 나쁘고 흑색을 나타내고 있을 때는 임신이 아니고 월경불순이다.

현대에는 임신인가 아닌가를 의학적으로 명확하게 진찰할 수 있으므로 이런 현상은 드물 것이다.

◇ 임부의 콧방울에서 코의 중앙에 걸쳐 거무스름한 혈색이 나타날 때는 산부의 사망을 의미하고, 윤이 없는 황색이 나올 때는 태아의 사망을 의미한다.

◇ 임부의 콧구멍에 거무스름한 혈색이 나올 때는 난산의 상이다.

◇ 임부의 눈이 유난히 빨간빛을 띠면 산후의 피로를 말해 주는 것이다.

◇ 임부의 얼굴이 어쩐지 거무스름하며 윤이 없고, 미간에 허연 색이 나타나면 난산이 된다.

◇ 임부의 눈 아래에 푸른 줄이나 푸른빛이 나타나면 출산일이 늦어진다.

◇ 임부의 귀에 윤기가 없어지고 힘이 없어지면 난산이나 산후의 위험을 나타내고 있다.

◇ 임부의 미간에 흑색이 나타나면 태아의 사산을 염려해야 한다.

◇ 임부의 콧방울이 파랄 때는 산후의 피로를 나타내고 있다.

결론

완전한 동양 상법을 토대로 한 미즈노 나보쿠옹의 유고(遺稿)에 다소 사견을 첨가하여 발표한 것이 본서이다. 여러분은 본서에 의해서 인상의 기초를 얻는 동시에 금후의 응용법도 얻은 셈이며, 이제부터는 실제에 당해서 판단할 때 틀릴 것을 두려워해서는 안 된다.

틀리는 것은 맞는 것의 전제로서, 기억이 틀린 것도 있을 것이고 또 그날의 컨디션에 의해서 혈색이 보이지 않는 일도 생기게 된다. 그렇지만 끝까지 노력하면 목적이 달성될 것이다.

본서를 읽고 실제로 확인하고, 그리고 다시 본서를 읽어 보기 바란다. 그것은 당신을 위대한 인상가로서의 지위, 또 가장 뛰어난 사회적 성공자로 끌어올려 줄 것이다. 사람의 인상을 볼 수 있다는 것은 취미로서도 실생활 면에서도 플러스가 된다는 것을 잊지 마라.

여러분의 향상을 기도하는 바이다.

■부 록■
중국 여인의 상법(相法)에서

여성 백상(百相)

중국은 문학의 나라이니만큼 인상의 책도 수없이 많지만, 인상 보는 법을 시(詩)로써 설명해 놓은 것도 있다. 그리고 여성을 보는 법을 주로 기술하고 있고, 피해야 할 여성상이라든가 부귀의 여성상 등을 각각 들고 있다. 참고로 첨부해 본다. 되도록 우리 실생활에 응용할 수 있는 것만을 골랐으므로 이용하기 바란다.

구미 구악(九美九惡)의 여성상
여성으로서 구미(九美)의 상이란,
1. 머리가 둥글고 이마가 평평하다.
2. 뼈가 가늘고 피부가 보드랍고 윤이 난다.
3. 입술은 붉고, 다물고 있으며, 이가 하얗다.
4. 눈썹이 길고, 눈이 아름답다.
5. 손가락이 가늘고, 손바닥의 살은 두껍고, 힘줄이 가늘고 똑똑하게 실과 같이 나와 있다.
6. 말소리가 작고, 또 그 소리가 부드러운 맛이 있고 상쾌하다.

7. 웃는 얼굴이 천하거나 이상하게 색정을 보이지 않고, 입을 크게 열지 않는다.
8. 걸음걸이가 조용하고 앉을 때도 온순하다.
9. 피부가 아름답고 향기를 품고 있다.

라고 하였고, 이것을 여성의 대표적인 미인상이라고 했다. 다음에 여성으로서 구악의 상은,

1. 추한 생김새에 높은 광대뼈의 상, 이 상은 남편을 불행하게 한다.
2. 인후가 나붙은 것, 이 상은 횡사(橫死)를 한다.
3. 머리털이 어지럽게 된 것, 이 상은 하천(下賤)의 상이다.
4. 품위 없는 걸음걸이나 뛰어오르는 것처럼 걷는 것 등은 빈천(貧賤)의 상이다.
5. 양쪽의 눈썹이 연결된 것은 빈궁(貧窮)을 초래할 상이다.
6. 층이 있는 코는 남편을 이길 상이다.
7. 눈이 나오면 여러 가지 흉사(凶事)를 꾸미는 악녀이다.
8. 목소리가 남성적이면 재혼의 상이다.
9. 털이 곱슬거리면 자손을 불행하게 하는 상이다.

라고 하며, 남성으로서 피하지 않으면 안 될 여성의 인상이라고 했다.

부귀의 여성상

우선 행동이나 태도에 침착성과 위엄이 있고, 이상한 색정이 없고, 말이나 웃는 낯도 상냥하고, 그 성음이 구슬을 굴리는 것 같은 사람은 고위 고관의 부인상이다.

눈이 영롱하고, 검은 자위와 흰 자위가 또렷하고, 풍성한 머리털과 보드랍고 토실토실한 손, 투명한 목소리의 사람은 현자(賢者)의 부인상이며 자손운이 있다.

앉은 형상이 마치 산과 같이 듬직하고, 서서 걷는 모습이 점잖고,

이마가 둥글며 머리털이 많은 사람은 기품이 있는 상으로 대단히 좋은 가정이나 남편복이 있으며, 자손복도 좋을 것을 의미한다.

몸이 갖춰 고르고, 머리가 아름답고 검으며, 산근과 인당이 빛나는 사람은 좋은 남편을 얻을 수 있다.

허리가 굵고 등이 둥근 사람은 복분이 있는 상으로서 직위 있는 남편을 맞을 수 있다.

피부가 부드럽고 윤이 나며, 또 몸에서 향내가 나는 사람은 범인(凡人)이 아닌, 고위 고관 혹은 황후가 될 상이다.

이상이 여성으로서 최상의 양상(良相)을 겸비한 것인데, 이러한 여성은 복귀의 자리를 얻을 상이라고 한다.

빈천(貧賤)의 여성상

찢어지는 듯한 소리를 내고, 가슴은 높고, 궁둥이가 불거져 나와 있고, 이가 검은 사람은 한평생 고생이 그칠 새가 없는 사람이다.

대단히 작은 생김새, 엉클어진 머리털, 행동이 불안정한 사람은 마치 길가에 피어 있는 초췌한 잡초같이 덧없는 인생을 보낼 사람이다.

걷는 모습이 보기 흉한 사람은 빈궁에서 벗어나지 못할 형이다. 그리고 집도 안정되지 못할 상이다.

등이 깎여 내린 듯하고 허리가 비뚤어진 사람은 나서부터 가난하고 고생이 겹친 사람이다.

다리가 크고 손발이 짧은 상의 사람은 고용되기 위하여 세상에 태어난 것 같은 사람이다. 또 다리가 길고 궁둥이가 나온 상의 사람은 평생 가난에 쪼들릴 상이다.

이상의 상을 가진 여성을 빈궁의 상이라 하고, 일생 고생과 가난에서 헤어날 수 없는 사람이라고 하였다.

조사(早死)의 여성상

앉기만 하면 항상 무릎을 흔드는 사람이나, 몸은 굵은데 보드랍고 긴장미가 없는 사람 등은 조사(早死)하여 어버이를 울릴 사람이다.

눈이 희고 황색을 띠고 있으며, 입술이 말려 올라가고, 이가 입술 밖으로 나와 있고, 말소리에 힘이 없고, 걷는 모습이 어지러운 사람은 수명이 30까지이다.

두 눈이 다같이 힘이 없고, 두 귀가 대단히 낮은 사람도 조사한다.

눈에 힘이 없어지고, 목소리에 난맥이 나타나는 것은 조사의 징조이다.

입술이 말라붙는 것은 죽을 때가 가까워진 것을 의미한다.

눈이 허옇게 되고 힘이 없어지면 1, 2년의 수명이다.

코가 낮거나 바르지 못한 것은 장수하지 못할 상이다.

이상의 여성은 요수상(夭壽相)이라 하고 단명한다는 것을 설명하고 있다.

음탕한 여성상

이마가 비뚤어져 있고, 걸을 때마다 머리를 흔드는 사람은 아무리 양가에 태어났어도 마침내는 미모를 팔아서 생활하게 된다.

여성다움이 있는데 위엄이 없는 미(媚)이고, 행동이 아무래도 가벼운 사람은 다른 이성에게 미(媚)를 보내서 정을 통하는 밀부(密婦)의 상이다.

머리를 수그리거나 항상 웃는 얼굴이며, 그 눈이 항상 곁눈질이며, 또 달콤한 소리를 내는 사람은 남자에게서 남자에게로 건너다니는 들뜬 사람이다.

 머리를 치켜들었을 때 곧 곁눈질을 보내는 사람은 예기(藝妓)나 창기(娼妓)로 떨어질 사람이며, 머리를 흔들거나 손을 쓸데없이 머리에 대는 사람은 인륜에 벗어나는 행위를 하는 사람이다. 애경(愛敬)이 필요 이상으로 많은 사람은 다정(多情)이다.

 애교 떠는 모양으로 무엇인가 이야기하며 웃고 있는 듯한 사람은 남자를 숨겨 둔 사람이다.

 이상의 상이 있는 여성은 음란한 행위가 있는 여성이라고 경계하고 있다.

觀相寶鑑

| 改正 重版 印刷●2003年 | 4月 | 15日 |
| 改正 重版 發行●2003年 | 4月 | 20日 |

著　者●佐藤六龍
譯　者●李 仁 光
發行者●金 東 求
發行處●明 文 堂
서울특별시 종로구 안국동 17~8
대체　010041-31-001194
전화　(영) 733-3039, 734-4798
　　　(편) 733-4748
FAX 734-9209
Homepage www.myungmundang.net
E-mail mmdbook1@myungmundang.net
등록　1977. 11. 19.　제1~148호

● 낙장 및 파본은 교환해 드립니다.
● 불허복제.

값 10,000원
ISBN 89-7270-142-4　03140

易學 大辭典

타의 추종을 불허하는
易學의 집대성, 易學大辭典!

이책은 六甲法을 위시해 음양오행학과
周易·命理·相學·地理·姓名·陰陽宅 등
모든 術學에 관련된 단어 및 술어를 최대한으로
발췌해서 이해와 응용에 편리하도록
엮어 놓은 易學辭典이다.

韓重洙·曺誠佑 共著/4·6배판 양장/

전통의 명문당 운명학 시리즈

現代解夢法 韓健德 著/
꿈의 豫示와 判斷 韓健德 著/
꿈의 豫知百科辭典 韓健德 著/
꿈과 潛在意識 韓健德 著/

鄭道令 尹太鉉 著/신국판/
鄭鑑錄 金水山·李東民 編著/
鄭鑑錄 解說 朴僉知 著/신국판/
新 계룡산 송명호 著/신국판/
天氣漏泄 安重宜 著/신국판/
대학생 四柱學 姜泰成 著/신국판/
周易이야기 (上·下) 朴永喆 著/

四柱精說 白靈觀 著/신국판/
家庭作名法 金柏滿 著/신국판/
주역비전 백운곡 編著/신국판/
토정비법 백운곡 編著/신국판/
人生60진 祕法 백운곡 編著/

明堂全書 徐善繼·徐善述 著/韓松溪 譯/
韓國의 風水 村山智順 著/鄭鉉祐 譯/
風水地理學 里程表 金東奎 著/
海東名山錄 李學宣 編著/값 6,000원

大運大易卦 易術全書 白珖 編著/
易理學大典 金政洙 著/4·6배판/
唐四柱要覽 金赫濟·韓重洙 共著/
一年身數祕訣 韓重洙 編著/

安龜의 얼굴사전 安泰榮 著/
사랑의 人相學 고미야스스게/
人相경영학 鄭鉉祐 著/
神祕의 운명학 鄭鉉祐 著/
祕傳의 易學 鄭鉉祐 著/
사랑의 男女宮合 韓重洙 著/

전생을 봐 드립니다 안동민 著/
이 여자의 運命 마키 교쿠쇼 著/전후수 譯/
사주 궁합 살성 이야기 吳熙奎 著/
운명으로 본 人生 金讚東 著/신국판/
易理로 본 三國志 (전3권) 백운곡 著/

明文堂 서울시 종로구 안국동 17-8 TEL:733-3039, 734-4798 FAX:734-9209